Vom Schloß der Könige zum Forum der Republik

Zum Problem der architektonischen Wiederaufführung

Edition Gegenstand und Raum

Herausgegeben von Thomas Flierl

Friedrich Dieckmann

Vom Schloß der Könige zum Forum der Republik

Zum Problem der architektonischen Wiederaufführung

Friedrich Dieckmann
Berlin, am 11. VI. 2015

Theater der Zeit

Inhalt

Vorwort

I

Friedrich von Müller, der Kanzler des Großherzogtums Sachsen-Weimar, hat das Wort überliefert - ist es ein Losungswort für das Richtfest jenes Doppelwesens, das den Namen Berliner Schloß/Humboldt-Forum trägt und im Juni die Krone der Zimmerleute und Betonbauer aufgesetzt bekommen soll? Der vierundsiebzigjährige Goethe hat es gesprochen: „Es gibt kein Vergangnes, das man zurücksehnen dürfte, es gibt nur ein ewig Neues, das sich aus den erweiterten Elementen des Vergangenen gestaltet, und die echte Sehnsucht muß stets produktiv sein, ein neues Beßres [zu] erschaffen.“[1]

Ein Neues, das sich aus den erweiterten Elementen des Vergangenen gestaltet - eben dies wird der Großbau sein, der schon in seiner jetzigen grauen und rohen Erscheinung kraft des Maßgerechten seiner Fronten, Fenster, Portale ein Bild der Verheißung bietet. Es ist ein Neubau, natürlich, neuen Zwecken und Funktionen dienend, deren Mischung man einzigartig nennen kann. Die außereuropäischen Sammlungen der Staatlichen Museen, viele Jahrzehnte lang an der Peripherie der Stadt untergebracht und nun ins Zentrum tretend, finden sich unter einem Dach mit den Sammlungen der Berliner Humboldt-Universität, die ihren Ausgang von der Kunst- und Raritätenkammer im Schloß der Hohenzollern nahmen; hinzu tritt ein Sprachen-Projekt der Berliner Stadt- und Landesbibliothek und ein musealer Trakt zur Erhellung der politischen und ästhetischen Geschichte jenes Schlosses, dessen barocke Gestalt, zwischen 1698 und 1713 von drei Baumeistern geschaffen, sich im Äußeren und im Inneren des Baus mit handwerklicher Akribie erneuert. Das Erneuerte und das Neue - ein Widerspruch, ein Kontrastprogramm? Es ist ein dialektischer Widerspruch, der hier Gestalt wird; er muß seine Auflösung im Benutzer finden.

Merkwürdig genug: unsere von Widersprüchen, Kontrasten, Ungleichzeitigkeiten und Unstimmigkeiten zerrissene Welt präferiert im Blick auf die Architektur das Homogene, Einheitliche, nichts als Gegenwärtige und stellt ihm das nichts als Alte als das authentische Baudenkmal frontal gegenüber. Es bedarf dann oft des Einspruchs von außen, von Bürgerinitiativen, die in tatkräftigen Einzelnen Stimme und Gewicht gewinnen, um den engen Kreis fachlicher Vorurteile aufzusprengen, bauliche Ziele absteckend, die neue Horizonte eröffnen, indem sie das Versunkene und Zerbrochene als wirkendes Moment einer Gegenwart ins Spiel bringen, deren technizistische Monomanie wesentliche ästhetische Bedürfnisse unbefriedigt läßt. Was Ernst Bloch als den utopischen Impuls großer Kunstwerke erkannte, als etwas Unabgegoltenes, das verschüttete Dimensionen menschlicher Existenz freilegt, zeigt sich auch und gerade an architektonischen Gestalten wie den hier wieder zum Leben erweckten. In ihnen verband sich die Machtdemonstration eines jungen, progressiven Königtums mit einem Willen zum Glückhaft-Lusterfüllten, wie es der bürgerlichen Epoche und ihrer Nachfolgerin, der kleinbürgerlichen, programmatisch abhanden kam. Es ist die eklatante Lustfeindlichkeit dessen, was wir immer noch Moderne nennen, obwohl es schon lange nicht mehr zeitgemäß ist, die gläserne Kälte und himmelstürmende Hybris einer Weltsicht, die dem puritanischen Geist gottgefälligen Maximalprofits immer gewaltigere Tempel baut, was ein Bauwerk wie dies geplante und nun schon erkennbare in den Rang einer humanen Notwendigkeit, eines unerläßlichen Gegengewichts hebt. Sein genauer Gegenpol, eine Architektur von hoher Signifikanz, ist gerade am Rande von Frankfurt am Main fertig geworden: der schief abgebrochene Eisberg des neuen Hauptsitzes der Europäischen Zentralbank, eine Adaption des aufgegebenen Turms zu Babel von hoher symbolischer und ästhetischer Wirkkraft. Das Berliner Museumsschloß mit seinen in weite zeitliche wie geographische Fernen greifenden Beständen und Intentionen bezeichnet eine Gegenwelt, es lädt zur produktiven Versenkung in die Werke, die Hinterlassenschaften von Zeitaltern ein, in denen die Arbeit der menschlichen Hand den Dingen des All- wie des Festtags eine Personalität übertrug, die das Einzelne zum Einzigartigen machte.

Das gilt auch von den barocken Fassaden, die, auf Ziegelmauern aufgetragen, dieses Haus von außen umschließen werden; sind sie das großartigste Exponat des künftigen Museums? Aber sie sind kein Museumsstück, sondern greifen unmittelbar ins Gegenwärtige ein, als ein Fingerzeig sinnvoller Entschleunigung, gestalthafter Differenzierung. Im Mai 1993 hielt Peter Sloterdijk in dem von Volker Hassemer, dem damaligen Stadtentwicklungssenator, berufenen Berliner Stadtforum einen Vortrag über seine Vorstellungen von einem künftigen Bau auf der zentralen Fläche von Hohenzollernschloß und DDR-Palast. Was ihm in architektonischen Formen vorschwebte, die zur Demokratie verführen sollten wie I. M. Peis Neubauflügel des Nationalmuseums von Washington, war ein „Gesellschaftsobservatorium für das 21. Jahrhundert", ein „Reiz-Zentrum für gesellschaftliche Lernprozesse" in einer Zeit, da unsere Gesellschaft „in eine synchronweltliche Seinsweise" eintrete.[2] Es werde, meinte der Gast aus Karlsruhe,

„wenig gewettet darauf, daß es mit dieser Gesellschaft noch gut geht, wenn sie nicht klüger wird, als sie jetzt ist". „Ein Haus dieser Größenordnung könnte als so etwas wie ein Wettbüro der Intelligenz sich empfehlen, ... eine Art geistiges World Trade Center", ein Gebäude, „das die Herausforderung der Synchronweltzeit im Augenblick ihrer Formulierung erfaßt."

Diese weitreichende Vorgabe ist in die Ausschreibung des Spreeinselwettbewerbs von 1993 nicht eingegangen, auch danach ist nicht wieder von ihr die Rede gewesen. Aber was Hegel die List der Vernunft nannte, hat auf Umwegen etwas zutage gefördert, was vermöge einer musealen Globalisierung, die vom nahen und fernen Osten über die Eilande des Stillen Ozeans bis zu den beiden Amerika reicht, dieses Synchronweltliche im neuen Humboldt-Forum tatsächlich realisiert: Weltkultur als Anschauung und Verpflichtung. Und wenn es gelingen sollte, dem Haus einen Intendanten zu geben, der, mit einem entsprechenden Etat ausgestattet, aus der Fülle der Exponate ein lebendiges Weltwissen in Bewegung zu setzen vermag, dann hätten wir, mit unmittelbarem Anschluß an vornehmstes europäisches Architekturerbe, jenes Reizzentrum für gesellschaftliche Lernprozesse, das Sloterdijk vor zwanzig Jahren vorschwebte. „Die übergreifende Idee", so Peter-Klaus Schuster vor der Kommission des Jahres 2001, „ist nichts weniger als ‚die Erfahrung der Welt'."[3]

Was für das Humboldt-Forum, den noch unfertigen Einzelbau, gilt, das gilt in anderer Weise für jenes komplexe städtebauliche Kunstwerk, das der Dresdner Neumarkt vorstellt, in der Verbindung einer einzigartigen Kirche mit einer in den alten Strukturen, vielfach auch mit den alten Fassaden variativ erneuerten Umgebung. Wo so viele bauen, und jeder auf eigene Faust, kann nicht alles gleich gut, gleich gelungen sein. Es kam vor, daß ein partielles Mißlingen das partielle Gelingen antwortend auf den Plan rief – ein noch keineswegs abgeschlossener Prozeß, der vor fünfzehn Jahren unter lebhafter Anteilnahme einer interessierten Öffentlichkeit in Gang gesetzt wurde; er hat einen innerstädtischen Ort von faszinierender Lebendigkeit hervorgebracht. Soll man das Wort vom Phönix berufen, der aus der Asche erstand? Der Phönix, dem dies geschah, ist ein neuer; alle Insinuationen, es handle sich um Täuschung, „Fake", Kulissen, gehen an der lebendigen Schönheit dieser Erneuerung ins Leere. Der alte Neumarkt mit den Häusern und Palästen des 18. Jahrhunderts war ein ehrwürdiger, aber kein glanzvoller Ort; wie in vielen andern deutschen Altstadtquartieren hatten Verfall und Armut an den alten Häusern genagt. Anders der neue Neumarkt, von dem etwas Festliches und Freudiges ausgeht, das auch die entwaffnen sollte, die ihm das Denkmalschutzpanier der ungeschmälerten Authentizität entgegenhalten.

Die es hissen, schätzen die alten Formen um ihres Vergangenseins willen; worauf es ankommt, ist, sie als wirkend-gegenwärtige zu begreifen. Genau das tun alle, die sich flanierend dieses wahrhaft urbanen Ortes bemächtigen. Sie erleben eine Wiederaufführung unter den Auspizien einer Zeit, die es gelernt hat, auch auf dem Feld der Architektur die Erneuerung eines großen Kulturerbes als etwas Zulässiges und in bestimmten Fällen Notwendiges zu begreifen: „Alte Werke auf neuen Intrumenten spielen".

II

So lautet der Titel des letzten der in diesem Buch vereinigten Texte, sie gliedern sich in zwei Teile. Im ersten spannt sich der Bogen der Betrachtung von Schlüter und Eosander über viele Zwischenstationen bis zu einer Gegenwart, die im Zeichen Franco Stellas, des Architekten, und Manfred Rettigs, des obersten Bauleiters, steht, eines Mannes, der für die schwersten und kompliziertesten Aufgaben immer wieder der rechte war: den Umbau des Reichstags, den Umzug von Parlament und Regierung, nun den Bau dieses vielgliedrigen Kolosses. Dem geschichtlichen Kursus folgt ein Kommentar zu dem Votum jener im Jahre 2000 von Bundes- und Landesregierung berufenen Kommission, die die Weichen für Inhalt, Form und Namen des Bauwerks stellte, zu einer Empfehlung, die das deutsche Parlament in zwei fraktionsoffenen Abstimmungen eindrucksvoll beglaubigte; heftige und manchmal noch heute nachzüngelnde Debatten schlossen sich an. Dem Autor, der sich während der neunziger Jahre für den Erhalt des Palastes der Republik eingesetzt hatte, auch als Gutachter vor dem Haushaltsausschuß des Deutschen Bundestags, bei dem – und nicht bei der Regierung – die Finanzierung des Abrisses lag (ich gab jener Collagen-Lösung den Vorrang, die Frank Augustin und Goerd Peschken 1991 vorgetragen und Wilhelm von Boddien bald darauf in Gestalt einer großartigen Kulisse veranschaulicht hatte), – dem Autor liegt es an dieser Stelle nahe, einen Blick auf seine eigene Position in dieser Kommission zu werfen. Bei der Suche nach der angemessenen Lösung war für mich die Irrealität der Vorstellung ausschlaggebend, daß der Bundestag den Wiederaufbau der Ruine finanzieren werde, zu der der DDR-Palast durch die Ende 1998 vertraglich fixierte und 1999 begonnene Totalsanierung geworden war.[4] In dieser Lage konnte nur die Erneuerung des Schlüter-Eosander-Baus die Lösung sein. Es galt, die gute moderne Lösung, die der DDR-Palast an dieser Stelle gewesen war, durch die bessere historische Lösung zu ersetzen – besser auch insofern, als sich die städtebauliche Position des Schlosses im Gegensatz zu der des Palasts bewährt hatte. Es war aber untunlich, die äußere Gestalt des

Schlosses nach Lage und Volumina wiederherzustellen (darüber herrschte in der Kommission weitgehendes Einvernehmen, die entsprechende Empfehlung fand eine Mehrheit von 12:3 Stimmen) und ihr die historischen Fassaden vorzuenthalten. Der phantastische Vorschlag des Büros gmp aus dem Jahre 2000, diese Fassaden auf den wiederhergestellten Schloßkorpus mit technischen Mitteln zu projizieren, hatte das sonderlich deutlich gemacht.

Die Moderne hatte auf diesem Platz ihre Chance gehabt und sie nach Form und Inhalt - der große Saal war ein technisches Meisterwerk, das seinesgleichen suchte - auf hohem Niveau wahrgenommen; wie unfruchtbar es war, nach einer neuen, nur eben um 90° versetzten zeitgenössischen Lösung Ausschau zu halten, lag auf der Hand. Es war durch den gigantischen Spreeinselwettbewerb von 1993/94 gleichsam empirisch belegt worden, dessen Siegerentwurf nachmals auch von denen keiner Erwähnung für wert befunden wurde, die nachdrücklich für eine zeitgenössische Lösung plädierten, zugleich aber, wie die Architekturabteilung der Akademie der Künste, den bis 1998 vorhandenen Palast überhaupt nicht in Betracht zogen. Die Auslober, Bundes- und Landesregierung, hatten dem Wettbewerb von 1993 den Abriß des Palastes derart peremptorisch zugrunde gelegt, daß die Jury den relevanten Entwurf von Oswald Mathias Ungers, der den Palast der Republik in eine das ganze, von dem Palast nur zur Hälfte eingenommene Schloßareal umfassende Bebauung integriert hatte, mit dem 4. Platz abfand. Auch das ehemalige Staatsratsgebäude, ohne dessen Räumlichkeiten dieser Wettbewerb gar nicht hätte stattfinden können, war in der Auslobung von 1993 zum Abriß freigegeben.

Zu den Voten der Kommission, die im April 2002 ihre Arbeit beendete, gehörte die entschiedene Befürwortung des Erhalts des Staatsratsgebäudes einschließlich des mit ihm verbundenen sog. Liebknecht-Portals (Schloßportal IV) ebenso wie des Marx-Engels-Forums mit allen seinen Skulpturen. Sie plädierte auch für die Rückführung des Schlüterschen Reiterdenkmals des Großen Kurfürsten an die von Schlüter realisierte Stelle, eine Plattform an der späteren Rathausbrücke, und für die Rekonstruktion der Schinkelschen Bauakademie. Mit den Mitgliedern Peter Conradi, Franziska Eichstädt-Bohlig und Bruno Flierl gab ich ein Minderheitsvotum gegen eine Bebauung der alten Stechbahn ab, die den Blick auf das Staatsratsgebäude verstellt hätte; in der Ablehnung einer dort nachmals vorgesehenen Konzernrepräsentanz setzte sich dieser Standpunkt Jahre später nach langen Berliner Debatten durch. Es gelang nicht, die drei genannten und einige andere Mitglieder in eine gemeinsame Position zur Architektur des künftigen Forumsgebäudes einzubeziehen, was dazu führte, daß ich zusammen mit Goerd Peschken, dem eminenten Schloßkenner, die Formulierung der Vorlage und ihrer Begründung in die Hand nahm, die sich in der Abstimmung mit 8:7 Stimmen durchsetzte (s. Anm. 36, S. 178). Zugleich wurde mit 10:3 bzw. 8:6 Stimmen (es gab auch Enthaltungen) „die Wiedererrichtung einiger Innenräume und – in Abhängigkeit von der Nutzung – die Einhaltung der alten Geschoßhöhen“ empfohlen. Daß es nicht gelang, dem Erhalt der Ostfassade des Palastes eine Mehrheit der abstimmenden Mitglieder zu gewinnen (die Empfehlung wurde mit Stimmengleichheit abgelehnt), habe ich damals bedauert; ihre collagenhafte Einbeziehung hätte das Disparate des Abrisses gemildert. Allerdings wäre der einem künftigen Architekten gegebene Spielraum dadurch noch weiter, und eigentlich unzumutbar, eingeengt worden.

Dem Kommentar jenes Votums folgt eine Intervention aus der Zeit, da der Abbruch der Rohbauruine des alten DDR-Palasts bevorstand, ohne daß die Errichtung des Nachfolgebaus sichergestellt gewesen wäre. Unter den Auspizien der rot-grünen Koalition drohte an der zentralen Stelle eine jahrzehntelange grüne Wiese wie nach dem Schloßabriß von 1950 die graue Steinfläche des Demonstrationsplatzes. An die zur zeitweiligen Nutzung freigegebene Sanierungsruine heftete sich in dieser Zeit die entfesselte Spiellust einer jungen Generation, und wenn es nach manchen Kommentatoren gegangen wäre, so wäre daraus eine Dauerlösung abgeleitet worden: der entkernte Palast als Spiel- und Begegnungsstätte bürgerschaftlicher Selbstverständigung. Die Zwischennutzung, schrieb Thomas Flierl im Rückblick, „ermöglichte dem Gebäude, was ihm durch übereilte Schließung versagt wurde, teilzunehmen am Bedeutungswandel der Zeit – durch veränderten Gebrauch. Temporäre Kunstprojekte provozierten so eine Neuinterpretation des Ortes jenseits von Palast und Schloß, halfen Abschied zu nehmen vom Gestern und Vorgestern, forderten die Fähigkeit der bundesdeutschen Gesellschaft heraus, zukunftsgerichtete Projekte mit offenem Ausgang anzugehen.“[5] „Unter dem Label ‚Volkspalast‘“, schrieb Wolfgang Kil in derselben Publikation, „nahm man sich die Freiheit, die teuerste Ruine Deutschlands schlicht als das zu begreifen, was sie de facto wieder war – ein Rohbau: Gerüst und Material, Bühne und Kulisse für frische Ideen und unverhoffte Wahrnehmungen. Gegen den Bilderkult der Schloßfraktion setzten die ‚Zwischennutzer‘ ihre auf Neugier und Abenteuer gründende Praxis. Sie tanzten, spielten Theater, veranstalteten Funsport-Meisterschaften, fluteten das Erdgeschoß zu einer nur per Schlauchboot erfahrbaren Wasserstadt.“[6]

„Wenn dieses Projekt sich durchsetzt“, warf damals der Soziologe Werner Sewing ein, „wäre Berlin die einzige Weltstadt, die sich mitten in ihrem heiligsten Herzen einen Ort der Anarchie und Subkultur leistet.“ Und in der Tat:

inspirierende Provisorien – das Tacheles in Berlins Oranienburger Straße hatte es gezeigt – kann man nicht unbegrenzt verlängern. Gerade die absehbare Begrenztheit der Inbesitznahme dieses im Vergehen wie neugewordenen Bauwerks hatte den Überschwang der Einfälle entfacht. Dem Abriß selbst, einem die Stadtmitte erschütternden Vorgang, Umkehrung jenes Aufbauprozesses, den die Bewohner jener Gegend fünfunddreißig Jahre vorher mit angesehen hatten, setzten Reynold Reynolds, der Photograph, und Gerhard Falkner, der Dichter, ein Denkmal eigener Art, das auf Filmaufnahmen vom Abbruchprozeß beruhte.[7] „Es wird schwer sein, mich zu vergessen, jetzt wo ich nicht mehr da sein werde", ließ der aus Schwabach stammende Falkner das Bauwerk sagen: „Meine Anwesenheit in der Abwesenheit wird nachklingen." „Karthago", schloß er, „ist auch nicht an einem Tag zerstört worden."

Was dann folgte, die Ausschreibung eines Wettbewerbs nach den Vorgaben des Bundestags, die 2007 durch eine Parlamentsentscheidung der schwarz-gelben Regierungskoalition ergänzt worden waren (sie legte die Einbeziehung einer Kuppel über dem Westportal fest), hat Thomas Flierl in dem von ihm und Hermann Parzinger, dem Präsidenten der Stiftung Preußischer Kulturbesitz, herausgegebenen Band *Humboldt-Forum Berlin / Das Projekt* beschrieben, in einem Rückblick auf die einzelnen Phasen dieses von widerstreitenden Kräften hin und her gerissenen Prozesses, auch auf die Arbeit jener Internationalen Kommission, die ein Jahr lang über Nutzungen, Finanzierung und Namen des präsumptiven Gebäudes geratschlagt und nicht nur den Hauptbau, sondern auch das ganze umgebende Areal begutachtet hatte. Nach der Auslobung des Realisierungswettbewerbs wurde 2008 eine vom Bund berufene Stiftung zum Träger des Gesamtprojekts berufen, in deren Auftrag Manfred Rettig das Baugeschehen leitet; Hand in Hand mit ihr betreibt der von Wilhelm v. Boddien, dem unermüdlichen Vorkämpfer der Schloßerneuerung, gegründete Förderverein das Einwerben von Spenden für die Wiedergewinnung der barocken Fassaden. In der Spandauer Schloßbauhütte erstehen ihre dreitausend Einzelteile mit aller handwerklichen und wissenschaftlichen Sorgfalt.

III

Im zweiten Teil des Buches kommt aus verschiedenen Blickwinkeln ein Problem in Sicht, das von Anfang an auch die Schloßdebatte bestimmt hat: die Frage nach Sinn und Zulässigkeit von Rekonstruktionen nicht nur als Wiederaufbau stehengebliebener Mauerreste (auch das war bis in die neunziger Jahre bei deutschen Denkmalpflegern umstritten), sondern als Neubau auf der authentischen, aber leergeräumten oder leerzuräumenden Fläche. Das Wort Rekonstruktion ist an dieser Stelle nur bedingt tauglich, da es jeglichen Wiederaufbau umfaßt; darum ist hier für den vollständigen Neubau verlorener alter Architekturen der Terminus Iteration, also Wiederholung, in Vorschlag und Anwendung gebracht.

Der den Anfang dieses Teils machende Aufsatz „Kann man Städte heilen?“ reagierte auf die polemische Attitüde, mit der in akademischen und medialen Debatten gegen solche Iterationen zu Felde gezogen wurde. Was hier und in den folgenden Texten in der Auseinandersetzung mit widerstreitenden Positionen vorzubringen war, ist im Sommer 2010 durch eine große Münchner Ausstellung und den sie begleitenden Katalog auf umfassende Weise bekräftigt worden. Iterationen wurden hier für den fernöstlichen Kulturraum als eine althergebrachte, auf einem zyklischen Zeitverständnis beruhende Praxis beständiger, gleichsam ritueller Wiederholung (japanisch *fukugen*) dokumentiert, was sie im schon vom Material her – Stein statt Holz – anders fundierten europäischen Bereich nicht sein können. Doch habe es, merkte Heinrich Magirius an, auch in der griechischen Antike „die mehr oder weniger getreue Nachbildung zerstörter Bauwerke, stilangleichender Zubauten oder den Ersatz von fehlenden Partien im historischen Stil“ gegeben.[8] Aleida Assmann lenkte in ihrem Katalogbeitrag den Blick außer auf Dresdner und Warschauer Wiederaufbauten auf das Schwarzhäupterhaus in Riga, dessen Kriegsruine 1948 abgetragen worden war; der berühmte Bau war nach der Wiedergründung eines unabhängigen Lettlands nicht aus dem Nichts (es waren Relikte aller Art geborgen worden), aber auf der seit langem applanierten Fläche wiederaufgebaut worden. In demselben Zeitraum vollzog sich in Moskau der Neubau der 1931 auf Stalins Geheiß vernichteten Christus-Erlöser-Kathedrale von 1883. Die Autorin verwies auf das veränderte Verhältnis zur Zeit, zum Begriff des Fortschritts, der sich in solchen Erneuerungen bekunde: „Der Blick wendet sich ab von der Zukunft als dem Generalversprechen des Neuen und konzentriert sich auf die Möglichkeit der Wiederherstellung und Erneuerung von Vergangenem. ... Die Geschichte wird unter diesen Umständen nicht mehr im Bilde eines irreversiblen Zeitpfeils auf einer linearen Achse betrachtet.“[9] Die Emanzipation von jenem einsinnigen Geschichtsverständnis, das die Philosophie der proletarischen Revolution etabliert hatte, kann auch an der zeitgenössischen Architektur nicht vorübergehen, deren programmatischer Bruch mit den Orientierungslinien der Tradition in einem geheimen Einverständnis mit den Stadtverwüstungen des Bombenkriegs zu stehen schien. Was auf den so geschaffenen und bald beräumten Freiflächen entstand, waren in Ost und West urbanistische Alpträume.

Heinrich Magirius, der Dresdner Denkmalpfleger, gab in seinem Katalogbeitrag eine Übersicht über die Leistungen der Denkmalpflege bei Wiederaufbauten im östlichen und im westlichen Nachkriegsdeutschland, ohne die Differenzen zu übergehen, die sich nach der deutschen Staatsvereinigung im Blick auf anstehende Großprojekte ergeben hatten; sie kulminierten in einer Erklärung der 1991 vereinigten deutschen Landeskonservatoren, die die Mitwirkung der Dresdner Denkmalpfleger am geplanten Wiederaufbau der Frauenkirche implizit mißbilligte. „Von mehreren Kunsthistorikern und Denkmalpflegern", so Magirius, „wurde dem Wiederaufbau der Frauenkirche eine restaurative, der demokratischen Verfassung der Bundesrepublik schädliche Ideologie unterstellt."[10] Was hier gegeneinander antrat, war jenes einsinnige, lineare Zeitverständnis, das als Materialkult große Teile der deutschen Denkmalpflege bis heute bestimmt (der Prozeß der Verwitterung oder gar Zerstörung wird als „authentisch" sanktioniert und für so schützenswert erachtet wie das Objekt, an dem er angreift), gegenüber einem komplexen, antilinearen Zeitverständnis, das sich im östlichen Deutschland aus der Einsicht in die innere Brüchigkeit einer Moderne entwickelt hatte, deren politische Seite dort zu einer staatsideologischen Fiktion geronnen war; der grassierende Verfall wertvoller alter Stadtviertel hatte bei ihrem Sturz die Rolle eines Katalysators gespielt. In dem Postskriptum zu einem Text, der 1995 in die Diskussion um die künftige Wiederherstellung des Dresdner Neumarkts eingegriffen hatte („Im Umkreis zweier Stadtsymbole"), wird im zweiten Teil dieses Buches die Metakritik an einer denkmalpflegerischen Orthodoxie vorgetragen, die sich weit von den Anforderungen der Zeit entfernt hat.

Was Denkmalschutz sein muß und woran er von willkürlich eingreifenden Staatsinstanzen oft in einer Weise gehindert wird, daß nur die Mobilisierung der Öffentlichkeit einen nicht wieder gutzumachenden Schaden abwenden kann, davon spricht in diesem zweiten Teil ein Aufsatz, der 2008 in einer stante pede erarbeiteten Broschüre Platz fand, die als ein publizistischer Notruf ihren Teil dazu beitragen mochte, daß die Zerstörung der Innenarchitektur der Staatsoper Unter den Linden abgewendet werden konnte.

Am Ende dieses zweiten Teils steht ein Beitrag, der, von einer Tagung der Salzburger Universität veranlaßt, zusammenfaßt, was in den schwergetroffenen Städten Europas Iterationen nicht nur zu etwas Zulässigem, sondern zu etwas Gebotenem macht. Nicht der statische Begriff der Identität kommt dabei ins Spiel, sondern der dynamische des Kulturerbes. In einer Zeit rasender Veränderungen an der technologisch-kommunikativen Basis der Gesellschaft ist die Vergegenwärtigung dessen, was vergangene Zeitalter zum Fundus ästhetischer Selbstverwirklichung des Menschen beigetragen haben, wichtiger denn je. Was uns auf vielen Feldern als zeitgenössisch vor Augen geführt wird, trägt auch dann, wenn es mit ästhetischer Kompetenz einherkommt, Indizien avancierter

Regression; man muß in das Zeitalter der Pyramiden zurückgehen, um ein Maß für den 828-Meter-Turm von Dubai zu finden, und wird in der Architekturgeschichte auch nicht leicht ein Gegenstück zu der monströsen Monotonie der neuen Berliner Geheimdienstzentrale finden, des teuersten aller neueren Berliner Staatsbauwerke. Niemand weiß, wohin die Reise geht; das Anthropozän, das als ihr Ziel angegeben wird, erscheint als eine ihren natürlichen Bedingungen total entfremdete Welt. Von einem „geopathischen Trainingszentrum" träumte einst Peter Sloterdijk im Blick auf Berlins künftigen Zentralbau. In der Wiedergewinnung großer Leistungen von einst liegen unverzichtbare Potentiale des Ausgleichs.

Berlin-Treptow, am 13. Februar 2015

Erstes Hauptstück

Vom Schloß der Könige zum Forum der Republik

Vernunftstaat mit Krone

Als der aus Danzig stammende Andreas Schlüter, ein Mann von vierzig Jahren auf der Höhe einer schier michelangelesken Arbeits- und Schöpferkraft, 1699 die Bauleitung des Residenzschlosses übernahm, lag der Dreißigjährige Krieg ein halbes Jahrhundert zurück. 1648 war es nach jahrelangen Verhandlungen zu einem Friedensschluß gekommen, der Frankreich und Schweden, die den Krieg nach Kräften in die Länge gezogen hatten, große Stücke vom deutschen Kuchen zuschlug; zugleich hatte dieser Friedensschluß den deutschen Reichsständen - zu ihnen gehörten auch Reichsstädte und Reichsgrafen - die volle Landeshoheit zugesprochen, einschließlich der Befugnis, die Staatsreligion des eigenen Territoriums zu bestimmen. *Cuius regio, eius religio,* wessen das Land, dessen der Glaube - dieser Grundsatz, der 1555 den Augsburger Religionsfrieden besiegelt hatte, war am Ende eines Krieges bekräftigt worden, der die Einwohnerschaft Deutschlands vielerorts um mehr als die Hälfte dezimiert hatte.

Verschont geblieben waren die Erblande jenes Kaisers, dessen Vertragsbruch die protestantischen Böhmen 1618 zu einem Krieg provoziert hatte, der sich zum Flächenbrand auswuchs. Aber die Nachfolger jenes Ferdinands II., der sich Böhmen grausam unterworfen hatte, hatten nun die Türken auf dem Hals, die 1683 einen Belagerungsring um Wien zogen. Mit polnischen, sächsischen und bayrischen Truppen gelang es Leopold I., einen Feind abzuwehren, der schon den Halbmond auf dem Stephansdom gesehen hatte; an seiner Verfolgung nach Ungarn waren auch achttausend Mann brandenburgischer Truppen beteiligt. Schlüters zweiundzwanzig Masken sterbender Krieger über den Bogenfenstern des Berliner Zeughaushofes kündeten von diesem Krieg, der wenige Jahre zurücklag; sie vermenschlichten den geschlagenen Feind auf eine Weise, die den Krieg als solchen anklagte. Daß und wie man es anders machen konnte, zeigten die steinernen Masken über den Fenstern des kursächsischen Kriegsministeriums, das als Blockhaus den Eingang der Dresdner Neustadt bewacht: sie zeigen acht stereotype Groteskbilder des Schreckens.

Als die Brandenburger das Heer des Sultans zurückschlagen halfen, lag ihr Sieg über eine schwedische Armee, deren Einfall die französische Politik in Stockholm angeregt hatte, zehn Jahre zurück; der Kurfürst selbst, Friedrich Wilhelm, hatte seine in Eilmärschen herangeführten Truppen befehligt. Andreas Schlüter hat diesem Fürsten mit einem bronzenen Reiterdenkmal gehuldigt, das zweieinhalb Jahrhunderte lang die Spreebrücke am Residenzschloß beherrschte; es war die barocke Steigerung eines Denkmaltypus, der von Roms Marcus Aurelius zu den Condottieres von Padua und Venedig reichte und sich nach Schlüter mit Petersburgs ehernem und Dresdens goldenem Reiter fortsetzte. In Berlin Unter den Linden folgte 1851 Rauchs reitender Friedrich II.

Friedrich Wilhelm, schon zu Lebzeiten der Große Kurfürst genannt, kann für den eigentlichen Gründer jenes Staates gelten, den man später den preußischen nannte, nach einem Gebiet im Nordosten Europas, das jahrhundertelang unter der Herrschaft des Deutschen Ordens gestanden hatte und im Jahre 1525 als lutherisch säkularisiertes Herzogtum unter polnische Lehenshoheit geraten war. 1618 war es auf komplizierten Erbwegen an das Haus Hohenzollern gefallen, so war der Kurfürst von Brandenburg Herzog in Preußen geworden – *in* und nicht *von* Preußen, da das westliche Preußen nach wie vor polnisch regiert wurde. Der calvinistisch erzogene Friedrich Wilhelm war ein Mann von militärischem und politischem Genie; gegen Widerstände aller Art gelang es ihm, das nach den Verheerungen des Dreißigjährigen Krieges darniederliegende Land ideell und materiell wieder aufzurichten, durch eine Außenpolitik, die das zwischen Cleve und Königsberg, zwischen Halberstadt und Bayreuth zerstreute Herrschaftsgebiet teils durch Siege, teils durch Bündnisse und Bündniswechsel sicherstellte, durch eine Innenpolitik, die die widerspenstigen Stände, den Adel vor allem, in Schranken hielt und sich in einem Großen Rat das Regierungsorgan sinnvoller Zentralisierung schuf, und durch eine Wirtschaftspolitik, die, an den Erfahrungen geschult, die er in jungen Jahren in Holland hatte machen können, die allmähliche Erholung seines schwer versehrten Gebiets bewirkte.

Eine kluge Ansiedlungspolitik machte sich die massenhafte Vertreibung der Hugenotten aus Frankreich zunutze. Fachkräfte von Kompetenz und Kultur kamen von Westen, auch aus der Schweiz und der Kurpfalz, nach Berlin und Brandenburg und wurden unter dem Schutz des Landesherrn seßhaft; eine religiöse Toleranz, die dadurch vorgegeben war, daß das Fürstenhaus dem reformierten Bekenntnis, die Landeskirche dem lutherischen anhing, beförderte ihre Ansiedlung. 1613 hatte der Kurfürst Johann Sigismund seinem Land eine zweite Reformation verordnen wollen, nachdem er aus Opposition gegen die lutherische Orthodoxie zum reformierten Bekenntnis übergetreten war. Das Gleiche wollte er seiner im Luthertum verwurzelten Bevölkerung auferlegen; schwere Zerwürfnisse in fast allen Landesteilen waren die Folge gewesen. Denn die beiden protestantischen Glaubensrichtungen waren untereinander kaum weniger verfeindet als beide mit dem Katholizismus; um die Reformierten in die Toleranzbestimmungen des Westfälischen Friedens einzubeziehen, hatte es des vollen Einsatzes des Kurfürsten Friedrich Wilhelm bedurft. Johann Sigismund hatte davon ablassen müssen, die Lutheraner, die den Reformierten als Beinahe-Katholiken galten, zu der Bilder und Symbole verachtenden Religionsausübung der Reformierten zu bekehren; unter seinem Enkel, Friedrich Wilhelm, der die Polemik der beiden Konfessionen 1664 durch ein Toleranzedikt unterband, begriff sich Brandenburg-Preußen mehr und mehr als ein bikonfessionelles Land. Wie schwierig das war, zeigte die Emigration eines bedeutenden Dichters nicht nur der brandenburgischen Lande, Paul Gerhardts, der als lutherischer Pastor sich der kurfürstlichen Auflage verweigerte und des Landes verwiesen wurde; im sächsisch regierten Lübben fand er Aufnahme.

Dieses zwiefach protestantische Kurfürstentum, der Fläche nach seit 1648 der zweitgrößte Staat im Deutschen Reich, hatte im nördlichen Deutschland einen Konkurrenten, der sich selbst schwächte, indem er seine Macht auswärts vergrößerte: 1697 wurde der Kurfürst von Sachsen, August der Starke, König von Polen und bezahlte diesen Zuwachs mit der Konversion zum Katholizismus. Damit fand sich das Haus Hohenzollern fast automatisch in die Rolle einer Vormacht des deutschen Protestantismus gedrängt, und es war nur folgerichtig, daß auch der regierende Hohenzoller nach einer Königswürde strebte, die nur außerhalb des entmachteten, aber fortbestehenden Deutschen Reiches zu gewinnen war. Dieser regierende Hohenzoller war seit 1688 Friedrich III.[11]; als Einunddreißigjähriger hatte er die Nachfolge des Großen Kurfürsten, angetreten, gegen dessen dritte Gemahlin mit ihren drei nachgeborenen Söhnen der Erstgeborene einen schweren Stand gehabt hatte. Er hatte im Kindesalter einen körperlichen Schaden davongetragen, der ihm nicht erlaubte, zu Pferde zu sitzen und in den Krieg zu ziehen; dem Meister der Kriegs- wie der Staatskunst folgte ein Mann, dessen Force die Künste des Friedens waren. Von seiner zweiten Gemahlin, Sophie Charlotte, einer braunschweigischen Prinzessin, wurde er darin wirkungsvoll unterstützt.

Das war die Situation, in die Andreas Schlüter eintrat, als er seine Werkstatt im Jahre 1694 von Warschau nach Berlin verlegte. Friedrich III., dessen Erscheinung sein Hofbildhauer alsbald in einer Bronzestatue festhielt, war kein starker Regent; eine Verschwendungssucht, die in den Benachteiligungen seiner Jugend wurzeln mochte, verdarb vieles von dem, was sein Vater aufgebaut hatte. Aber er setzte dem, was man die Bestimmung, wohl gar die Sendung des Landes nennen konnte, tatsächlich die Krone auf, indem er sein ganzes Streben, Finanzen und Soldaten, darauf richtete, dem von seinem Vater hinterlassenen Staat die Königswürde und damit ein wirksames Symbol des Zusammenhalts zu gewinnen. Das sollte vermittels jenes Ostpreußens geschehn, das sein Vater 1660 aus der polnischen Lehenshoheit hatte auslösen können, und war schwer genug; um die Beistimmung des in Wien residierenden Kaisers zu gewinnen, mußte Friedrich seine Armee im Dienst habsburgischer Interessen auf entlegene europäische Schauplätze schicken. Zugleich betrieb er in seiner Hauptstadt Bauvorhaben großen Stils. Wer König werden wollte, mußte durch einen ganz Europa beeindruckenden Aufwand bekunden, daß er der Rolle gewachsen war, und Friedrich erwies sich als ein Meister des Aufwands. Luxus, und das bedeutete damals Kultur, war seine Leidenschaft.

Beglaubigung durch Form

Dazu kam ihm der Danziger Schlüter gerade recht, und während seine Frau, eine veritable Intellektuelle, sich auf die Förderung der Wissenschaften konzentrierte und eine Hauptgestalt des geistigen Europa, Gottfried Wilhelm v. Leibniz, in die Lage versetzte, in Berlin eine Sozietät der Wissenschaften zu gründen, legte der Kurfürst sein wichtigstes Bauprojekt in die Hand eines Mannes, den die Kunstgeschichte als Bildhauer und als Architekt in die erste Reihe dieses an schöpferischen Geistern überreichen Zeitalters stellt. Zwei Männern von Genie (andere kamen hinzu) bedeutende Wirkungsfelder eröffnet zu haben – was braucht es mehr zur Beglaubigung vor der Nachwelt? Aber das offizielle Preußen dachte in andern Kategorien und hat immer mit Indignation auf Friedrich III. geblickt, der sich am 18. Januar 1701 in dem Audienzzimmer des Königsberger Schlosses selbst die neu gefertigte Krone aufs Haupt setzte und fortan als Friedrich I. firmierte. Die Krone, die er danach seiner Gattin in deren Gemächern aufs Haupt drückte, hatte 300 000 Taler gekostet; seine eigene war viel billiger gewesen. Danach ging es zur Salbung durch den reformierten Bischof in den Königsberger Dom.

Zu diesem Zeitpunkt war das von den Architekten Nering und Grünberg begonnene und von Schlüter fortgeführte Zeughaus ebenso im Bau wie das neue Schloß, die Umgestaltung eines Renaissance-Baus aus dem 16. und 17. Jahrhundert, die bald nach Friedrichs Regierungsantritt eingesetzt hatte. Sie folgte den Zeichnungen eines Architekten, Nicodemus Tessin, der zu dieser Zeit das Stockholmer Königsschloß als einen machtvoll und anmutig aus dem Wasser aufsteigenden Quader errichtete. Im November 1699 übernahm Schlüter den Umbau des kurfürstlichen zum Königsschloß; binnen eines Jahres war der Bau so weit gediehen, daß das frischgebackene Königspaar in einigen grandios ausstaffierten Räumen wohnen und hofhalten konnte; etwas später kam ein Treppenhaus dazu, das zu den großartigsten Baugestalten der Zeit zählte. In das Innere des werdenden Baus gelangte man durch ein der südlich gelegenen Bürgerstadt zugewandtes Monumentalportal, in dem die Architekturgeschichte eine Synthese römischer und Pariser Vorbilder erkannt hat.[12] Anregungen hatte auch das Bauwerk gegeben, mit dem um 1680 der Barockstil im nördlichen Deutschland Einzug gehalten hatte, das Palais in Dresdens Großem Garten; mit Säulenpaaren, die dem zweigeschossigen Entrée freistehend vorgelagert waren, hatte Johann Georg Starcke dort besondere Akzente gesetzt. Schlüter wendet das Motiv ins Monumentale, auf einem Sockel von der Höhe des Erdgeschosses führt sein Portalbau vier Kolossalsäulen über zwei Geschoßhöhen; sie tragen ein Gebälk, das, figurengekrönt, die Höhe des Mezzaningeschosses einnimmt.

In dem Innenhof des Schlosses, der später der kleine (oder auch Schlüterhof) genannt wurde, führte der Architekt eine ähnliche Disposition zu gesteigerter räumlicher Wirkung; die den beiden unteren Geschossen vorgelagerten Säulen tragen in der Höhe des dritten antike Götterfiguren von großer plastischer Intensität. Der geistig-politische Anspruch des neuen Königtums fand in dem neuen Bau eine ästhetisch bezwingende Gestalt; die Kolossalsäulen erschienen wie der Fassade der alten ständischen Privilegien vorgesetzte Verkörperungen einer Staatsgewalt, die, im gesalbten Monarchen konzentriert, als Instanz einer neuen gesellschaftlichen Ratio agierte, befugt, jene ständischen und klerikalen Interessen zu zähmen, deren Beharrungsvermögen dem Reformgeist der Aufklärung im Wege stand. Es war die Zeit, da ein britischer Philosoph, der mit Leibniz um die Priorität der von beiden erfundenen Differentialrechnung stritt, herausgefunden hatte, daß die Kraft proportional der Beschleunigung sei, der sie eine träge Masse zu unterwerfen vermöge: Isaac Newton definierte sie als Produkt beider. Das war wie eine politische Handlungsanweisung: die träge Masse, das waren die alten feudalen Partikulargewalten, die Kraft aber, die sie einer beschleunigten Bewegung unterwarf, war die des sich als absolut begreifenden Herrschers. Architektur hat es a priori mit trägen Massen zu tun; wie Schlüter sie mit Akzenten durchdrang, die den geformten Stein von den Außenmauern des Bauwerks ablösten, war von einer Könnerschaft, deren Inventionen das Wort von der gefrorenen Musik einlösten, die, nach Goethe und Schelling, die Architektur sei.

Brandenburg-Preußen, dieses von einem überragenden Fürsten unter drükkenden Umständen behauptete und von seinem Sohn mit hohem symbolischen

Anspruch ausgestattete Staatsgebilde, war zu dieser Zeit wahrscheinlich der fortschrittlichste, wie man früher, oder der modernste, wie man heute sagt, Staat Europas. Seine geistige Offenheit war durch die bikonfessionelle Situation gleichsam vorgegeben; der Katholizismus, allerorten ein Hemmschuh auf den Wegen geistigen Fortschritts, blieb vor der Tür, bis die Eroberung des überwiegend katholischen Schlesiens unter Friedrichs I. kriegerischem Enkel auch dieser Konfession eine Duldung gewährte, die sich in einem Kirchenbau inmitten der Hauptstadt manifestierte.

Schlüters Bauherr hatte die Abneigung seiner Vorfahren gegen die in Sachsen herrschende lutherische Orthodoxie in Halle, der Bürgerstadt inmitten des seinem Vater zugefallenen Herzogtums Magdeburg, 1691 durch die Gründung einer Universität bekräftigt, die im Zeichen der Aufklärung und der Toleranz stand. Hier wirkte als Rechtsprofessor Christoph Thomasius, „ein deutscher Gelehrter ohne Misere", wie Ernst Bloch seinen Essay über diesen Theoretiker des Naturrechts überschrieb, einen Aufklärer großen kämpferischen Stils, der als erster deutscher Professor Vorlesungen in deutscher Sprache hielt. Aus Leipzig, wo er mit den *Teutschen Monaten* „die erste gebildete Zeitschrift seines Landes"[13] herausgegeben hatte, war Thomasius 1690 vor den Nachstellungen der sächsischen Obrigkeit nach Berlin geflohen, unter den Schutz Friedrichs I., der im Jahr darauf einen andern Sachsenflüchtling aufnahm und in wichtige Ämter berief, den Dresdner Oberhofprediger Philipp Jacob Spener, der eine evangelische Erweckungsbewegung ins Leben gerufen hatte, die bald den Namen des Pietismus erhielt.

Ihre Hinwendung zu einer mit tätiger sozialer Fürsorge verbundenen Herzensfrömmigkeit bereitete der Freiheit des Fühlens, des Empfindens die Bahn eines neuen Individualismus; in Halle verband sie sich durch das Wirken August Hermann Franckes mit einer alle Schichten umfassenden Bildungsarbeit. Auch Francke, ein Leipzig-Vertriebener wie Thomasius, wurde Professor an der neuen Musteruniversität; er machte die Stadt zu einer „Hochburg der pietistischen Bewegung".[14] Von der lutherischen Amtskirche als subversiv mit allen Mitteln bekämpft, galt der sich selbst als lutherisch verstehende Pietismus dem reformierten Monarchen als ein wirksamer Verbündeter bei der Verbreitung überkonfessioneller Toleranz. Die Gründung und Förderung dieser neuen Kurbrandenburgischen Universität korrespondierte mit dem Berliner Wirken Andreas Schlüters ebenso wie mit der Gründung der Sozietät (später Akademie) der Wissenschaften im Krönungsvorjahr 1700 durch Leibniz. Die Gründung einer Akademie der Künste war vorangegangen; Andreas Schlüter, der zugleich der Wissenschaftsakademie angehörte, fungierte einige Jahre als ihr Direktor.

Den Primat des Staates über widerstreitende kirchliche Ansprüche, den der Jurist Thomasius theoretisch untermauerte, versuchte der in seiner Doppelfunktion als Bildhauer und Baumeister rastlos tätige Schlüter durch die Errichtung eines Schloßturms zu bekräftigen, der alle Kirchtürme der Stadt überragen sollte. Aber der Berliner Boden, sumpfig unterminiert, wie er war und ist, Pfahlgründungen erheischend, die noch heute die Architekten bei der Stabilisierung der großen Kulturbauten vor schwierige Aufgaben stellen, widersetzte sich dem ehrgeizigen Vorhaben. Der Turmbau, fast fertig, neigte sich zur Seite, und Schlüters Versuch, ihn durch eine massive seitliche Stützung zu stabilisieren, schlug fehl; unergründliche Bodenschichten machten das Vorhaben zunichte. Es trat ein, was die Statiker als Grundbruch bezeichnen[15], und in seiner Verzweiflung begann der Bauleiter mit dem Abbruch des Turms, ohne den Befehl des Königs abzuwarten; 1706 mußte ihn dieser als Schloßbaumeister entlassen. Aber der notorisch mißtrauische Invalide auf dem selbstgeschaffenen Königsthron hielt dem erschütterten Genius die Treue; als Bildhauer blieb Schlüter für ihn tätig, baute ein eminentes Stadtpalais, die Villa Kamecke, modellierte großartige Sarkophage und verließ Berlin erst 1713 nach dem Tod seines Königs, dessen Sarkophag seine letzte Berliner Arbeit war. Er folgte einem Ruf Peters des Großen nach St. Peterburg, wo ihn nach einem Jahr der Tod aus der Arbeit an großen neuen Projekten riß.[16]

Sein Nachfolger als Schloßbaudirektor wurde der aus einer schwedischen Familie stammende Johann Friedrich Eosander (1669–1728), der eigentlich Göthe hieß und sich Eosander v. Göthe nannte[17]; er war 1692 in brandenburgische Dienste getreten und 1699 zum Hofbaumeister berufen worden. 1707 übernahm er den Weiterbau des halbfertigen Schlosses und verlängerte es nach Westen hin in einer Weise, die das auf der Lustgartenseite von Schlüter geschaffene Portal im Abstand von sechs Fensterachsen wiederholte – ein Akt schöpferischer Demut vor der Leistung des Vorgängers, der sich auf dieser Parkseite der monumentalen Gebärde enthalten hatte. Schlüters dreiachsiger Portalbau folgte der viergeschossigen Fassade mit eingestellten toskanischen Säulen im Erdgeschoß und zwei balkontragenden Atlanten in der Höhe des zweiten; ein flacher Bogen wölbte sich über dem großen Fenster unterhalb der statuengekrönten Attika und bot nebst einer Wappenkartusche zwei trompeteblasenden Engeln Raum. Eosander ließ sie, Schlüters Muster wiederholend, von keinem Geringeren als Balthasar Permoser ausführen.

Die dergestalt nach Westen verlängerte Nordfront führte nach sechs weiteren Fensterachsen auf einen risalitartig vorspringenden Eckbau von sieben Fensterachsen, der den Übergang zu der Westseite des Gebäudes bildete. Eosander setzte, mit einigen Abwandlungen, auch hier die Schlütersche Geschoßgliederung fort; seine eigene Schöpfung war ein in die Mitte eingelassener Torbau, der das Vier-Säulen-Motiv des Vorgängers mit drei Rundbogenöffnungen verband, die den altrömischen Titusbogen zum Vorbild hatten. Das ganze, binnen zehn Jahren zu riesigen Dimensionen aufgewachsene Schloß bezog sich auf römische Palastvorbilder, die ihrerseits in der Baukunst der Antike wurzelten; Eosanders Triumphportal stellte diesen Bezug explizit her. Der vielgliedrig aufsteigende Turm, den der Architekt entworfen hatte, blieb diesem Portal versagt; erst anderthalb Jahrhunderte später wurde ihm auf achteckigem Grundriß ein klassizistisch gestimmter Kirchenraum aufgesetzt, dessen leicht abgeflachte Überkuppelung sich stimmig über Eosanders Attika erhob. Dessen Plan, die Nordseite des Baus mit drei Portalen in einer Weise zu gliedern, daß zwischen das Schlüterportal und dessen Wiederholung ein Mittelportal von gesteigerter Monumentalität Platz gegriffen hätte, kam zu Lebzeiten Friedrichs I. nicht mehr zur Ausführung.

Bis zur Vollendung der Westfront mit dem Triumphtor war der Schloßbau gediehen, als dessen Tod seinem ältesten Sohn das Feld freigab, der der zerrütteten Staatskasse alsbald ein drakonisches Sparprogramm auferlegte. Fast der gesamte Hofstaat wurde entlassen; die kulturellen Unternehmungen des Vaters wurden aufgegeben oder aufs äußerste beschnitten. In seinem Preußenbuch hat Sebastian Haffner dem friedliebenden Bauherrn des Berliner Schlosses „eine wichtige Eroberung“ attestiert: „Als preußischer König hatte er das Bewußtsein seiner Untertanen besetzt. Und erst das ließ seinem Sohn gelingen, woran sein Vater gescheitert war: aus zerstreuten Herrschaften einen wirklichen, funktionierenden Staat zu machen.“[18] Dem 1688 im Schloß geborenen Friedrich Wilhelm I. gelang dies in einer Weise, die reich an pathologischen Zügen war; seinem auf den zentralisierten Militär- und Beamtenstaat ausgerichteten Modernisierungsprogramm lag die Einsicht zugrunde, daß das zersplitterte Königreich Preußen, wie nun das ganze Staatswesen hieß, nur mit einer starken Armee würde überleben können. Daß dieses Programm von dem „Geist der Staatsvernunft, der Staatsraison, der damals in ganz Europa herrschend wurde“, begünstigt wurde, hat Haffner ebenfalls konstatiert: „Preußen ... war nicht nur neu, es war modern, beinahe könnte man sagen: Es war schick.“[19]

Auch Eosander v. Göthe, der Baumeister der Schloßverlängerung, war von dem fünfundzwanzigjährigen König entlassen worden, aber der Schloßbau ging weiter, nun unter der Leitung des Schlüterschülers Martin Heinrich Böhme (1676–1725). Dieser schloß die zwischen Schlüters südlichem und Eosanders westlichem Trakt verbliebene Lücke, indem er ebenso verfuhr wie Eosander mit der Lustgartenfassade: er verlängerte Schlüters der Bürgerstadt zugewandte

Front und fügte ihr gegenüber der Einmündung der Brüderstraße (und in der Achse des zweiten Lustgartenportals) eine Wiederholung des Stadtportals mit den vier Kolossalsäulen ein; der junge König nahm in diesem neuerbauten Südtrakt hinter besonders breiten Fenstern Wohnung. Durch eine Haltung ostentativer Demut sicherte Böhme die Einheit und ermöglichte die Vollendung des Baus.

Als Böhme 1716 die Arbeit einstellte, war ein viergeschossiger Bau von 192 Meter Länge und (an der Westseite) 116 Meter Breite entstanden, dessen Höfe durch fünf Portalöffnungen erschlossen wurden. Der Schlüterhof stand dem Publikum offen und bildete - ein schönes Gemälde von Eduard Gaertner zeigt es - den Hintergrund einer lebendigen städtischen Szene. Nur an der östlichen, unmittelbar an der Spree gelegenen Schmalseite hatte das alte Renaissanceschloß mitsamt einer Apotheke und eines gotischen Turms überdauert; diese stehengebliebenen Teile nahmen sich wie ein steingewordener Einspruch jener alten gegenüber der neuen Zeit aus, deren Architektur die rationale Ambition durch einen sinnlich-dekorativen Reichtum balancierte, der sich im Innern denkwürdig steigerte. Er riß einen Kirchenmann, der im Rittersaal auf den König wartete, einmal zu dem Ausruf hin: „Gott, wie herrlich ist es hier! Wie wird es erst im Himmel sein!“[20] „Irdisches Vergnügen in Gott“ - so war ein von dem Hamburger Ratsherrn Brockes zu dieser Zeit verfaßtes Versepos überschrieben, das der deutschen Literatur neue Wege wies; der Titel korrespondierte mit der gestaltmächtigen Weltlust, die dieser Schloßbau über Decken und Wände, Tore und Treppen ausgegossen hatte. Sie war die Frucht eines historischen Optimismus, der sich an das Wirken des die Staatsvernunft verkörpernden Regenten heftete. Herkules und Apoll waren seine mythologischen Gewährsmänner, aber auch die Allegorien der Weisheit und des Friedens hatten auf Schlüters Säulen Platz genommen.

Wechselnde Nutzer und ein neuer Titel

Das Schloß als Wohnstatt und Repräsentationsstätte der preußischen Könige hat in den folgenden Generationen Umgestaltungen erfahren, die bis zur Mitte des 19. Jahrhunderts stilbildend wurden. Friedrich II., auch der Große genannt, obschon er die Existenz des Staates durch aberwitzige Kriege aufs Spiel setzte, bevorzugte Potsdam und nahm nur einmal im Jahr, jeweils im Januar, Wohnung in seinem Berliner Schloß, ließ sich aber von eminenten Innenarchitekten - Johann August Nahl und den Brüdern Hoppenhaupt - wundersam ausgestattete Räume errichten. Sein Neffe und Thronfolger, Friedrich Wilhelm II., der, anders als sein

Vorgänger, der deutschen Literatur seiner Zeit aufgeschlossen gegenüberstand, gab seinem Hofarchitekten Carl Gotthard Langhans einen Bau von großartiger Symbolkraft in Auftrag, das Brandenburger Tor; 1795 schloß er einen Friedens- und Freundschaftsvertrag mit dem republikanischen Frankreich, das er zuvor im Bund mit Österreich mit katastrophalem Ergebnis bekriegt hatte. Er betraute zwei Großmeister, die Architekten Carl v. Gontard und Friedrich Wilhelm v. Erdmannsdorff, mit der Ausgestaltung seiner Wohnräume im Schloß, während ihr Kollege Langhans den Räumen der Königin jene orthogonale Noblesse gab, die die Rankenwerke des Rokoko abgelöst hatte. „Da schieden sich", schreibt Goerd Peschken, wie kaum ein anderer in der Beschaffenheit des Bauwerks zu Hause, „zwei große Epochen unserer Kunstgeschichte. Die ältere, von der Renaissance bis zum Rokoko, bezog ihre Ausgestaltungen immer auf den unmittelbaren optischen Eindruck, ... man komponierte perspektivisch. Unsere Zeit, beginnend mit der Aufklärung, setzt ein Vorstellungsvermögen voraus, mit dem wir von unserm Standort abstrahieren, man komponiert seitdem aperspektivisch."[21]

Friedrich Wilhelm III., der 1797 der Nachfolger seines Vaters wurde, ein friedliebender König, der von dem Feldzug gegen Frankreich, den er als blutjunger Kronprinz hatte mitmachen müssen, ein bleibendes Entsetzen vor den Gräueln des Krieges davongetragen hatte, wurde 1806 von der mit seiner Gemahlin, der schönen und geistvollen Luise, verbündeten Kriegspartei seines Hofes gegen Napoleon in ein militärisches Abenteuer gestürzt, das nur katastrophal enden konnte. Er war, König geworden, im Kronprinzenpalais gegenüber dem Zeughaus wohnen geblieben und hatte es seiner Frau überlassen, Zimmer im Schloß zu beziehen. Nachdem der französische Kaiser dort Einzug gehalten hatte, wohnte das Königspaar im erweiterten Kronprinzenpalais.

Anders sein Sohn, der architektonisch begabte Friedrich Wilhelm IV. Schon als Kronprinz war er ins Schloß gezogen; auf den Thron gelangt, ließ er sich von seinem Leibarchitekten Schinkel Zimmerfluchten von strenger Pracht einrichten; hier nahm er zuweilen den Tee mit dem betagten Alexander v. Humboldt. Er war es, der dem Eosanderportal auf der Westseite des Baus in den Jahren 1844–1852 durch August Stüler jene laternenbekrönte Kuppel aufsetzen ließ, unterhalb derer die neue Schloßkapelle Raum griff; in der politisch aufgewühlten Zeit des Vormärz setzte er das Zeichen eines Gottesgnadentums, das er sich auch durch die während des Kuppelbaus ausbrechende Revolution nicht verkümmern ließ. Daß das am Schloß aufgezogene Militär am Nachmittag des 18. März 1848 mit gezogenem Säbel gegen die dort versammelte Menschenmenge vorging, die kurz zuvor dem einen deutschen Bundesstaat mit Pressefreiheit und Volksvertretung proklamierenden König zugejubelt hatte, führte zum Ausbruch von Barrikadenkämpfen, die blutig niedergeschlagen wurden; Friedrich Wilhelm war entsetzt und erwies den dreihundert zivilen Todesopfern, die anderntags aufgebahrt an ihm vorübergetragen wurden, mit schwarzrotgoldener Schärpe seine Reverenz. Doch seine Erschütterung hielt um so weniger vor, als die opponierenden politischen Kräfte nach ihrem Sieg in mehrere Lager zerfielen. Im November 1848 ließ der König die in Schinkels Nationaltheater tagende preußische Nationalversammlung mit Militärgewalt schließen, nachdem diese zuvor von aufrührerischen Volksmassen bedrängt worden war. Im Dezember gab er seinen Landen dann aus eigener Vollmacht eine Verfassung und empfing die auf dieser Basis gewählten Abgeordneten am 26. Februar 1849 im Sternsaal des Schlosses.

In dessen Rittersaal, der hinter Schlüters Gartenportal lag, trugen ihm sechs Wochen später die Abgesandten der seit dem Juni 1848 in Frankfurt am Main tagenden Deutschen Nationalversammlung auf der Grundlage der von ihr erarbeiteten Verfassung die Kaiserwürde eines neuen deutschen Reiches an. Aber Friedrich Wilhelm, der für einen Romantiker galt, hatte die Delegation nur empfangen, um die Erwählung von Volkes Gnaden zurückzuweisen. In kleinerem Kreis sprach er von einem „Reif aus Dreck und Letten", also Kot; die Revolution hatte versäumt, sich eine Armee zu schaffen. In den folgenden Wochen sandte die preußische Regierung Kampftruppen in alle jene deutschen Länder aus, deren gewählte Parlamente noch nicht kapituliert hatten; an einer Weichenstelle der Geschichte hatte Preußens König folgenschwer versagt.

Sein stockreaktionärer Bruder, der sich 1848 den Beinamen Kartätschenprinz verdient hatte, wurde 1860 als Wilhelm I. der Nachfolger des zuletzt von einer Geisteskrankheit befallenen Älteren. Bei seinem Berlin-Besuch im Mai 1804 hatte Schiller die beiden Söhne der Königin Luise als Kinder kennengelernt. Wilhelm, der Jüngere, heiratete eine Weimarische Prinzessin, die nach 1862 die entschiedene Widersacherin eines preußischen Ministerpräsidenten wurde, der sich vorgenommen hatte, die deutschen Lande mit Blut und Eisen zu dem Nationalstaat zusammenzufügen, der auf der Tagesordnung der Geschichte, nicht zuletzt ihrer wirtschaftlichen Erfordernisse, stand. Dazu galt es, zunächst den österreichischen, dann den französischen Widerstand zu brechen; beides gelang in zwei militärisch und diplomatisch meisterhaft vorbereiteten Kriegen. Deren zweiter, gegen das französische Kaiserreich, schweißte Deutschland in einer Weise zusammen, wie es die Revolution nicht vermocht hatte.

Von da an war das Berliner Schloß nicht mehr nur der Repräsentationsort des Königs von Preußen, der das „in" längst abgestreift hatte, sondern zugleich der eines deutschen Kaisers, der als Vorsitzender eines föderalen Fürstenrats einem

Gesamtstaat vorstand, dessen Parlament auf freien, gleichen und geheimen Wahlen beruhte. Aber dieser Reichstag war mehr Feigenblatt als Machtorgan, und Wilhelms I. Reichsbefugnisse beruhten auf seiner Macht in Preußen, wo er, auf Bismarck gestützt, nach wie vor beinahe absolut regierte; dieser Geburtsfehler wurde dem sich zu staunenswerter Blüte entwickelnden Nationalstaat zum Verhängnis. Denn die nächste Generation, in Gestalt eines liberal gesinnten Kronprinzen, kam nicht zum Zuge. Wilhelm I. wurde mehr als neunzig Jahre alt, nach kurzem Zwischenspiel gefolgt von einem jugendlichen Enkel, der Unsicherheit durch Forschheit überdröhnte.

Während der Großvater, König und Kaiser geworden, seine Wohnung in dem klassizistisch schlichten Palais Unter den Linden beibehalten hatte, an dessen Eckfenster er sich zuweilen den beglückten Untertanen zeigte, verlegte der Enkel seine Wohnung ins Schloß, dessen Pracht seinen barocken Neigungen entgegenkam, einem monarchischen Schaustellertum, das sich in immer neuen Uniformen, Auftritten, Dekorationen gefiel. Neidvoll blickte der Enkel der Queen Victoria auf das Weltreich seiner britischen Vettern, deren imperialer Hauptkirche, der St. Paul's Cathedral, er neben dem Schloß durch einen Dom nacheiferte, der sich erst nach dem Neubau seiner Kuppeln im Jahre 1980 dem Bild der Stadt harmonisch einfügte. „Mit dem Tode Kaiser Wilhelms I., der ein vollkommener Kavalier gewesen war", so Goerd Peschken, „endete die kulturelle Spitzenstellung des Hofes. Die Monarchie muß innerlich vollkommen verunsichert gewesen sein, Wilhelm II. eine grauenhafte Erziehung genossen haben: ein Kaiser mit schlechtem Geschmack und schlechtem Benehmen. Sein Hof war unelegant."[22]

Schlimmer war, daß dieser Mann, in seiner jovialen Aufdringlichkeit eine denkbar unpreußische Gestalt, die Politik dominierte; es gelang seiner Großmannssucht, das Staatskunstwerk dreier Jahrhunderte binnen eines Vierteljahrhunderts zugrunde zu richten. Am Ende des Weltkriegs, im November 1918, setzte er sich Hals über Kopf in ein Schloß im neutralen Holland ab und ließ sich Möbel, Hausrat, Kleinodien in fünfzig Güterwagen hinterherschicken; die Republik tat ihm den Gefallen. Seit jenem November war das Berliner Schloß kein Staatsort mehr; es wurde zu einer Kulturstätte, in der nicht nur das Kunstgewerbemuseum seinen Platz fand (der ganze Bau strotzte von edelstem Kunstgewerbe), sondern auch ein Museum für Leibesübungen und ein Theatermuseum, zu dem es Berlin bis heute nicht wieder gebracht hat. Das weitläufige Bauwerk, von jeher ein Mehrzweckbau, nahm Institute der Universität und der Kaiser-Wilhelm-Gesellschaft auf, aber auch den Deutschen Akademischen Austauschdienst und die Mexiko-Bücherei; auch gab es in seinem Innern zahlreiche Privatwohnungen.

Grundbruch, Tabula rasa 1

Bei dieser außerpolitischen Nutzungsvielfalt blieb es auch, als im Januar 1933 ein ehemaliger preußischer Feldmarschall, der zehn Monate zuvor gegen einen kürzlich eingebürgerten Österreicher im Amt des Reichsoberhaupts bestätigt worden war, in einem zweiten Schritt die Selbstzerstörung des preußisch-deutschen Nationalstaats vollzog; ein halbes Jahr zuvor hatte er die legale preußische Regierung abgesetzt. Durch die Machenschaften einer korrupten Junker-Clique erpreßbar geworden, übergab dieser Sachwalter des Preußentums die Staatsgewalt dem eingewanderten Hetzprediger, der auf dem seelischen und dem materiellen Elend der Nation wie auf einer Klaviatur spielte.[23] Als dieser sich sechs Wochen nach seiner Kanzlerernennung die Aufhebung der Reichsverfassung durch das Parlament legalisieren ließ, stellte ihm auch die bürgerliche Mitte die erforderliche Zweidrittel-Mehrheit; danach huldigte das verbliebene Alt-Preußen in der Potsdamer Garnisonkirche einer Pöbelherrschaft, der jene Siegermächte, die die deutsche Republik mit unerträglichen Auflagen erdrückt hatten, in der Folge alle Steine aus dem Weg räumten: Deutschland war wieder wer.

Zwölf Jahre später lag nicht nur das Berliner Schloß in Trümmern. Aber auch das war eine Ruine, im flächendeckenden Bombenhagel ausgebrannt wie alles übrige in diesem Kernbezirk einer Stadt, die schon im 18. Jahrhundert über ihre Mauern hinausgewachsen war. Hatte das Schloß, im späten Mittelalter ein Zwingbau der Markgrafen gegen eine aufsässige Bürgerschaft, bei seiner barokken Erneuerung am Rande der Stadt gelegen, so war es ein halbes Jahrhundert später in deren Mitte gerückt. Beiderseits jener breiten Allee, die ein Stadtplaner des 17. Jahrhunderts in schrägem Winkel von der Gartenseite des Schlosses hatte ausgehen lassen, hatten sich, nebst prägnanten Kulturbauten, rasch wachsende Vorstädte entwickelt.

Was tun mit einem Bauwerk, dessen Inneres vernichtet war, dessen Fassaden voller kostbarer Bauplastik aber brandgeschwärzt überdauert hatten? Die SED, führende Partei der als Gegenstück zu der zuvor gegründeten deutschen Westrepublik ins Leben getretenen Deutschen Demokratischen Republik, entschloß sich ein Jahr nach ihrer Gründung zur Sprengung der Ruine. In den neunziger Jahren erfuhr man, daß die nach wie vor bestimmende sowjetische Vormacht dabei die Hand im Spiel gehabt hatte: durch die Besuchsankündigung ihres Führers, des Generalissimus Stalin. Der Überbringer der – sich als irrig erweisenden – Nachricht hatte sie mit der Frage verbunden, wo denn ein Platz in Berlin sei, groß und zentral genug, ihn massenhaft zu empfangen.[24]

Der auf das Schloßareal bezügliche Wink wurde von einem Mann aufgenommen, der achtzehn Jahre später nichts dabei fand, in seiner Heimatstadt Leipzig eine unversehrte gotische Kirche in die Luft zu jagen. Es gelang Walter Ulbricht, Gegenstimmen innerhalb und außerhalb seiner Partei zu überspielen; konnte der kollektive Beschluß mildernde Umstände für sich in Anspruch nehmen? Er operierte, obschon das unterderhand eine Rolle spielte, nicht mit einer politisch-ideologischen Begründung, dahingehend, daß das Schloß, wie ein kommunistischer Bezirksbürgermeister 1946 formuliert hatte, „das Symbol einer für uns nicht mehr tragbaren Zeit" sei.[25] Das wäre auch ein Unding gewesen, denn zu der Zeit, da der Abriß beschlossen wurde, hatten die Instanzen des neuen Staates bereits die Wiederherstellung der meisten andern vom Krieg zerstörten Hauptbauten der preußischen Monarchie ins Auge gefaßt und mit dem Wiederaufbau des barocken Zeughauses – einst die Waffenkammer des preußischen Militärs – schon begonnen. Es folgten die Hofoper Friedrichs II. und, ihr gegenüber, das Prinz-Heinrich-Palais, das wieder die Humboldt-Universität beherbergen sollte.

Schinkels Neue Wache, 1820 zu Ehren des Sieges über Napoleon errichtet und durch die sowjetische Administration vor der Abrißforderung des staatlichen Jugendverbands bewahrt, wurde als Gedenkstätte für die Toten der Weltkriege wiederaufgebaut; später kam die äußere Wiederherstellung der friderizianischen Bibliothek und des Alten Museums hinzu. Das war eine ganze Menge für einen Staat, der nicht zuletzt durch die anhaltenden Reparationsleistungen, die einem schwergetroffenen Sieger für ganz Deutschland zu entrichten waren, in harter wirtschaftlicher Bedrängnis war; wäre das Schloß noch dazu gekommen, wäre es zuviel gewesen. Den zerstörten Bau Jahrzehnte lang liegenzulassen, wie es in München mit der sehr viel diskreter plazierten Wittelsbacher-Residenz geschah, dazu war die Lage des freistehenden Kolosses zu exponiert; auch als Ruine beherrschte er die Mitte der Stadt.

Auch in vielen Städten des westlichen Deutschlands richtete sich in diesen Jahren eine Abrißwut, die sich zur nachträglichen Handlangerin des Bombenterrors machte, gegen kostbare Ruinen; in Braunschweig und in Hannover wurden die ausgebrannten Schlösser dem Erdboden gleichgemacht. Daß im westlichen Berlin der Überrest des Charlottenburger Hohenzollernschlosses vor dem vorbereiteten Abriß bewahrt werden konnte, war das Verdienst einer unermüdlich intervenierenden Museumsleiterin; in letzter Stunde hatte sie das Ohr Ernst Reuters gewinnen können.

Dennoch war der Totalabriß der Schloßruine nicht nur ein Verbrechen an dem in der DDR programmatisch hochgehaltenen kulturellen Erbe, er war auch ein politischer Fehler. Denn der Staat, der diesen Parteibeschluß vollzog, konnte, falls er nicht in einem neuen Gesamtdeutschland aufging, nichts anderes sein als ein preußischer Nachfolgestaat – auf proletarischer statt, wie vormals, auf feudalaristokratischer Basis. Das pyramidal auf die Staatsspitze – früher den König, nun den Ersten der Sekretäre – ausgerichtete Gefolgschaftsbewußtsein seiner Kader war, bei allem Kontrast der sozialen Intention, durchaus analog. Es war für die psychopolitische Disposition der deutschen Arbeiterbewegung nicht folgenlos gewesen, daß viele ihrer Protagonisten, wenn auch zähneknirschend, in der preußischen Armee Wehrdienst geleistet hatten; ihr gesellschaftliches Grunderlebnis, die innerbetriebliche Fabrikdisziplin, hatte ein übriges getan, hierarchische Strukturen zu verinnerlichen. Mit der Vernichtung der Schloßruine vergab das entstehende Saxoborussien ein wichtiges historisches Bezugsmoment; vielleicht hatte ebendies im Hintergrund des Winks aus Moskau gestanden.

Die Instanzen suchten den Fehler auszugleichen, indem sie das Forum Fridericianum mit einer Sorgfalt aus den Ruinen wiedererstehen ließen, die im westlichen Deutschland, München ausgenommen, nicht ihresgleichen hatte. 1966 war, einschließlich seines Kuppelsaals, auch Schinkels Altes Museum wiederaufgebaut. Die Schloßapplanierung gab den regierenden Staatssozialisten den Freiraum zu der Errichtung eines neuen, auf der Höhe der Moderne stehenden Staatszentrums. Hätten sie 1950, statt auf ihre eigenen Füße, auf Moskau oder Peking geblickt, so hätten sie, ohne einen zu kleinen Aufmarschplatz zu bekommen, von der Schloßruine wenigstens die unmittelbar auf Schlüter zurückgehenden Teile stehen gelassen und damit ein Analogon zum Roten Platz und dem des himmlischen Friedens gewonnen, die ihre Würde beide von der Präsenz der alten Palastmauern erhielten. Doch siegreiche Staaten denken anders als solche, die das Ergebnis eines Vorgangs sind, für den das Wort Grundbruch am Platze ist; das Tabula-rasa-Syndrom liegt dann nahe.

Doch war das Erste, was außer einem hochragenden Querriegel von der neuen Anlage fertig wurde, ein architektonisch hochqualifizierter Baukörper, der zum Träger eines Schloßrelikts wurde: des nach Schlüterschem Muster gestalteten Lustgartenportals IV, von dessen Balkon Karl Liebknecht am 9. November 1918 namens der revolutionären Arbeiterklasse die Sozialistische Republik Deutschland ausgerufen hatte. Die Stelle war passend gewählt; vier Jahre zuvor hatte von derselben Stelle Wilhelm II. seine Untertanen auf den Krieg eingeschworen. Der SPD-Abgeordnete Scheidemann hatte Wind von Liebknechts Aktion bekommen und kam ihr aus einem Fenster des Reichstags zuvor: vom Parlament aus verkündete der Sozialdemokrat, vom Schloß her der Kommunist die deutsche Republik. Das Letztere war folgerichtig als Protest wie als Prophetie. Denn wenn man die spärlichen Hinweise, die Karl Marx über das Zwischenreich einer Diktatur des

Proletariats in seinen Schriften gegeben hatte, ernst nahm, dann kam man, was Karl Liebknecht fern lag, auf einen Lehens- und Beamtenstaat neuen, aber nicht unverwandten Typs.

Umbruch, Tabula rasa 2

Die Reminiszenz an das Schloß war das Erste, was den Erbauern der neuen Staatsmitte einfiel; das Zweite war die Errichtung eines Stadtturms von so überragender Gestalt, wie sie Schlüter einst mißlungen war. Was Friedrich I. hatte aufgeben müssen, erneuerte der Parteimonarch Walter Ulbricht in Gestalt eines Fernsehturms, der die ganze innere Stadt majorisierte. Seine Erbauung, bei der Polizisten die Betonmischer überwachten, war eine technisch-architektonische Meisterleistung, sie hielt, trotz ihrer urbanen Unverträglichkeit[26], den Veränderungen der Machtgegebenheiten stand.

Anders erging es dem quer auf das alte Schloßareal gesetzten Hauptbau der Nach-Ulbricht-Ära, dessen Name mit feudalen Erinnerungen spielte: *Palast der Republik*. Er nahm in einem abgeschlossenen Trakt das zur Machtlosigkeit verurteilte Parlament des neuen Klein-Preußens auf und enthielt in seinem publikumsoffenen Teil, just auf der Fläche des einstigen Schlüterhofs, ein Wunderwerk vielseitig verwandelbarer Saalarchitektur, innerhalb deren alle fünf Jahre eine zu der gleichen Ohnmacht verurteilte Parteiversammlung ihre vorbestimmten Häupter wählte; die Imitation der Monarchie hatte sich unter Erich Honecker hoffnungslos perfektioniert. Vor allem aber - und das markierte einen Unterschied zu Alt-Preußen - war dieses Haus eine phantastische Volksvergnügungsstätte. Sie stand in der funktionalen Nachfolge der alten, sozialdemokratisch fundierten Volkshäuser und zeigte durch ihre von weißen Marmorbändern gefaßte Glasfassade in dunklem Goldton auch nach außen hin an, daß hier des Volkes wahrer Himmel sein sollte, in Gestalt zahlreicher Restaurants, des erwähnten Großsaals und eines Foyers, dessen Wände mit relevanten Bildwerken geschmückt waren.

Aber dieses sozialistische Gegen-Schloß hatte zwei Fehler, und sie wurden ihm zum Verhängnis. Der eine Fehler lag im Material; obschon Asbest um das Jahr 1973 bereits als gesundheitlich fragwürdig erkannt war, hatte man diesen prekären Stoff, wie in dem gleichzeitig errichteten Charlottenburger Kongreßzentrum, aus Feuerschutzgründen vielfach verwendet. Der andere Fehler bestand in der Lage des Bauwerks; die Längsachse seiner Grundfläche, die ein längliches Rechteck bildete, lag parallel zu den beiden Spreearmen, die das Schloß miteinander verbunden hatte. So hatte man vor der Westfront des Baus einen Demonstrations- und Paradeplatz gewonnen, der sich, als die diskret angesetzte Tribüne fertig war, aus mehr als einem Grund als unbenutzbar erwies.[27] Vor der Front des Gebäudes breitete sich eine vor allem als Parkplatz dienende Leerfläche aus, die bis an die Spree reichte und gestaltlos blieb bis zu dem Moment, da in den Volkskammersaal dieses Palastes ein unter revolutionären Auspizien gewähltes Parlament einzog, das diesen Namen verdiente. Ihm gelang, was Friedrich Wilhelm IV. im April 1849 den Abgeordneten der Paulskirchenversammlung verwehrt hatte: die deutsche Staatseinheit zu beschließen.

Danach (und schon kurz vorher) wurde das Haus des Volkes, der Palast einer sich aufhebenden Republik, geschlossen; der Asbest, so schien es, lieferte den Vorwand, nicht den Grund. Aber es gab ihn tatsächlich, und die Abgeordneten des Haushaltsausschusses des Deutschen Bundestages, die in Bonn über die Mittel zur Sanierung des Bauwerks zu befinden hatten, sahen sich im Juni 1995 drei Sachverständigen aus allen Zonen der Republik gegenüber, die übereinstimmend erklärten: Sagt uns, was ihr mit diesem Gebäude machen wollt, und wir sagen euch, wie man es funktionsgerecht saniert![28] Aber die politisch Verantwortlichen wollten gar nichts machen mit einem Bauwerk, dem sie so abweisend gegenüberstanden, wie es der Friedrichshainer Bürgermeister Starck 1946 gegenüber der Schloßruine formuliert hatte, „dem Symbol einer für uns nicht mehr tragbaren Zeit“. Darum verordneten sie – es war im Oktober 1998 eine der letzten Amtshandlungen der scheidenden Regierung Kohl[29] – dem Bau eine Totalsanierung, die ihn in ein Rohbauskelett, also eine Ruine, verwandelte. Zum zweiten Mal binnen eines halben Jahrhunderts war an dieser exponierten Stelle Tabula rasa verfügt worden, und die Parallele war damit nicht erschöpft. Wie das Schloß, so hatte auch der zum Untergang verurteilte Palast auf der architektonischen Höhe einer allerdings sehr viel weniger gestaltmächtigen Zeit gestanden, und wie die Schloßruine wurde er als Bauwerk mit den Herrschaftsverhältnissen identifiziert, die ihn hervorgebracht hatten.

Locus herbidus, vielseitige Aktivitäten

Waren mit jener Totalsanierungsverfügung, aus der zehn Jahre später ein *locus herbidus*, eine Rasenfläche, hervorgegangen war, die Würfel für einen Neubau, der dem verschwundenen Schloß nach Lage und Baukörper gleichen sollte, bereits gefallen? Auf diesem Weg gab es zwei wichtige Etappen. Vom Juli bis zum Oktober 1993 hatte eine von dem Hamburger Unternehmer Wilhelm v. Boddien initiierte Kulissen-Reproduktion jener Schloßfassaden, deren Baugrund nicht von dem DDR-Palast besetzt war, die Stadt in Bewegung gebracht; dem sich die Augen reibenden Berlin präsentierte sich eine Collage aus dem real existierenden Volkshaus und der unmittelbar an ihn anstoßenden, durch einen Spiegel optisch von ihm getrennten Fassadenmalerei einer Pariser Firma, die der Architekt Frank Augustin auf ein aufwendiges Stahlrohrgestänge gespannt hatte. Eine Ausstellung, auch sie von dem *Förderverein Berliner Stadtschloß* des heiter-unwiderstehlichen Schloßfreundes veranstaltet, ergänzte die Hundert-Tage-Unternehmung, und ein inhaltsreiches Beibuch gab Auskunft nach allen Seiten: über die Entstehung, die Bedeutung, die mögliche Zukunft des einstigen Berliner Zentralbaus. Der Architekturhistoriker Goerd Peschken und der Architekt Frank Augustin erläuterten hier, was sie – „Tabula rasa gegen Tabula rasa, das ist uns zu platt"[30] – schon 1991 vorgeschlagen hatten: eine Collage aus Gegenwart und erneuerter Geschichte, die beide, Schloß und Palast, miteinander verbinden sollte. Peschkens der Bau-Klasse der Berliner Akademie der Künste vorgetragene Thesen zu den Möglichkeiten eines partiellen Wiederaufbaus[31] stießen auf Widerstände, die es sich in dem Bewußtsein, schrankenlos über die Gegenwart verfügen zu können, mit Schlüter allzu leicht machten. Da man ihn als Konkurrenten nicht überwinden konnte, beschloß man, ihn als Mitwirkenden so wenig zuzulassen wie den Palastarchitekten Heinz Graffunder.

Dies war zugleich die Voraussetzung der zweiten Station. Den Baukünstlern der Gegenwart, denen das wiedervereinigte Berlin soviel Raum gab, wie kaum jemals eine Stadt ihren Architekten geboten hatte (das Gleiche hatte schon für die Nachkriegszeit gegolten), öffnete sie auch an dieser Stelle ein weites Feld: in Gestalt eines städtebaulichen Ideenwettbewerbs, der jene Spreeinsel betraf, auf der und an der die DDR-Instanzen ihr Klein-Brasilia in Auftrag gegeben hatten, das sich vom Fernsehturm am Bahnhof Alexanderplatz bis zu dem Querriegel des Außenministeriums erstreckte, für den die Ruine der Schinkelschen Bauakademie abgerissen worden war. An den Flanken dieser Riesenfläche hatten das portalgeschmückte Staatsratsgebäude und der Dom Wilhelms II. ihren Platz; ihr Inneres wurde von dem Neptunbrunnen des Reinhold Begas und einem Denkmalpark eingenommen, der mit künstlerischer Strenge den Heilsweg der kommunistischen Weltmission veranschaulichte. Ein pflichtgemäß denkender Landesdenkmalschützer aus dem Westen der Stadt hatte sich 1991 zur Absetzung verurteilt, als er Miene machte, diese wahrhaft moderne Gesamtkomposition in ihrer exemplarischen Stadtwidrigkeit für schutzwürdig zu erklären.

Das neue Bauen hatte hier seit 1962 seine Chance gehabt und sie wahrgenommen. Nun sollte es eine zweite Chance bekommen, unter der von den Auslobern des Wettbewerbs – das waren die Regierungen des Bundes und des Landes Berlin – fixierten Voraussetzung, daß sowohl der inzwischen stillgelegte Palast der Republik wie das ihm jenseits der Spree gegenüberliegende Außenministerium abgerissen würden: Freie Bahn für den neuesten Städtebau! Dabei war das künftige Zentralbauwerk seiner Funktion nach vage genug bestimmt: es sollte ein Konferenzzentrum werden. Die Ergebnisse des weltweit ausgeschriebenen und von 1105 Einsendern beschickten Wettbewerbs wurden 1994 im einstigen Staatsratsgebäude präsentiert, und das Merkwürdige geschah: Auch die Bauklasse der Akademie der Künste ist auf diese Erfüllung ihrer Wünsche und Forderungen niemals zurückgekommen. Den ersten Preis erhielt der Berliner Bernd Niebuhr mit einem Entwurf, dessen Kernstück ein Gebäude von der Position und den Ausmaßen des Schlosses war, ein oblonger Quader mit einem großen elliptischen Innenhof, der manche Betrachter an eine Stierkampfarena erinnerte. Auch der zweite Preis (für das Berliner Team Krüger, Schuberth, Vandreike) und der dritte (für den Berner Rudolf Rast) sahen ein rechteckiges Gebäude vor, dessen Position und Proportion dem verschwundenen Schloß nahekam. Krüger, Schuberth und Vandreike hatten historische Bezüge markiert, indem sie der Westfront ihres Konferenzzentrums die Stülersche Kuppel aufsetzten und an der Nordost-Ecke, wo einst die alte Hofapotheke gestanden hatte, jenen Volkskammersaal herausragen ließen, in dem im August 1990 die deutsche Staatsvereinigung in der Form eines Beitritts überfallartig beschlossen worden war. Ein kämpferischer Bürgerrechtler[32] brandmarkte den Vorgang als einen Akt des Landesverrats, er hielt den Zeitpunkt für verfrüht.

Erst der vierte Preis brachte einen der großen Architekten der alten Westrepublik ins Spiel, Oswald Mathias Ungers, er wollte den Palast als Gebäude erhalten und den großen Vorplatz - er nahm die Hälfte des Areals ein - allseitig-vielgestalt umbauen. Das wäre die Synthese im Namen der Moderne gewesen - die Jury verwies sie auf den aussichtslosen vierten Platz. Aber auch die drei davor plazierten Entwürfe wurden bald allgemein ad acta gelegt; damit war die noch lange danach erschallende Forderung nach einer sowohl das verschwundene Schloß wie den real existierenden Palast übergehenden zeitgenössischen Lösung ins Imaginäre verwiesen. Das einzige Fazit des aufwendigen Wettbewerbs war die Erkenntnis, daß das künftige Zentralgebäude Lage, Grundriß und Höhenmaße des Schlüter-Eosander-Baus erneuern solle, dessen städtebauliche Position sich über zweieinhalb Jahrhunderte bewährt hatte, auch und gerade nach der Öffnung des Lustgartens durch zwei Brückenbauten des 19. Jahrhunderts. Unklar blieb, welcherart die Funktion des Neubaus sein müsse, um dessen Kosten zu rechtfertigen. Denn zum Konferenzzentrum hätte man schließlich auch den bestehenden Palast umbauen können.

Ein 1996 folgender Investoren-Wettbewerb, der *Interessenbekundungsverfahren* hieß und sich auf das zentrale Gebäude beschränkte, verlief seinerseits im

Sande. Eine lange Reihe namhafter deutscher Architekten wartete mit überwiegend schloßbezüglichen Varianten auf[33], aber eine Funktionsbestimmung, die den staatlichen Instanzen die Finanzierung hätte abnehmen können, wollte sich nicht einstellen. Entsprechende Vorschläge, bei denen Luxushotels eine besondere Rolle spielten, machten deutlich, daß kein Investor ihnen die Verantwortung für dieses Bauwerk von höchstem städtebaulichen Rang abnehmen könne.

Eine Kommission und drei Parlamentsbeschlüsse

In dieser Situation beriefen die Regierungen des Bundes und des Landes Berlin im Jahre 2000 eine Kommission aus siebzehn Fachleuten aller Art, darunter drei Vertretern der privaten Wirtschaft, die an den abschließenden Abstimmungen nicht teilnahmen, dazu aus sechs Bundes- und Landespolitikern, die sich, als Moderatoren vorgesehen, volles Stimmrecht vindizierten, ohne es immer wahrzunehmen. Der Kommission, die von dem Wiener Europa-Abgeordneten Hannes Swoboda geleitet wurde, war es aufgegeben, binnen eines Jahres Vorschläge für die Nutzung der vorhandenen bzw. neu zu errichtenden Gebäude des Schloß- bzw. Palastareals und für die Gestaltung der letzteren und ihres städtebaulichen Umfelds zu machen; auch die Finanzierung stand auf der Themenliste. Im Lauf von zwölf Sitzungen zwischen dem März 2001 und dem März 2002 ergaben sich präzise Vorschläge, die, eingehend kommentiert, im April 2002 den Auftraggebern und der Öffentlichkeit unterbreitet wurden.[34] Sie zielten auf ein Bauwerk, für das die Kommission den Namen *Humboldt-Forum* vorschlug, im Blick darauf, daß darin sowohl die Sammlungen der unter der Ägide Wilhelm v. Humboldts gegründeten Humboldt-Universität ihren Ort finden sollten (sie hatten ihren Ursprung in der Kunstkammer des Schlosses gehabt) wie auch und vor allem die außereuropäischen Sammlungen der Berliner Museen, die den Forschungen Alexander v. Humboldts wesentliche Impulse verdankten; ihre Unterbringung in dem entlegenen Vorort Dahlem war aus mehreren Gründen problematisch geworden. Den dritten Nutzungsstrang sollte die Berliner Zentral- und Landesbibliothek bilden, die dringend der Erweiterung bedurfte, den vierten ein Veranstaltungsbereich, für den der bildungsschwangere Name Agora gefunden wurde. Humboldt-Forum – der Name war gut gewählt, aber auch Leibniz, von der Kommission ernsthaft in Betracht gezogen, wäre ein guter Namenspatron gewesen. Mit ihm wäre man, wenn nicht dem Weltgeist, so doch der Ursprungszone des Bauwerks, zu dessen Gestalt man sich bekannt hatte, ein Stück näher gewesen, diesen Schlüter und Eosander, Friedrich I. und Sophie Charlotte, Spener und Thomasius, die um 1700 mit und neben Leibniz in Berlin gewirkt hatten.

Am 19. Dezember 2001 entschied die Kommission, in der zwei der politischen Mitglieder nach der Berliner Regierungsumbildung gewechselt hatten[35], zunächst über ihre Empfehlungen zu Lage und Volumina des künftigen Forums; das Bauwerk, ergab sich mit starker Mehrheit (12:3 Stimmen), solle sich „in der Nord-, West- und Südausrichtung am Grundriß und den Höhenmaßen des einstigen Schlosses in seiner baulichen Gestalt unmittelbar vor der Zerstörung" orientieren. Ein Votum über die Fassadengestalt schloß sich an: Durfte sich dieser Neubau auf dem Grundriß und in den Höhenmaßen des barocken Schlosses auch in seiner äußeren Gestalt zu den Formfindungen Schlüters und Eosanders bekennen? Die Mehrheit der Kommission bejahte mit knapper Mehrheit (8:7 Stimmen) „die Wiedererrichtung der barocken Fassaden nach den genannten Himmelsrichtungen sowie innerhalb des Schlüterhofs", Minderheitsvoten blieben nicht aus.[36] Was für diese Lösung sprach, die die Ostseite des Bauwerks ebenso wie die Kuppel über dem Westportal (sie stammte aus dem mittleren 19. Jahrhundert) und den sogenannten Großen (westlichen) Schloßhof dem zugleich empfohlenen „offenen zweistufigen Wettbewerb" freigab, sei hier nur ganz summarisch umrissen. Das häufig vorgetragene Postulat, es sei unzulässig, alte Architekturen nach den erhaltenen Vorlagen und Fragmenten äußerlich getreu, im Innern variativ zu wiederholen (der Begriff der *Iteration,* Wiederholung, scheint auf diesem Feld fruchtbarer als der der Replik oder Duplik, polemische Formulierungen wie *fake*, gleich Fälschung, oder Attrappe, gleich Hohlform, widerlegen sich selbst), hat kein tragfähiges ästhetisches oder historisches Fundament. Ähnlich wie es in der Musik ein Repertoire gibt, das auf der Möglichkeit beruht, wertvolle alte Partituren in Räumen und auf Instrumenten erklingen zu lassen, die nicht die originalen sind und den ursprünglichen Klang immer nur annähern, so verkörpern die europäischen Städte in Gestalt gewachsener Ensembles aus alten, neueren und neuesten Bauwerken ein architektonisches Repertoire, das Schöpfungen vieler Zeitalter umfaßt. Fallen in einem solchen Ensemble durch Brand- und Bombenzerstörung Elemente von besonderem Rang und besonderer Bedeutung aus, dann ist es nicht nur zulässig, sondern geboten, an Ort und Stelle eine qualifizierte Reproduktion anzustreben, die nur in Ausnahmefällen das Gesamt des zerstörten Gebäudes wiederherstellen können wird. Was sie vermag, ist, an der authentischen Stelle das form- und materialgetreue Bild des historischen Bauwerks zu erneuern.

Ein solches Aufbauwerk wird erleichtert, wenn von dem Original wesentliche Bruchstücke an Ort und Stelle erhalten geblieben sind, die Fassade oder, wie bei der Dresdner Frauenkirche, Bruchstücke derselben. Die Forderung, daß es beim Wiederaufbau hinter der erneuerten Fassade genau so aussehen müsse wie vor der Zerstörung, ist rein prohibitiv; sie hätte, befolgt, jene Tabula rasa bewirkt, die, als Ort vergessenmachender Neubauten, das eigentliche Ziel der Opponenten solcher pragmatischen Wiederherstellungen zu sein scheint. Sie wurde im Zentrum Berlins, beiderseits der Linden-Magistrale, dadurch vermieden, daß hinter den wiederaufgebauten Fassaden mit neuen Funktionen neue bauliche Strukturen Raum griffen. Von daher waren alle diese Erneuerungen einer geschichtlich beglaubigten Architektur zugleich Schöpfungen einer Gegenwart, die, wenn sie achtsam operierte, im Innern Rücksicht auf die axialen Symmetrieverhältnisse nahm.[37] Nur bei einigen wichtigen Kirchenbauten - ein Hauptbeispiel bietet die Dresdner Frauenkirche - konnte beim Wiederaufbau von der Voraussetzung eines funktionsgerecht veränderten Innern abgegangen werden; im Innern von Berlins Altem Museum verband sich die Wiederherstellung *eines* exemplarischen Raums mit der Neudisposition aller übrigen.

Und wenn am authentischen Ort *keine* Bruchstücke des Originals mehr zuhanden sind, sondern nur an verstreuten andern Plätzen? Diese Situation hatte sich bei dem Prinzessinnen-Palais östlich der wiederaufgebauten Staatsoper ergeben; ein Neubau sollte an dieser Stelle die Formensprache der Gegenwart zur Geltung bringen. Das Vorhaben wurde 1965 aufgegeben, die Verantwortlichen hatten begriffen: nur eine Iteration des alten Baus konnte an dieser Stelle ästhetisch bestehen. Auch von der Schinkelschen Bauakademie, deren Ruinenabriß zugunsten des DDR-Außenministeriums ein wirkliches Architekturverbrechen war, war an Ort und Stelle nichts übriggeblieben; dennoch ist die Intention, sie unter Einbeziehung erhaltener Teile neu zu errichten, kaum je auf den Einspruch jener Ästhetiker gestoßen, die an dem geplanten Humboldt-Forum keine barokken Elemente dulden wollten. Ihr Einwand gründete in einem politisch-historischen Vorbehalt, der die ästhetische Argumentation als vorwändig erwies; beide sind schwach gegründet. Man legt die verwichene Funktion des zu erneuernden Bauwerks dessen ästhetischer Gestalt zur Last und verwirft in der Erhabenheit des eigenen Fortschrittsdenkens mit jener auch diese. So geschah es in Kreisen der sächsischen Landeskirche bei dem Projekt des Wiederaufbaus der Dresdner Frauenkirche; man fürchtete, mit einer solchen Wiederherstellung den Geist der alten lutherischen Staatskirche wiederzuerwecken, von dem man sich mit Grund losgesagt hatte - das Bauwerk als magische Flasche, aus deren entkorktem Hals böse Geister über den leichtsinnigen Öffner kommen könnten.

Der ängstliche Puritanismus solcher Blickweisen vollzog einen Kurzschluß zwischen Zweck und Form, der, ohne Gefühl für den Transzendenzcharakter der letzteren, für banausisch gelten kann; dem Vandalismus der Bomben attachierte sich der Vandalismus der Blicklosigkeit. Die Bauwerke, in denen Gottfried

Semper, dem großen Architekten des 19. Jahrhunderts, eine unbedingte Identität von Zweck, Form und Gesinnung gelang, waren seine vergänglichsten, es waren die Barrikaden, die unter seiner Leitung zur Verteidigung der Reichsverfassung aus Dresdens Boden gewachsen waren. Bei seinen andern Dresdner Bauwerken, einem Museum, einem Theater, überstieg das Ingenium des Architekten die ihm aufgegebenen Nutzungen, indem es deren Anforderungen erfüllte; darum wandte sich ihnen die Liebe der Stadtbewohner in einer Weise zu, die die Zerstörung überwand und die Wiederaufrichtung ermöglichte. Wer denkt angesichts des Dresdner Zwingers noch an die Bestimmung feudalabsolutistischer Festrepräsentation, der das exorbitante Bauwerk seine Entstehung verdankte? Einer seiner Hauptbestandteile, der Wallpavillon, fiel den Bomben des Februar 1945 fast vollständig zum Opfer; hätte man, den Puristen der Gegenwärtigkeit zuliebe, ein Glashaus aus dem Geist der Moderne an seine Stelle setzen sollen?

In jener Kommission, deren Vorschläge in den Jahren 2002 und 2003 von zwei fraktionsoffenen Bundestagsbeschlüssen mit großer Mehrheit zur Realisierung bestimmt wurden, setzte sich die Einsicht in den überragenden künstlerischen Rang der Schlüterschen und Eosanderschen Schloßfassaden in Verbindung mit der Erwägung durch, daß es, wenn man Grundriß, Volumina und Standort des barocken Mehrzweckbaus erneuere, es einer Fälschung, tatsächlich einem *Fake* gleichkäme, ihm die Fassaden vorzuenthalten. Der nördlichen von ihnen, dem Lustgarten und dem Alten Museum zugewandt, kommt eine besondere Bedeutung zu, insofern der Schrägblick auf diese Front die Perspektive ist, aus der man von Westen her, von der Avenue Unter den Linden, auf das Bauwerk blickt. Das marmorn umfaßte Altgold des breit hingelagerten DDR-Palastes bot zu diesem Anblick eine relevante Alternative; sie war zu überbieten nur durch die Wiederherstellung der Schlüter-Eosander-Fassaden. So wie der Abriß jenes Großen Saals im Innern des DDR-Palastes, der nicht nur technisch singulären Ranges war, nur durch *eine* Alternative zu rechtfertigen war: die Wiederherstellung des Schlüterschen Innenhofs, der genau an dieser Stelle gestanden hatte.

Im Jahre 2008 unternahm es ein von 84 Teilnehmern beschickter anonymer Wettbewerb mit weltweit offenem Bewerbungsverfahren, die durch den Bundestag beschlossenen Vorgaben für das Humboldt-Forum in ein architektonisches Projekt zu überführen. Als eindeutiger Sieger – die Jury votierte mit 15 : 0 Stimmen – stellte sich zur allgemeinen Überraschung ein Architekt heraus, der, aus Vicenza stammend, eine Haltung von entschiedener, ja radikaler Modernität mit dem Sinn für Würde und Wert des Überlieferten verband: Franco Stella, dessen Entwurf sich mit dem großartigen Einfall durchsetzte, die beiden von Eosander stammenden Innenportale des großen, westlichen Schloßhofs für die Anlage eines straßenartig schmalen, nach beiden Seiten zur Stadt hin offenen Hofs zu nutzen, bei dem der Innenhof der Florentiner Uffizien Pate gestanden hatte; diese neue Passage zwischen den Schloßportalen II und IV bildete fast genau die Mittelachse des ganzen Gebäudes.[38] Entsprechend war er mit dem dritten, nach Westen gerichteten Innenportal von Eosander verfahren; er hatte die Innenseite dieses Triumphtors einem großen Versammlungsraum einbezogen, der im übrigen zeitgenössisch-streng gehalten war. Die funktional wie ästhetisch überzeugende Einbeziehung dieser drei großartigen barocken Portale, die nicht zu den Bedingungen des Wettbewerbes gehört hatte, sicherte seinem Entwurf einen eindeutigen Vorsprung. Hinzu kam, daß er der Versuchung widerstanden hatte, die von der Ausschreibung nicht festgelegte Gestalt der Kuppel oberhalb des Westportals (ein dritter Bundestagsbeschluß, diesmal mit den Stimmen der schwarz-gelben Regierungskoalition, hatte sie 2007 den Vorgaben hinzugefügt) zu formalen Experimenten zu nutzen: er hatte es bei der Stülerschen Fasson belassen.

Dem fünfundsechzigjährigen Franco Stella, der nach 1990 an mehreren Berliner Wettbewerben teilgenommen hatte, war die Kenntnis der Berliner Architektursituation ebenso zugute gekommen wie seine elementare Verbundenheit mit der barocken Überlieferungen seiner Heimat.[39] Für die Ausführung des Großprojekts sicherte er sich die Mitarbeit zweier bedeutender deutscher Architekturbüros[40], die im Wettbewerb keine vorderen Plätze belegt hatten. Daß zwei mit einem dritten Preis ausgezeichnete Architekten diese Mitwirkung als Benachteiligung anfochten, gehörte zu den Querelen, die im Umkreis dieses Großbaus von nationaler Dimension aufflammten und einmal auch die Tätigkeit des Fördervereins zu erschüttern versuchten, der die entscheidende Rolle bei der Vorbereitung der fachgerechten Erneuerung der alten Fassaden spielte (sie vollzieht sich unter der architektonischen Leitung von Rupert Stuhlemmer) und das bei ihrer auf Spenden beruhenden Finanzierung heute noch tut.

Wie mag es unter Berlins Architekten zugegangen sein, als Friedrich I. den Schloßbau in die Hand des eingewanderten Danzigers legte? Über das bauliche Ergebnis fand ein Kollege hundert Jahre später Worte, denen wir trauen können. „Von eigentlich classischen Gebäuden, die in ihrer ganzen Idee etwas wirklich Eigentümliches und vorzüglich Großartiges haben“, schrieb Karl Friedrich Schinkel 1817 in einem Gutachten, ehe er selbst hier ein Theater und ein Museum baute, „besitzt Berlin nur zwei: das Königliche Schloß und das Zeughaus. Den Kunstwert beider verdanken wir Schlüter; sie stehen zugleich als Monumente der Kunst da und werden immer wichtiger, je weniger die Zeit imstande sein wird, sich auf so große und vollkommene neue Werke einzulassen, und zugleich wird von dieser Seite die Pflicht um so dringender, die geerbten Schätze in ihrer ganzen Herrlichkeit zu erhalten. Selbst in den ungünstigsten Zeiten sind die hierauf zu verwendenden Mittel nie als eine überflüssige Verschwendung anzusehen, weil der zwar nur indirekte Nutzen, welcher daraus erwächst, zu allgemein und groß ist.“ Wo die Erhaltung durchkreuzt wurde, tritt Erneuerung, *renovatio* an ihre Stelle.

Doch es gilt festzuhalten: in Berlin baut das vereinigte Deutschland kein neues Schloß, sondern das Humboldt-Forum, ein Museum der Weltkultur, in dem gewiß auch die preußische Geschichte und die der DDR in all ihren Ambivalenzen einen Ort der Veranschaulichung finden werden. Fertiggestellt und den Nutzern, uns allen, freigegeben, wird es als der Palast der vereinigten Republik dastehen und an sich selbst das Vereinigungsdenkmal sein, das verblendete Planer sich an der Stelle denken, wo einst Wilhelm II. seinem kaiserlichen Großvater ein Monument hybrider Verkennung errichtete. Keine Schaukelschale, aber ein Bau, der sich die Welt ins Innere holt und zugleich ein bauliches Erbe erneuert, das der Weltkultur angehört, wird sich als dieses Denkmal beglaubigen.

2011

Schloß, Palast, Humboldt-Forum

Anmerkungen zu einem Votum

I

Bei den Reaktionen der Öffentlichkeit auf das Votum jener von Bundes- und Landesregierung eingesetzten Kommission, die es mit dem Schloßplatzareal und seiner unmittelbaren Umgebung zu tun hatte, fällt auf, daß einige interessante Nuancen vielfach unbemerkt blieben. Die eine betrifft den Stülerschen Kuppelbau von der Mitte des 19. Jahrhunderts, der nicht in jenes Votum einbegriffen ist, das die „Wiedererrichtung der barocken Fassaden [nach Norden, Westen und Süden] sowie innerhalb des Schlüterhofs" empfiehlt.[41] Die Formulierung läßt die Einbeziehung der einst die Schloßkapelle überwölbenden Kuppel in die Rekonstruktion der Westfassade offen und delegiert die Lösung dieses Problems an jenen Architektenwettbewerb, dessen Voraussetzungen die Empfehlungen der Kommission zu klären hatten. Die Frage der Kuppel hängt unlösbar mit dem von ihr überwölbten Raum zusammen, der nicht, wie früher, wieder eine Schloßkapelle werden kann.

Während hier ein bedeutendes Gestaltungsmoment offenblieb, wurde andernorts eine markante Empfehlung (Ziffer 19) abgegeben: die von der Kommission mit starker Mehrheit vorgeschlagene „Rückführung des Reiterstandbildes des großen Kurfürsten an seinen ursprünglichen Standort", ein Podest an der Langen Brücke, die später zur Rathausbrücke wurde. Die Empfehlung zielt auf die Wiederherstellung der Einheit von Skulptur und Position; Schlüter hat dieses sein bedeutendstes bildhauerisches Werk ja für einen bestimmten Standort in Relation zur südlichen Schloßfassade geschaffen. Die Charlottenburger müssen sich deswegen keine Sorgen machen; eine originalgetreue Kopie, wie sie, nicht freilufttauglich, aber auf dem originalen Sockel, in der Eingangshalle des Bodemuseums steht, täte es an dieser Stelle zweifellos auch.[42]

Zerstreuen kann man die gelegentlich geäußerte Sorge, hinter den rekonstruierten Barockfassaden würden unter dem Druck maximaler Flächenausnutzung disproportionale Geschoßhöhen entstehen und jene als bloße Dekoration erscheinen lassen. Die Empfehlung 32 der Kommission plädiert demgegenüber „für die Wiedererrichtung einiger wichtiger Innenräume und – in Abhängigkeit von der Nutzung – die Einhaltung der alten Geschoßhöhen – soweit es möglich und sinnvoll ist – hinter den rekonstruierten Barockfassaden". Vier verschiedene Nutzungsbereiche sieht das Votum vor: zwei museale verschiedenen Umfangs, dazu eine Bibliothekszone für die Landesbibliothek und einen Komplex aus Sälen und Auditorien verschiedener Größe, der in Verbindung mit Restaurants und Ausstellungsflächen die Publikumsoffenheit des alten DDR-Palasts erneuert. Um die dafür innerhalb des Hauptbaus erforderlichen 80 000 qm Hauptnutzfläche unterzubringen (die Landesbibliothek wird ihre Magazinräume in der Breiten Straße behalten), gibt es andere Mittel als eine Verringerung der Geschoßhöhen hinter den wiederhergestellten Fassaden Schlüters und Eosanders. „Der zu rekonstruierende Schlüterhof kann bei Bedarf überdacht werden", lautet ein Satz der Empfehlung 33; er könnte dann, im Einklang mit seiner ursprünglichen Bestimmung, abends als exzeptioneller Veranstaltungssaal fungieren und damit eine wirkliche Alternative zu dem technisch genialen, architektonisch unbefriedigenden Großen Saal des Volkspalasts bilden, der der Wiedererrichtung des Schlüterhofs im Wege steht.[43] Ohne die Schlüter-Rekonstruktion wäre die Opferung dieses Saals unverantwortlich.

Da die Kommission die Wiedergewinnung des in seiner historischen Gestalt unausgeglichenen Großen Schloßhofs, auch Eosanderhof genannt, nicht in ihr Votum aufgenommen hat, gewinnt man an dieser Stelle einen Freiraum für die intendierten Nutzungen. Ob und inwieweit er sich mit einer partiellen inneren Fassaden-Rekonstruktion verbinden läßt, ist eine Frage, die den Architekten zu stellen sein wird, so wie es auch für die Spreeseite des künftigen Gebäudes keine gestalterische und nur bedingt eine Grundrißvorgabe in dem Kommissionsvotum gibt; auch hier ist viel Raum für Nutzungserfordernisse. Wenn die Empfehlung 30 „für die Orientierung des künftigen Bauwerks in der Nord-, West- und Südausrichtung am Grundriß und den Höhenmaßen des einstigen Schlosses in seiner baulichen Gestalt unmittelbar vor der Zerstörung" plädiert, so bedeutet das Wort Orientierung nach Osten hin, wo sich bis 1944 Teile des vorbarocken Schlosses einschließlich der nach Norden vorragenden Schloßapotheke erhalten hatten, ein erhebliches Maß an architektonischer Freiheit. Schon aus technischen Gründen unverzichtbar sind die unterirdischen Geschosse des DDR-Palastes; sie erhöhen die inwendige Nutzfläche um 42 000 qm Bruttogeschoßfläche, das sind etwa 24 000 qm Hauptnutzfläche.

Es wäre denkbar, die ästhetisch relevante (und mit dem auf der gegenüberliegenden Spreeseite liegenden Marx-Engels-Forum korrespondierende) Spreefassade des DDR-Palasts zu erhalten; wünschenswert wäre es, wenn der aus dem Schloßgrundriß heraustretende und für die deutsche Revolutions-, Demokratie- und Nationalgeschichte gleichermaßen bedeutsame Volkskammersaal des

Palastes der Republik erhalten bzw. wiederhergestellt würde. Das Kommissionsvotum hat das nicht gefordert, aber positiv offengelassen.[44] Indem es Vorgaben formuliert und Freiräume offenläßt, ist es dazu angetan, architektonische Phantasie herauszufordern. Denn es ist ja ein Irrtum zu glauben, daß Einschränkungen die schöpferische Entfaltung lähmen. Die wahre Kunst zeigt sich an der Fähigkeit, Voraussetzungen zu transzendieren, indem man sie sich zu eigen macht.

II

Schon deshalb bedeuten die Vorgaben der Kommission keine „Absage an die Gestaltungsfähigkeit heutiger Architektur", wie die Zeitschrift *Bauwelt*[45] befürchtete. Weder der Rückgriff auf Schlüter und Eosander noch der auf Schinkel in Gestalt der von der Kommission gleichfalls empfohlenen Rekonstruktion der Schinkelschen Bauakademie (Empfehlung 27) hätte einen solchen Akzent. Die Wiedervergegenwärtigung großartiger kultureller Leistungen der Geschichte könnte nur dann als eine Beeinträchtigung zeitgenössischer Architektur gelten, wenn von der einen oder der andern Seite ein Totalitätsanspruch auf die Lösung städtebaulicher Fragen erhoben würde oder wenn die Architektur der Gegenwart sich gegenüber ihren Vorgängern für prinzipiell unterlegen halten müßte; nur dann hätte sie die Wiedererrichtung städtebaulich exemplarischer alter Architekturen zu fürchten.

Beides ist nicht der Fall; nicht zuletzt der Schultes-Bau am Tiergarten, das Piano-Kollhoff-Jahn-Ensemble hinter dem Potsdamer Platz oder ein Bauwerk wie der ebenso integrative wie exzeptionelle Rogers-Komplex an der Linkstraße zeigen die architektonische Gegenwart in Berlin auf der Höhe ihrer Möglichkeiten. Sie zu entfalten setzt aber den angemessenen Ort, die zuständige städtebauliche Position voraus; das haben auch Axel Schultes und Charlotte Frank erkannt, als sie vor einigen Wochen den Versuch machten, die Schlüterschen Hoffassaden einem den Schloß-Quader auflösenden Korpus zu implantieren, der sich vermöge eines großen Ehrenhofs wie ein Über-Schloß ausnahm. (Auch Stephan Braunfels und Rob Krier haben Versuche vorgelegt, das Schloß gleichsam inwendig aufzusägen.[46]) Man darf sicher sein, daß gerade dieses in Großformen denkende Team sich der Herausforderung stellen wird, die die Kommissionsempfehlung für die zeitgenössische Architektur bildet. Bei mehreren als Meistern des Aktualen bewährten Büros (W. R. Borchardt, Stephan Braunfels, Hilmer/Sattler, Rob Krier, Schüler/Schüler-Witte) ist die Umorientierung bereits in den späteren neunziger Jahren erfolgt, als nach dem großangelegten „Ideenwettbewerb Spreeinsel" „Visionen zur Gestaltung der Berliner Mitte" (1996) gefragt waren, gefolgt von dem von Firmengruppen wahrgenommenen „Interessenbekundungsverfahren

Schloßplatz Berlin“ (1997/1998) und einer Reihe weiterer Entwürfe im Jahre 2000. Die Einschränkung, der sich diese Entwürfe auf je eigene Weise stellten, war derjenigen nicht unverwandt, in die Eosander sich fügte, als er in Schlüters Nachfolge darauf verzichtete, seine Erfindungsgabe gegen die des genialen Vorgängers zu setzen. Er verdoppelte die von diesem gefundenen Ordnungen und gab eigener Gestaltung nur dort Raum, wo er es ohne Schaden für jene tun konnte. Die schöpferische Kunst entfaltet sich im Reich der beschränkten Möglichkeiten; Entsagung ist eins ihrer wichtigsten Stimulantien.

In der älteren wie der neueren Baugeschichte gibt es bedeutende Vorbilder für eine architektonische Haltung, die sich dem historisch besetzten Ort anzupassen weiß. Als Christopher Wren nach dem Londoner Stadtbrand von 1666 daran ging, die ausgebrannten gotischen Kirchen der Stadt stilgerecht wieder aufzubauen, war das keine Absage an die zeitgenössische Architektur, die er selbst mit eminenten Bauten vertrat, sondern ein Akt begründeten Respekts gegenüber Bauwerken, die er, abgesehen von ihrer ästhetischen Qualität und ihrer identifikatorischen Bedeutung für das Gemeinwesen, als erneuerungswürdige Lösung bestimmter städtebaulicher Aufgaben erkannte. Als Richard Paulick um 1965 in Berlin das vollständig abgerissene Kronprinzenpalais als Lindenpalais in seiner Außengestalt und der Struktur einiger Innenräume von neuem errichtete, war das kein Affront gegen die Moderne, die sich zur gleichen Zeit überaus raumgreifend im Berliner Stadtkern erging, sondern die Folgerung aus der Einsicht, daß an dieser Stelle – in unmittelbarer Nähe des ingeniös von ihm erneuerten Knobelsdorff-Baus – ein zur Gänze zeitgenössischer Bau fehl am Platz sei. Derselben Einsicht folgte die Wiedererrichtung des bis auf wenige Reste zerstörten Prinzessinnenpalais als Operncafé durch denselben Architekten, dem mit dem Palaisgarten und dessen südlichem Abschluß eine sich an das Erneuerte großartig anschmiegende Neuschöpfung gelang.

Der barocke Schloßkorpus ist von noch größerem Gewicht als diese beiden Palais. Wäre Graffunders Volkspalast funktionsfähig geblieben, hätte man andere Voraussetzungen an dieser Stelle; da er weitgehend demoliert ist, sollte in einer Stadt, die der architektonischen Gegenwart seit 1990 so außerordentlich viel Raum gegeben hat (auch östlich des Schloß-Areals regiert die Moderne und soll es in Zukunft am Alexanderplatz noch sehr viel herrischer tun), die Anlehnung an den Schloßbau nicht als Mißachtung aktueller Schöpferkraft mißverstanden werden können. Die städtebauliche Lösung, die Schlüter und Eosander fanden, also die Position dieses von zwei Höfen durchlichteten Großkörpers als Brückenglied zwischen den beiden Flußarmen und in schräger Verlängerung der Linden-Promenade, hat sich über die Zeiten hin und gerade auch an dem zu DDR-Zeiten unternommenen Versuch ihrer Aufhebung als die richtige erwiesen; wie sich zeigt, gibt es zu ihr keine vernünftige Alternative. Erkennt man aber (und die Kommission hat sich den Weg dazu nicht leicht gemacht), daß Schlüters und Eosanders Raummaße an dieser Stelle in einem grundlegenden Sinn stimmen, in bezug auf die beiden Wasserarme, aber auch angesichts der Tatsache, daß seit dem Bau der Kaiser-Wilhelm-, nun Liebknecht-Brücke eine breite Verkehrsader Schloßareal und Lustgarten voneinander trennt, dann ist es nur ein Schritt bis zu der Einsicht, daß es unstimmig wäre, eine solche vom Hochbarock gefundene und entwickelte Raumfigur mit zeitgenössischen Fassaden zu umkleiden.

Bernd Niebuhrs preisgekrönter Entwurf von 1994[47] hat das getan (mit seinem allseits zugänglichen elliptischen Innenhof bot er zugleich eine wirkungsvolle Alternative zu den beiden alten Höfen) und fand eben deshalb keine Gegenliebe. Er war die beste Lösung unter der falschen Voraussetzung: daß man eine vor dreihundert Jahren gefundene und durch wechselnde Epochen als gültig erwiesene Proportions- und Positionslösung modern dekorieren könne und solle; relevante Entwürfe der späteren neunziger Jahre haben sich darum anders orientiert. Die Tilgung der historischen Disposition im Namen einer radikalen Moderne ist der DDR-Architektur mit dem Ensemble aus Republik-Palast und Außenministerium mißglückt, weil sie die elementaren Gegebenheiten des Stadtraums zwischen den Wasserarmen ignorierte. Setzt man, von Erfahrung belehrt, diese Gegebenheiten wieder in ihr Recht ein, so sollte sich die historische Abkunft der ihnen gerecht werdenden Grundgestalt auch im Äußern des Baus zu erkennen geben.

III

Für den Schloßkorpus spricht auch die Tatsache, daß der Schlüter-Eosander-Bau gerade als Schloß ein Mehrzweckgebäude par excellence war. Viele verschiedene Funktionen, auch die museale, fanden in ihm Raum, da die Gesamtgestalt die einzelnen Zweckbestimmungen souverän überformte, statt *einen* Zweck nach außen hin zu verkörpern, wie es Knobelsdorffs exzeptionelles Opernhaus von 1742 tat, erst recht Sempers Dresdner Theaterbauten ein Jahrhundert später. Auch das künftige Bauwerk wird unterschiedlichen, wiewohl ideell verbundenen Zwecken dienen; die alte, übergreifende Raumfigur ist ihnen äußerlich angemessen und kann ihnen innerlich angemessen werden. Der Name Humboldt-Forum bezeichnet das Überwölbende eines inhaltlichen Konzepts, das, um der Namensduplikation mit der Universität zu entgehen, auch nach dem Schlüter-Zeitgenossen und Berliner Akademiegründer Leibniz heißen könnte. Auch Leibniz-Forum wäre ein denkbarer Name; er würde den sich vor den Altmeistern verneigenden Neubau einer Schöpfergestalt von völlig europäischer Dimension widmen. Aber Humboldt-Forum hat sich mit Recht durchgesetzt, der Name, so die Kommissions-Empfehlung, sei „in dreifacher Weise treffend", er verweise „auf den Humanismus (res et verbum), die große Geschichte deutscher und Berliner Wissenschaft, aber auch auf die Faszination des kulturell Entfernten" (Abschlußbericht S. 24) Die Arbeitsteilung der beiden Brüder, deren einer für eine zukunftsweise, obschon inzwischen verspielte Bildungspolitik einstand und der andere für die „Vermessung der Welt", macht diese Namensgebung für ein Haus der außereuropäischen Kulturen unschlagbar. Daß es auch „ein kleines Museum" enthalten sollte, „das die geschichtliche und baukulturelle Bedeutung des ehemaligen Berliner Schlosses und des Palastes der Republik würdigt und der Öffentlichkeit in anschaulicher Weise zugänglich macht", fordert die Empfehlung 8 der Kommission.

Noch einen andern Aspekt kann das Kommissionsvotum zugunsten der Wiedergewinnung der barocken Fassaden für sich in Anspruch nehmen; Peter Rumpf hat ihn in der *Bauwelt*[48] berührt. Er warf einen kritischen Blick nicht nur auf jenes Votum, sondern auch auf die zeitgenössische Architektur mit ihrem „grassierenden Hang zum Exhibitionismus". „Immer wilder, immer gewagter, immer absurder" sei die Losung, „baukulturelle Kontinuität zählt wenig, die Provokation alles". So sei „Bilbao in der Provinz angekommen", „spiegelsymmetrisch zu diesen Extremisten" aber hätten sich die „blutleeren, im Wiederholungszwang erstarrten Zuchtmeister" entwickelt: „Sie brauchen den Computer nicht für wabernde Unikate, sondern zum endlosen Fortschreiben ihrer inhaltsleeren Raster und Muster." Wo sonst als auf dem Berliner Schloßplatzareal, so sein Fazit, könne „ein Schritt gewagt werden, aus dem Abseits herauszufinden" und mit der „dringenden Rückkehr zum Angemessenen" zu beginnen.

Dieser Appell ist nur zu begreiflich; was er verkennt, ist die Tatsache, daß die ästhetische Qualität zeitgenössischen Bauens im Guten wie im Schlechten, im Exzessiven wie im Trivialen und all dem mehr oder weniger Gelungenen, das dazwischen liegt, auf bestimmten fertigungstechnischen Voraussetzungen beruht. Sie sind, als extrem perfektionierte, vorgegeben und prägen den Resultaten ihren Stempel auf, wie die Ziegelbauweise im Widerspiel mit handgefertigtem Zierat den Bauwerken früherer Zeiten.

Alexander Mitscherlich, der die „Unwirtlichkeit unserer Städte" früh attakkierte („Heimat", schrieb er in dem gleichnamigen Aufsatz, „verlangt Markierungen der Identität eines Ortes"[49]) hat in einem Aufsatz von 1957 einmal von der habituellen Fremdheit gesprochen, die Erzeugnissen anhafte, die auf ihrem Herstellungsweg mit keiner menschlichen Hand in Berührung gekommen seien.[50]

Seit der Einführung des industriellen Bauens gilt das grundsätzlich auch für die Architektur; es gilt gesteigert, seit kraft des Computers nicht nur Materialien und Ausführung, sondern schon der Entwurfsprozeß weitgehend Maschinenwerk geworden ist. Davon ist auch und gerade die ornamentale – oder ornamentanaloge – Seite der zeitgenössischen Architektur affiziert, die sich Elemente des Ornamentalen einbegreift, indem sie Schmuckformen monumentalisch hypertrophiert. Dabei stellt sich leicht die exzentrisch ausgreifende Geste ein, die – Schultes zeigt es auf andere Weise als Gehry oder Rogers (sie alle exzellieren in Großfigurationen ornamentalen Charakters) – durchaus gelingen kann, aber für die Anforderungen des Schloßplatzareals tatsächlich unzuständig wäre.

Der humane Gehalt des alten, vorindustriellen Ornaments beruhte auf dessen Differenziertheit und Detaildichte im Einklang mit Struktur und Proportion; sie gründete auf einer Produktionsweise, bei der Entwurf und Ausführung bis ins Detail von Menschenhand stammten. Alles dies gab dem Bau-Werk eine Intensität und Lebendigkeit der Durchformung, die der zeitgenössischen Architektur unerreichbar ist (sie kann und tut anderes) und die am exzeptionellen Beispiel wieder aufzurufen uns die Chance gibt, einer verlorengegangenen Dimension des Bauens produktiv standzuhalten, nicht als Alternative zur Gegenwart, sondern als Ergänzung dessen, was diese umfassend beherrscht. Denn die Reproduktion, um die es hier geht, ist ja Produktion, insofern sie die alten, handwerklich unmittelbaren Herstellungsweisen aktiviert – Techniken, die verkümmern und verschwinden, wenn man ihnen nicht exemplarische Aufgaben stellt. Auch und gerade die Denkmalpflege, in deren Bereich ein solcher iterativer Bau nur mittelbar fällt, ist Nutznießerin ihrer Wiederbelebung. Also nicht etwa computergesteuerte Sandsteinfräsen, sondern wirkliches Handwerk, auf der Finanzbasis einer Spendenaktion und mit einer Bauhütte als Realisierungswerkstatt, die als *Theatrum manufacti* Einblick in die Verrichtungen eines entschleunigten Bauens gäbe.[51]

IV

Aus der Defensive heraus, in die die zeitgenössische Architektur gegenüber der gesellschaftlichen Rezeption geraten ist, trotz deutlicher Revision älterer, ausgeprägt antiurbaner Positionen, neigen manche ihrer Protagonisten – bei weitem nicht alle – zu einer Überempfindlichkeit, die in jeder nicht rein denkmalpflegerisch zu begründenden Rekonstruktion den Versuch wittert, die Gesellschaft darüber zu täuschen, daß eine grundlegend veränderte Technologie es objektiv unmöglich macht, der Architektur die spezifischen Qualitäten alter Baukunst abzugewinnen. Sogar das Argument von der Vorspiegelung einer „heilen Welt" ist manchmal zu hören, als ob die Welt, in der Schlüter und Eosander, Bähr und Pöppelmann bauten, „heiler" gewesen sei als die unsrige und als ob es das Wesen gegenwärtiger Architektur sei, die Welt als unheile und unheilvolle durchschauen zu lassen.

Auf der andern Seite befürchten Denkmalpfleger von Rekonstruktionen manchmal eine Verundeutlichung des für sie zentralen, obschon theoretisch gar nicht leicht zu fassenden Begriffs des architektonischen Originals und damit eine Schwächung ihrer oft unzulänglich geförderten Arbeit für den Erhalt gefährdeter historischer Bausubstanz. Aber man muß nicht besorgen, daß diese in Zukunft leichter vernachlässigt werden würde als bisher, weil Interessenten darauf verweisen könnten, daß spätere Generationen das Verlorene neu erstehen lassen. Im Gegenteil: der enorme Aufwand solcher Wiedererrichtungen wird dazu beitragen, die Achtung und Ehrfurcht vor der bewahrten Substanz zu erhöhen, und so der Denkmalpflege ihr vielfach behindertes Werk erleichtern. Wo ein Altes sich als so wertvoll erweist, daß man es von neuem baut, wird es schwerer, das erhaltene Alte gering zu schätzen.

Die Besorgnisse, die sich in beiden Bereichen artikulieren, werden gelegentlich durch die ungemein deutsche Neigung verstärkt, ästhetische Fragen vor allem deduktiv zu lösen, von absolut gesetzten Grundsätzen und einer vorausgesetzten Verallgemeinerung her statt aus den komplexen Anforderungen des besonderen Falls. Entwarnung ist angebracht: Jenes Kommissionsvotum hat weder im Sinn (und es wird auch nicht zur Folge haben), den Begriff des Baudenkmals zu entwerten, noch die aktuelle Architektur der Unzulänglichkeit zu zeihen. Es geht einzig darum, an authentischer Stelle einem großartig Gelungenen und zwiefach Kriegszerstörten auf ebenso bedachte wie zweckmäßige Weise den Raum der Erneuerung zu geben.

Die Anforderung, die Berlins Mitte an eine Republik stellt, deren Hauptstadt hier liegt, ist nicht mehr und nicht weniger als die Vollendung jenes enormen Aufbauwerks, das 1950 mit dem Wiederaufbau von Zeughaus und Humboldt-Universität einsetzte, nach und nach das gesamte, gänzlich in Trümmern liegende Friedrichsforum mitsamt der Neuen Wache zurückgewann und mit dem Wiederaufbau des Alten Museums (mit einem alten Innenraum und vielen neuen) 1966 nur vorläufig zum Abschluß kam. Dom und Neues Museum blieben jahrzehntelang halbe Ruinen, und den Platz des abgetragenen Schlosses nahm, nachdem man den Raum durch den Riegel des Außenministeriums nach Westen hin wie mit einer hohen Mauer geschlossen hatte, zur Hälfte der große Volkspalast ein. Der Riegel ist verschwunden, der Dom-Wiederaufbau vollendet, das Neue Museum ersteht von neuem, und der Palast ist inzwischen selbst eine Ruine; so ist es hohe Zeit, den Kreis zu schließen und das vor fünfzig Jahren, in einer drückenden Notzeit, begonnene Aufbauwerk zu Ende zu führen, von bewährten Grundsätzen geleitet und durch geschehene Irrtümer belehrt.

Nach innen, aber auch nach außen wird das intendierte Forum eine spannungsvolle Verbindung aus den Architekturgestalten verschiedener Epochen bilden. Nicht als Pasticcio, eher als Collage, falls man diesen Begriff aus der Bildenden Kunst ins Räumliche übertragen kann, wird sie den Betrachter auf die Wechselfälle deutscher wie Berliner Geschichte verweisen, nicht in einem polemisch-didaktischen, sondern in einem ästhetisch produktiven Sinn; auch im alten Schloß gab es ja das Nebeneinander stilistisch divergierender Partien. Für die zeitgenössische Architektur ist alles dies eine reizvolle Aufgabe, die allerdings die an solchen Kompositionen interessierte Hand voraussetzt. Der von der Kommission empfohlene geladene Wettbewerb erscheint von daher als das angemessene Verfahren, und wenn die, welche dem Ruf folgen, sich nach einem Losungswort umsehen sollten, kann man ihnen Brechts Doppelvers zurufen: „Anmut sparet nicht noch Mühe, Leidenschaft nicht noch Verstand!"

2002

Was Schloß und Palast verbindet

Ein Zwischenruf

Der Palast ist nicht die Zukunft. Aber er ist die Gegenwart, neuerdings eine sehr lebendige. Man sollte ihn in dieser theatralisch verlebendigten Gegenwart, die sich an die sonderbar anziehende Gestalt einer Rohbau-Ruine heftet, so lange festhalten, bis die Zukunft - das Humboldt-Forum in den Maßen und mit den Fassaden des Schlüter-Eosander-Schlosses - vollständig gesichert ist, so vollständig, daß unmittelbar nach dem Abriß der Neubau beginnen kann. Jedes andere Verfahren verspielt die Gegenwart ebenso wie die Zukunft. Was man bekommt, wenn man den auch und gerade in dieser Rohbauruinengestalt nutzbaren und großartigen Bau ohne unmittelbar anschließende Nachfolge vernichtet, ist eine grüne Wiese mit kleinen Bäumen darauf, die mit der Zeit größer werden - es ist, mit einem Wort, das Projekt Ingenhoven, das sich in weiten Kreisen vor allem des westlichen Deutschlands und des westlichen Berlins großer Beliebtheit erfreut. Statt der Graufläche, die dem Abriß der Schloßruine für zweieinhalb Jahrzehnte folgte, bekommt man eine Grünfläche, der Stein des Anstoßes ist dann beseitigt, und da Gelder für das vom Bundestag mit starker Mehrheit beschlossene Humboldt-Forum nirgendwo in Sicht sind (soeben hat der Bundesfinanzminister[52], nachdem es ihm nicht gelungen war, die Funktionsverteilung des Humboldt-Forums zugunsten des kommerziellen Anteils auszuhebeln, die Anschubfinanzierung von 65 Millionen € auf 0 € heruntergefahren), wird es dabei bleiben, für ein, zwei Jahrzehnte, nach denen dann Banken und Industrie ein Kommerz-Schloß oder einen Spektakel-Neubau finanzieren.

In vier Punkten gleicht die Palastsituation von 2004 der Schloßsituation von 1950:

1) Es handelt sich um eine Ruine.
2) Die Ruine ist außerordentlich nutzbar.
3) Sie bezieht sich auf ein Staatsbauwerk auf der ästhetischen Höhe der Entstehungszeit.
4) Dieses Bauwerk wird trotz überwiegend staatsferner Nutzungen mit einem prononciert mißliebigen Staat identifiziert.

Versteht sich: der Schlüter-Eosander-Bau ist das überragende Bauwerk, es verdient nicht nur, er erfordert seine äußere Wiedererrichtung aus vier Gründen:

1) Es ist ein Stück Weltarchitektur, insbesondere kraft der von Schlüter gestalteten und von Eosander fortgeführten äußeren und inneren Fassaden.
2) Das Schloß, ursprünglich als Bastion gegen die Bürgerschaft errichtet, ist in seiner barocken Gestalt zu einem Kernbauwerk der Stadtentwicklung und Stadtarchitektur geworden, dessen Widerhall sich noch in den Wohnstraßen des 19. Jahrhunderts zeigt.[53]
3) Seine stadträumliche Position ist durch die Straßenführungen des 19. und 20. Jahrhunderts beglaubigt worden und hat sich, anders als die des Palastes, als die einzig richtige erwiesen.
4) Das auf dem Grundriß einer rechtwinkligen Acht errichtete Bauwerk ist seiner Grundform nach funktionsneutral wie auch alle multifunktionalen Gebäude der Moderne und wird damit den vielen im Humboldt-Forum vereinigten Funktionen umfassend gerecht.

Aber wir bekommen dieses großartige Bauwerk nur, wenn wir die Palastruine so lange nutzen, erhalten, verteidigen, bis dieser Nachfolgebau, der die einzige Rechtfertigung für den Abriß bietet, in jeder Hinsicht – funktional, finanziell, architektonisch – gesichert ist. Ob Parlamentsbeschlüsse in Deutschland eine konstruktive Bedeutung haben, wird sich daran zeigen. Zerlegt man den zwei Jahre alten Bundestagsbeschluß in die Demolierung, die das Land Berlin bezahlt, und einen Neubau, den der deutsche Finanzminister[54] entschlossen ist nicht zu bezahlen, so wird man beides verloren haben, den Palast und das Schloß.

2004

Erneuerung und Erbe[55]

I

Wie sonderbar sich das Denken mit dem Ort wandelt, auf den es sich bezieht, war vor einigen Jahren an einer Diskussionsveranstaltung der Berliner Akademie der Künste zu bemerken, die der Bebauung des Schloßplatzareals galt. Dort erinnerte eine namhafte französische Architekturhistorikerin an die Zerstörung der Tuilerien im Jahre 1871 während des Commune-Aufstands und an die Debatte, die danach über den Wiederaufbau dieses eminenten Bauwerks geführt worden war, das als Abschluß des Louvre-Hofs auch städtebaulich unersetzlich war. Nur der im Umgang mit der überlieferten Stadtsubstanz nicht eben schonsam verfahrende Eugène Haussmann hatte damals für die Wiederherstellung plädiert, stattdessen wurde der ersatzlose Abriß beschlossen, und nun war es kurios, wie die Pariser Expertin das für einen fatalen Fehler erklärte und sich gleichzeitig lebhaft gegen einen Bau in den Maßen und äußeren Formen des Berliner Schlosses wandte, dessen Ruine 1950 abgerissen worden war. Hier wurde mit zweierlei Maß gemessen, was um so sonderbarer war, als Paris ja eine im wesentlichen unzerstörte Stadt mit unendlich viel wertvoller historischer Substanz ist, während Berlin durch Bombenkrieg und Abrisse schreckliche Wunden erlitten hat. Sie führten dazu, daß die zeitgenössische Architektur auch im Innern der Stadt seit den fünfziger Jahren freien Raum in Hülle und Fülle fand.

Berlin ist eine dieser geschlagenen Städte, von denen wir so viele in Deutschland haben. Wir alle kommen aus solchen Städten, auch wenn den Jüngeren das Ausmaß der Verwüstung nicht immer bewußt ist, und das Problem ihres Wiederaufbaus war von Anfang an und über Jahrzehnte hin verknüpft mit der Frage von Rekonstruktionen, der Wiederherstellung des Wichtigsten an historischer Kernsubstanz. In dem völlig zerstörten Dresden war der barocke Zwinger ein vordringliches Problem, er lag seit dem Februar 1945 fast völlig in Trümmern, der Wallpavillon an der westlichen Schmalseite war großenteils nur noch ein Schutthaufen. Schon 1945 ging, von der Besatzungsmacht unterstützt, die kaputte, hungernde, mit Vertriebenen vollgestopfte Stadt daran, den Wiederaufbau des Zwingers vorzubereiten, mit den Fachleuten, die da waren (sie hatten den Bau bis 1936 von Grund auf restauriert), und nach den Plänen, die überdauert hatten; der bis auf ein Fassadenfragment zerstörte Wallpavillon wurde in der alten Gestalt und mit seiner überreichen Bauplastik wiederhergestellt. Hätte man die Stelle abräumen sollen, um später die alten Konturen vielleicht in Gestalt eines großen Glasgebildes nachzuzeichnen? Wenn man heute dort steht, beantwortet sich die Frage von selbst. Dabei ist es nicht ohne Reiz, die Gesichter der Figuren darauf zu befragen, ob sie von einem Bildhauer von 1720 oder von einem von 1950 stammen.

Kann man Städte heilen, lautete die Frage, die mir Wolfgang Kil vor ein paar Jahren für eine Publikation der Sächsischen Architektenkammer vorlegte. Heilen ist, auf Architektur bezogen, ein Anthropomorphismus und insofern nicht das richtige Wort. Aber auch die Stadt ist ein Organismus, und wie man Städte verwunden und bis zur Lähmung beschädigen kann, so kann man sie auch heilen, durch Neubauten und durch Wiederaufbauten des kulturhistorisch und städtebaulich Unersetzlichen. Es an den Brennpunkten der Stadt- und Architekturgeschichte wiederherzustellen bedeutet ja nicht, die Wunden zu leugnen und den Anschein zu erwecken, als habe es sie nicht gegeben. Im Gegenteil: das radikale Abräumen des Alten ist es, was diesen geschichtsleeren Eindruck erweckt; Wiederherstellung allein durch Neubauten, Neuplanungen ist eine viel wirksamere Negation geschichtlicher Verletzungen, als es Repliken – ich spreche lieber von Iteraten – jemals sein können. Auch, wenn die neuerbauten Barockhäuser nach Jahrzehnten selbst schon historisch geworden sind und die Spur der Zeit als Patina an sich tragen, werden Fremdenführer und Stadtbücher mit Stolz vermelden: Dies alles sollte uns verloren sein, und wir haben es neu erschaffen.

Die Fragen ähneln sich allerorten. Ich denke daran, wie sich Dresdens Großer Garten in den Nachkriegsjahrzehnten darstellte, mit einem Palais inmitten, einem Hauptbau des deutschen Barock, der dem im 19. Jahrhundert umgeformten Park das unverzichtbare Zentrum gab. Er war nach dem Krieg eine Brandruine, aber sie wurde nicht abgerissen, was damit zusammenhängen mochte, daß die Denkmalpflege in diesen dem Sozialismus zugeeigneten Gebieten einen starken Rückhalt in der Bevölkerung hatte. Manchmal behielt sie Oberhand über die Vorurteile, die im Westen wie im Osten den Bauten des bürgerlichen wie des feudalabsolutistischen Zeitalters entgegenschlugen, diesem Furor der Vernichtung, der die zerstörten Städte vielerorts ein zweites Mal preisgab. Zwanzig Jahre lang blieb das total ausgebrannte Gebäude von 1683 inmitten eines Parks, den nun eine Pioniereisenbahn durchquerte, als Ruine stehen; dann ging es langsam, Schritt um Schritt, an einen Wiederaufbau, der in den sechziger Jahren allmählich einsetzte und in den neunziger Jahren neuen Auftrieb erhielt. Es war mir, der ich als Kind das unzerstörte Palais gekannt hatte, im vorigen Jahr bewegend, in seinem Innern zu sitzen, in einem Saal, der nicht verputzt und nicht verziert, aber schon benutzbar war. Das Provisorische der Gestalt verstärkte das Moment der Wiederaneignung auf besondere Weise; auch dies war ein mit langem Atem und unermüdeter Geduld errungener Sieg über den Vernichtungswillen, mit dem die Bomberschwärme vieler Luftflotten Europa von seinen kulturellen Wurzeln wegzusprengen und ins Bodenlose zu stürzen versucht hatten.

Es braucht den langen Atem geduldiger Arbeit, um solche Hauptstücke des architektonisch-städtebaulichen Erbes wiederzugewinnen und mit ihrer Hilfe die Eigenart eines Ortes, einer Stadt - ich spreche ungern von Identität, es ist eine zu starre und nicht eigentlich angemessene Kategorie - zu erneuern und zu befestigen. Dasselbe ist in Dresden mit der noch viel dramatischer zerstörten Frauenkirche George Bährs geschehen, und eine Freude war es mir, zu bemerken, wie ein kritisch-sensibler Beobachter wie Dieter Bartetzko seine abwehrende Position gegenüber solchen Wiederaufbauten angesichts des überwältigenden Eindrucks des Neubaus revidierte. Nicht nur bei ihm siegte der sinnliche Eindruck über die reservatio mentalis, jenes verinnerlichte Dekret aus dem Reich der abstrakten Vernunft, das verfügte, dergleichen sei „nicht erlaubt“.

An der Stelle der berühmten Kirche hatte sich jahrzehntelang ein rosenüberwachsener Trümmerhaufen zwischen zwei Wandfragmenten gezeigt, und die Entscheidung für die Wieder-, die Neuerrichtung der alten Kirche war durchaus umstritten; es gab Widerstand in der evangelischen Kirche, der die Ruine gehörte und die Angst davor hatte, es mit einem Großraum aus den Zeiten der alten Staatskirche aufnehmen zu müssen; es gab ihn erst recht bei aus dem Westen herzueilenden Denkmalpflegern, die sich auf eine dogmatisch-puristische Position festgelegt hatten. Was den Neubau durchsetzte, dieses Wunderwerk einer gleichsam archäologischen Wiedererrichtung, war die Initiative einzelner, hinter der sich das Kulturbewußtsein einer ganzen Stadtbevölkerung versammelte. In das Tragwerk der neuen Kuppel wurde eine Ringankerkonstruktion eingelassen, die eine statische Idee aufgriff, deren Realisierung George Bähr mit den Mitteln seiner Zeit nicht geglückt war: die gleichmäßige Ableitung der Kuppellast auf die Außenmauern. Es war fesselnd zu sehen, wie ein vor dreihundert Jahren steckengebliebenes Konzept sich mit dem Erfindungsgeist und den Mitteln der Späteren als realisierbar erwies; es war wie eine Stafette durch die Epochen, die Generationen.

Nach vielen Seiten, gerade auch der handwerklichen, ist eine solche Wiederherstellung eine schöpferische Herausforderung. Neue Erfindungen werden gemacht, um alten Ideen gerecht zu werden; verschollene Kunstfertigkeiten werden wiederbelebt und stehen dann neu zur Verfügung. Die Tragweite des Entschlusses, der hier Wirklichkeit wurde, hilft der Begriff des Kulturerbes zu ermessen. Kulturerbe: das Wort kam im westdeutschen Sprachgebrauch nicht vor, auch in großen Lexika fand man es nicht; erst auf dem Weg über die Unesco, als Übersetzung von *World Cultural Heritage*, ist der Begriff in den neunziger Jahren dort durchgedrungen. Im östlichen Deutschland war er früh zuhanden, er gab einen Streitgegenstand ab, insofern Doktrinäre und Ideologen dazu neigten, ihn klassizistisch zu verengen; dagegen galt es (und das wurde mit der Zeit leichter), auf der Weite und Vielfalt des anzutretenden Erbes zu bestehen. In mehr als einer Hinsicht ist der Begriff produktiv; er macht deutlich, daß frühere Zeiten uns etwas hinterlassen haben, das zu erhalten und für sich fruchtbar zu machen den Späteren nicht nur aufgegeben ist, sondern sich vor allem lohnt. Vergangene Zeitalter sprechen zu uns mit Werken, die unsere Existenz über den Abstand der Zeiten hinweg erhellen und bereichern. Das gilt auch und gerade für die Baukunst.

II

Blickt man auf Berlin, so sieht man sich seit den frühen neunziger Jahren einem Wiederaufbauwerk gegenüber, gegen das kurzsichtige Kritiker zeitweilig einen journalistischen Sturmlauf entfesselten; die Deregulierung, die sie einklagten, war die Parallelaktion zu der, die nachmals die Finanzwelt verwüstete. Noch heute wirft man den Berliner Planern der neunziger Jahre – Hans Stimmann war ihr maßgebendes Oberhaupt – manchmal Kleinkariertheit vor; die Fülle an guter zeitgenössischer Architektur, die seit 1990 in der deutschen Hauptstadt entstanden ist, spricht deutlich dagegen. Bauwerke hohen Ranges sind dort in den letzten zehn Jahren aufgewachsen, die Wettbewerbe, die ihnen vorausgingen, haben sich im ganzen positiv ausgewirkt; man sieht es nicht zuletzt an Axel Schultes' elegant-verspieltem Bundeskanzleramt. Angesichts der Fülle des Neuen bedünkt die Vehemenz sonderbar, die sich immer wieder gegen die Wiedererrichtung eines Schlüsselwerks der Berliner Architekturgeschichte stemmt, geradezu als ob das Wiedererstehen des Schlüter-Eosander-Baus die zeitgenössische Architektur entwerte. Hier wäre mehr Selbstbewußtsein am Platz.

Die auch von Axel Schultes aufgegriffene Frage, woran uns das Schloß „vierhundertfünfzig Jahre lang gehindert“ habe, ist durch seinen Nachfolgebau, den Palast der Republik, zwingend beantwortet: nach Lage und Gestalt war dieser Bau von 1974 die Schloßalternative. Die Moderne hat an der Stelle, da das Schloß stand, ihre Chance gehabt, und sie hat sie ästhetisch relevant, auf der Höhe der Zeit, genutzt, in Gestalt dieses Volkspalastes, der noch als völlig ausgekernter Rohbau eine nutzbare und wertvolle Architektur vorstellt, deren Vernichtung, ehe der Folgebau projektiert und finanziert ist, sich die Staatsgewaltigen sehr genau überlegen sollten. Sie bekommen sonst eine grüne Wiese für viele Jahrzehnte, so wie die Exekutoren von 1950 eine graue Fläche bekamen, und manche von ihnen wollen das offenbar. Sie spekulieren auf die finanzielle Unerfüllbarkeit des Bundestagsbeschlusses über das Humboldt-Forum und wollen kein Forum, sondern einen Central Park.

Bei aller solitären Qualität hatte der People's Palace der DDR, der ästhetisch und funktional mit der fast gleichzeitig entstandenen Royal Elizabeth Hall in London korrespondierte, gegenüber dem Vorgängerbau von Schlüter und Eosander einen städtebaulichen Grundfehler: seine Längsachse lag quer zum Verkehrsstrom und parallel zu den beiden Flußarmen, statt diese, wie die Hauptachse des Schlosses, miteinander zu verbinden und gewissermaßen zu überbrücken. Die Folgen dieses Fehlers haben sich zu DDR-Zeiten als nicht behebbar erwiesen, sie zeigten sich an der Gestaltlosigkeit des Vorplatzes, der bald zum bloßen Parkplatz heruntergekommen war; ursprünglich war er als Demonstrationsplatz gedacht gewesen. Die Zeit der Demonstrationen, die an dieser Stelle den Staat feiern sollten, war auch deshalb vorbei, weil die Tribüne, die, mit weißem Marmor verkleidet, diskret an die goldene Fensterfront angesetzt war, diejenigen, welche sich auf ihr sehen ließen, gleichsam unsichtbar machte. Sie verzwergten vor der allesverschlingenden Glasfront und zogen sich, als sie es bemerkten, auf die mobile Straßentribüne zurück, die ihnen zuvor als Podest gedient hatte; mit wenig Aufwand konnte man sie zweimal im Jahr errichten.

Die im Jahr 2000 von Bundes- und Landesregierung berufene Kommission zur historischen Mitte Berlins hat sich, ehe Fassadenfragen zur Debatte standen, lange mit Nutzungsanforderungen und städtebaulichen Problemen beschäftigt. Dabei war die Feststellung unstrittig, daß die Position des Schlosses als Bindeglied zwischen den beiden Flußarmen durch die spätere Stadtentwicklung eindrucksvoll verifiziert worden war: im 19. Jahrhundert durch die Anlage erst der Schloß-, dann der Kaiser-Wilhelm-Brücke, im 20. Jahrhundert durch den breiten Straßenzug bis zum Alexanderplatz und darüber hinaus. Der Entwurf von Axel Schultes, über den sich die Kommission intensiv unterrichtete (sie widmete ihm einen eigenen Sitzungstag), hat den städtebaulichen Nachteil, daß man um der geplanten Piazza willen den Spreearm untergraben und den Verkehrsstrom unter ihm durch leiten müßte. Das wäre eine Operation größten Ausmaßes, dazu eine städtebauliche Gewaltsamkeit; ich sage es mit allem Respekt vor der Platzvision, die dem Architekten vor Augen stand.

Es läßt sich theoretisch wie praktisch erhärten: die Neuerrichtung fast völlig zerstörter oder bereits abgetragener Bauwerke von besonderem architektonischen und stadtkompositorischen Wert ist ästhetisch legitim. Der Primat des

Schöpferischen haftet in der Architektur an dem Entwurf des Architekten, an dessen Vorstellung von dem Bau, wie sie sich aus Zeichnungen, Aufmaßen und andern Dokumentationen, photographischen etwa, erschließt. Auch dafür gibt die Dresdner Frauenkirche ebenso wie der Zwinger ein Beispiel, deren Originalzustand nicht durch Architektenzeichnungen (nur wenige hatten sich erhalten), sondern durch die akribische bauliche Aufnahme bei Reparaturmaßnahmen in den Jahrzehnten vor der Zerstörung belegt und von daher genau zu reproduzieren war. Dieser ideelle Primat der Notierung vor der Realisierung – in der Musik haben wir ein ähnliches Verhältnis in dem Gegenüber von Notenbild und Klangverwirklichung – macht es zulässig, Architektur zu wiederholen, falls ihre Qualität den Aufwand rechtfertigt; das ist in der Geschichte der Architektur auch immer wieder vorgekommen. Die bedeutendsten Baumeister haben sich nicht davor gescheut; der berühmte Wren baute in London nach dem verheerenden Stadtbrand von 1666 die zerstörten gotischen Kirchen in ihrem angestammten, ihm durchaus fremden Stil wieder auf. In Berlin haben wir ein bemerkenswertes Beispiel an der ehemaligen Königlichen Bibliothek gegenüber der Westseite des Opernhauses, die der Volksmund wegen ihrer barocken Schwingung „die Kommode" nannte. Das war ein Bau, den Friedrich II. den Habsburgern entlehnt hatte, die ihn in Gestalt des Michaelertrakts der Wiener Hofburg nur zu einem Drittel gebaut hatten; das alte Burgtheater stand im Weg. Der preußische König ließ sich den fünfzig Jahre alten Entwurf von Joseph Emanuel Fischer von Erlach kommen und stellte das Barockgebäude dem einer späteren – seiner eigenen – Epoche entstammenden Opernhaus gegenüber. Eine schöpferische Anverwandlung begab sich, deren Primärbau hundert Jahre später auch in Wien vollendet wurde, so daß wir das Gebäude nun doppelt haben, nicht zu seinem Schaden und nicht zu dem der beiden Städte.

Dupliken – aber man sollte besser von Iteraten, also Wiederholungen sprechen – sind durchaus eine schöpferische Aufgabe, denn fast immer gilt es, Altes und Neues dabei in ein sinnvolles Verhältnis zueinander zu setzen. Das Berliner Humboldt-Forum, das der Bundestagsbeschluß als ein Gebäude in den Volumina des Schlüter-Eosander-Schlosses und mit den meisten seiner Fassaden festgeschrieben hat, wird zeitgenössischen Architekten nicht nur im Innern ein reiches Gestaltungsfeld bieten; auch der Außenbau eröffnet – an der Ostseite und in dem westlichen Innenhof – Möglichkeiten der Neugestaltung. Sieht man sich bei den Nachkriegs-Wiederaufbauten im Zentrum Berlins um, so wird man bemerken, daß fast alle Bauwerke, die wir dort als historische Architektur vor Augen haben – die Staatsoper, die Humboldt-Universität, das Zeughaus, das Alte Museum, die Neue Wache –, Wiederaufbauten mit einer neuen Innenarchitektur sind, die aus neuen Nutzungsanforderungen hervorging und jeweils versuchte, die neuen Räume mit den alten Strukturen in Einklang zu bringen. Also nicht wie bei dem unter Konzernregie realisierten Neubau des sogenannten Gouverneurshauses in Berlin Unter den Linden! Hinter einer symmetrischen Fassade von 1870 wurden hier Raumverhältnisse realisiert, die die von der Außenfront vorgegebene Axialität auf den Kopf stellten: Innen und Außen in heilloser Entgegensetzung. Nicht die Kopie der alten Innenräume wäre die Lösung gewesen, sondern das produktive Eingehen auf die mit der Fassade gesetzte Vorgabe: schöpferische Adaption. Wir haben es auf diesem Gebiet mit Fragen zu tun, die man nicht theoretisch-prinzipiell und schon gar nicht puristisch-dogmatisch lösen kann. Es gilt, ihnen pragmatisch-ästhetisch zu begegnen, mit Sensibilität, Einfühlung, Geschmack. Wenn der Bezugsbau von so überragender Bedeutung ist, wie Knobelsdorffs Opernhaus oder das Berliner Schloß, darf getrost auch von Demut gesprochen werden.

Ist diese Haltung auch in Hannover-Herrenhausen gefragt? Ich war heute dort und hatte das Gefühl, daß hier genau das Problem vorliegt, das in Dresden und in Berlin auf je eigene Weise akut wurde. Man geht durch diesen wunderbaren Park mit seinen vielen Figuren und bemerkt, da fehlt etwas, das Mittelstück fehlt, der Bezugspunkt der gärtnerischen Achsen, eine Mauer nimmt seine Stelle ein. Ich denke mir, Hannover wird in den nächsten Jahren viel mit der Frage zu tun haben, was dort entstehen soll. Womöglich ein Bau in den Formen des alten Schlosses? Es wird auf die eben umrissene Haltung ankommen.[56]

Demut, das ist eine Anforderung, die zeitgenössischen Architekten oft im Widerspruch zum Prinzip des Schöpferischen steht, das sie mit Aktualität, Individualität, Originalität identifizieren; man kann aber auf vielen Wegen schöpferisch sein. Wie Demut und Schöpfertum Hand in Hand gehen, dafür gab Eosander von Göthe ein wunderbares Beispiel; er war der Nachfolger Schlüters am Berliner Schloß und stand nach seiner Berufung vor der Aufgabe, das vorhandene Fragment zu Ende zu bauen. Und was tat dieser durchaus schöpferische Architekt? Er wiederholte auf der nördlichen Längsseite Schlüters Lustgartenfassade, auf der südlichen verdoppelte er dessen Stadtfassade. Er begriff: hier gab es nichts Neues zu erfinden, ohne das Vorhandene zu verderben; also entschied er sich, dieses zu duplizieren. Für die eigene Erfindung stand ihm die Westseite des dergestalt verlängerten Baus zur Verfügung, die nicht im Bann des Vorhandenen stand. Bei dem künftigen Humboldt-Forum wird die Ostfassade diesen Spielraum bieten, falls man sich nicht dazu entschließt, die Spreefassade des Palasts der Republik zu erhalten, aus demselben Geist schöpferischer Duldung, der Schlüter die Renaissancebauten erhalten ließ, die er an dieser Stelle vorfand, Vorhandenes nutzend und den Kontrast nicht scheuend.

Was bei ihm und Eosander, seinem wichtigsten Nachfolger, herauskam, war, trotz der raumgreifenden Fassadenwände, nichts weniger als ein Monolith, es war ein Gebilde mit großen Innenhöfen, die sich durch wunderbar ausgestaltete Tore nach außen öffneten. Es war auch insofern kein Monolith, als sich die Fassaden mit einer Vielgliedrigkeit, einer Differenziertheit darstellten, wie sie der Architektur unserer Zeit schon lange nicht mehr zu Gebote steht. Nicht nur an dem Kanzleramt in Berlin-Tiergarten, dort aber besonders deutlich, erkennt man, wie schwer es Architekten heute haben, ornamentale Wirkungen jenseits monotoner Rasterrhythmen zu erzielen; außer Säulen, die nichts tragen und trotzdem schön sind, erfand Axel Schultes dazu zwei riesige seitliche Bögen. Sie sind Großornamente; es liegt im Wesen moderner Technologie als der Basis moderner Bauästhetik, daß sie Ornamente nur in monumentalisierender Form zuläßt, nicht in der kleinteilig-differenzierten, handwerklich ausgeformten Gestalt früherer Zeiten. Die Oberflächengliederung dieser alten Ornamentik hat humane Qualitäten, die an die handwerklichen Verfahren, die sie bewirkten, gebunden sind und im späteren 19. Jahrhundert industrieller Entleerung anheimfielen. Aber man kann sie sich, wo es um die Wiedergewinnung wichtiger alter Bauwerke geht, wieder zueignen, mit Techniken, wie auch die Denkmalpflege sie braucht und fordert.

Wenn wir im Fall des Berliner Humboldt-Forums Position und Volumina aus zwingenden städtebaulichen Gründen von den alten Baumeistern übernehmen, dann wäre es ausflüchtig, nicht auch die Schmuckformen zu erneuern, die die Baumassen gliederten und durchlichteten und wesentlich mit ihnen korrespondierten. Immer wieder, auch in jener Kommission, gab es Stimmen, die sagten: Nehmt die Volumina, die Ausmaße, aber gebt ihnen „heutige“ Fassaden! Aber eine solche Lösung liefe auf eine künstliche Diskrepanz hinaus, sie wäre inkonsequent aus Furcht vor der Wiederherstellbarkeit des Ganzen. Auch bei der Disposition der Innenräume ist bei dem künftigen Forumsgebäude eine fühlsame Beziehung zu den Vorgaben der Außengestalt herzustellen. Das Genie des Architekten bewährt sich an Vorgaben, an Einschränkungen; nimmt er sie an, so werden sie ihm zu schöpferischen Stimulantien. Das ist nicht zuletzt am Pariser Platz zu besichtigen, wo dem eminenten Gehry die an dieser Stelle vom Stadtparlament auferlegte und von andern hartnäckig bekämpfte städtebauliche Vorgabe (sie verfügte eine Obergrenze für den Glasanteil der Fassade) zu einer spezifisch inspirierten Lösung diente.

Ich ende mit einer Geschichte aus dem Wiederaufbau des Berliner *Forum Fridericianum*, am Ostende der „Linden“. Das Knobelsdorffsche Opernhaus wurde dort in den fünfziger Jahren von einem überragenden Architekten, Richard Paulick, in einer einzigartigen Synthese von struktureller Modernität und historischem

Dekor wiederaufgebaut; wenn man das heute als Konzept vortrüge, stieße man auf hemmungsloses Befremden. Paulick gelang es, einen von logenlos schwingenden Rängen bestimmten Zuschauerraum mit dem akribisch recherchierten Dekor des friderizianischen Rokoko in einer Weise zu verbinden, die eine neue, wahrhaft dialektische Einheit herstellte; in seiner Hingabe und Diskretion hatte das Resultat geradezu etwas Geniales. Auch in andern, teilweise ganz neu angelegten Räumen funktionierte die Verbindung; am Ende stand ein Meisterwerk aus Selbstbewußtsein und Demut, das niemand als „historistisch" klassifizieren würde.

Als der Bau 1955 fertig war, stellte sich die Frage: Was paßt daneben? Denn links davon stand nichts mehr; zwei Palais aus dem 18. Jahrhundert, die dort ihren Ort gehabt hatten, waren so zerstört gewesen, daß man sie abgetragen hatte. Lange suchte man nach der passenden Lösung, der passenden Nachbarschaft für das neue alte Opernhaus, und natürlich hätten die Architekten an diese prominente Stelle gern etwas Zeitgenössisches gesetzt; das Neue Bauen hatte seit 1960 das Land erobert. Die Stadtplaner, Paulick an der Spitze, begriffen schließlich, daß das an dieser Stelle nicht ging, daß der Kontrast banausisch-polemisch ausfallen werde, nämlich unabhängig von der Qualität des zu Erwartenden. Sie entschlossen sich, die beiden nicht mehr vorhandenen Palais neu zu erbauen, nach außen getreu, im Innern zeitgenössisch-karg, mit maßvoller Modernität. Respekt und Selbstbescheidung, die hier am Werk waren, sind auch heute und immer wieder möglich. Ich wünsche sie mir gerade von den bedeutendsten Architekten. Sie sind am meisten dafür prädestiniert.

2004

Bildteil

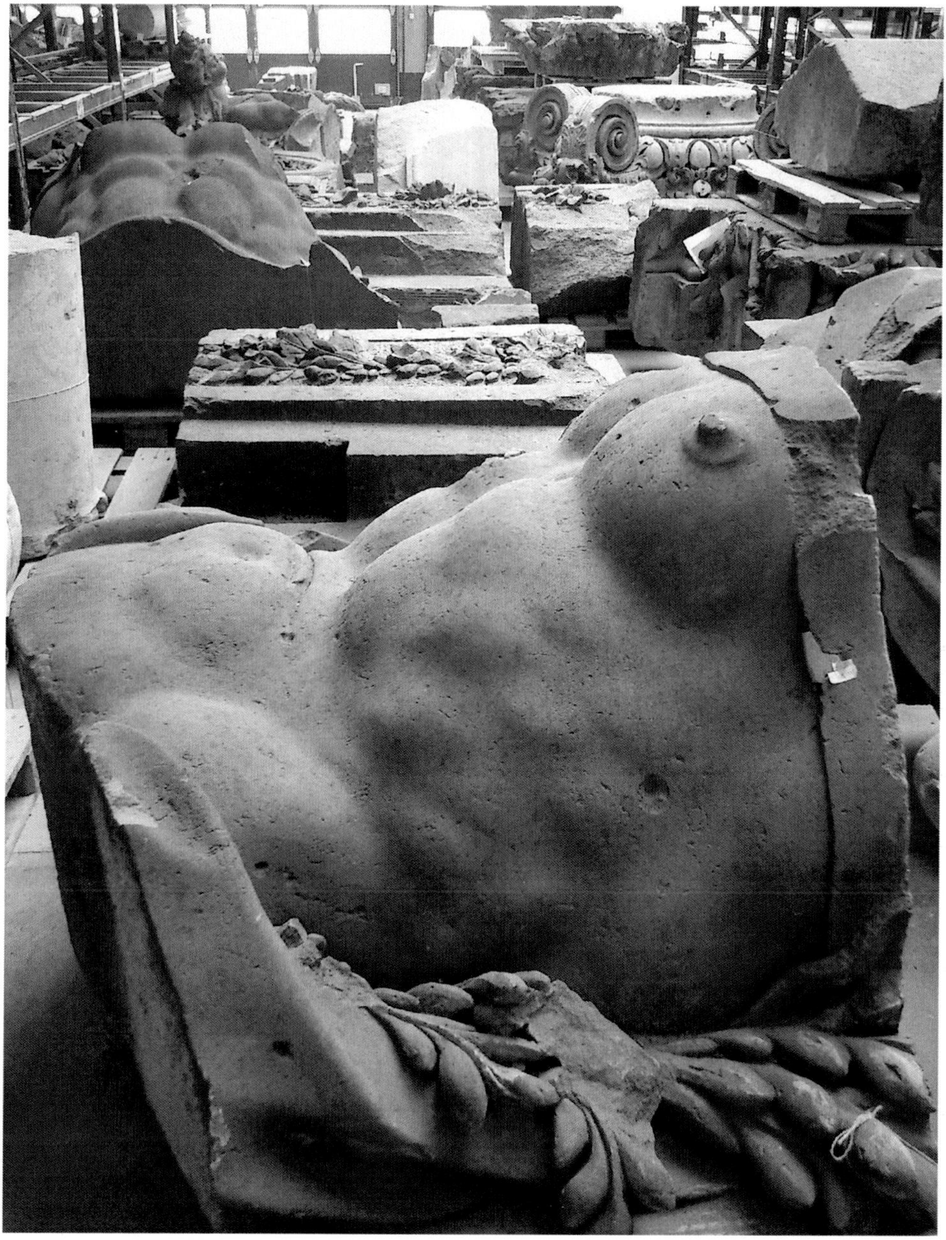

Abb. 1 Bruchstück des Sommers, der allegorischen Atlantenherme (wahrscheinlich von Balthasar Permoser) von Schlüters Portal V, dem östlichen Lustgartenportal. Blick in die Schloßbauhütte der Stiftung Berliner Schloß/Humboldt-Forum (Juni 2014).

Abb. 2 Das alte Berliner Schloß von Südwesten (Foto um 1910).

Abb. 3 Das einst dem Lustgarten zugewandte Schloßportal IV, von dessen Balkon Karl Liebknecht am 9. November 1918 die Freie Sozialistische Republik Deutschland ausrief, wurde 1963 dem Staatsratsgebäude der Deutschen Demokratischen Republik vorgesetzt (Architekten Roland Korn und H. Bogatzky). Das um 1710 von Eosander v. Göthe errichtete Portal war eine Wiederholung von Schlüters Schloßportal V; die beiden Atlantenhermen, Allegorien von Herbst und Winter, stammen von Balthasar Permoser. Eine Wiederholung dieses Portals wird die Lustgartenseite des Humboldt-Forums schmücken.

Abb. 4 Auf Initiative Wilhelm v. Boddiens schob sich 1993 eine in Paris gefertigte maßgetreue Kulisse vor den 1990 stillgelegten Palast der Republik und erinnerte an das untergegangene Schloß.

Abb. 5 Die Lustgartenseite des Schlosses als Kulisse, dahinter die Hauptbauwerke der DDR-Ära, Fernsehturm und Volkspalast (Juni 1993).

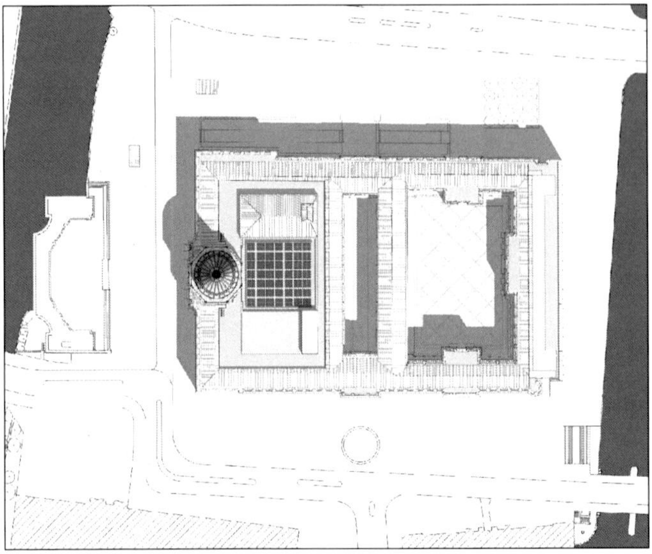

Abb. 6 Franco Stella: Eingangshalle (Agora) des künftigen Humboldt-Forums mit dem hofseitigen Risalit des großen Eosander-Portals.

Abb. 7 Franco Stella: Lageplan des Humboldt-Forums. Von links: Kuppel, Agora, Forum, Schlüterhof.

Abb. 8 Franco Stellas Forum, eine sich nach beiden Seiten zur Stadt öffnende Passage mit den Hofrisaliten der Eosander-Portale II und IV.

Abb. 9 Franco Stella: Ostfassade des künftigen Humboldt-Forums. An die Stelle der ursprünglich geplanten Loggien-Struktur sind tief eingeschnittene Fensterbänder getreten.

Abb. 10 Rohbau des Humboldt-Forums von Westen (Februar 2015). Im Vordergrund zwei der acht Figurengruppen der Schloßbrücke, die nach Entwürfen von Karl Friedrich Schinkel den Werdegang eines von der Siegesgöttin geleiteten Kriegers darstellen. Im Hintergrund das einstige Staatsratsgebäude (nun Wirtschaftshochschule) mit dem Schloßportal IV.

Abb. 11 Rohbau des Humboldt-Forums von Westen. Links Schloßbrücke und Humboldt-Box.

Abb. 12 (von links) Das Palais Unter den Linden (Neubau von 1969 in den Formen des kriegszerstörten Kronprinzenpalais) und das Operncafé (Neubau von 1964 in den Formen des kriegszerstörten Prinzessinnenpalais). Die Ruinen beider Bauwerke wurden in den fünfziger Jahren abgetragen, der Neubau in der vor der Zerstörung bestehenden Gestalt stand unter der Leitung von Richard Paulick und K. Kroll (Prinzessinnenpalais) bzw. von Richard Paulick und W. Prendel (Kronprinzenpalais).

Abb. 13 Das Wedekindhaus am Marktplatz von Hildesheim (1598/1986). In den 1980er Jahren wurde außer dem Knochenhauer-Amtshaus und andern wertvollen Bürgerhäusern auch das Äußere dieses kostbaren Bauwerks der deutschen Renaissance wiedererrichtet, leider beziehungslos zum originalen Grundriß; der alte Marktplatz wurde in seinen historischen Dimensionen wiederhergestellt. Von den 1500 historischen Gebäuden der Hildesheimer Altstadt waren im März 1945 mehr als 1300 vernichtet worden.

Abb. 14 Die ehemalige Königlich-Preußische Bibliothek, im Volksmund „Kommode" genannt; 1965-1969 Wiederaufbau als Institutsgebäude der Humboldt-Universität. Der Bau wurde im Auftrag Friedrichs II. 1775-1780 von Georg Christian Unger nach den Plänen errichtet, die Joseph Emanuel Fischer v. Erlach 1725 für den Michaelertrakt der Wiener Hofburg gezeichnet hatte. Die beiden Adler auf den seitlichen Risaliten und die Krone auf dem mittleren wurden erst nach 1990 wieder angebracht.

Abb. 15 Michaelertrakt der Wiener Hofburg (1726/1893). Erst 1893 wurde der von Fischer v. Erlach begonnene Bau fertiggestellt, dessen Weiterbau im 18. Jahrhundert das alte Burgtheater im Weg gestanden hatte; 1726 war nur ein seitliches Teilstück fertiggeworden.

Abb. 16 Der Zuschauerraum der Staatsoper Unter den Linden (2008). Anfang der 1950er Jahre wurde das im Innern dreimal, in den Jahren 1842, 1941 und 1945, zerstörte Haus, das G. W. v. Knobelsdorff 1742 für Friedrich II. errichtet hatte, unter der Leitung von Richard Paulick in einer ingeniösen Verbindung moderner Strukturen mit dem Dekor der friderizianischen Ära wiederaufgebaut.

Abb. 17 Der Entwurf von Klaus Roth wurde 2008 von einer durch die Senatsbaudirektorin Lüscher berufenen Jury mit dem 1. Preis in einem Wettbewerb ausgezeichnet, der dem Umbau des Hauses im Rahmen einer technischen Erneuerung galt. Das Land Berlin, dem 80 % der Bausumme aus Bundesmitteln zuflossen, entschloß sich nach lebhaften Protesten zu einer denkmalpflegerisch verantwortlichen Lösung.

Abb. 18 Von der Dresdner Frauenkirche, 1726–1743 von George Bähr errichtet, waren nach dem Bombenangriff im Februar 1945 nur zwei Wandstücke stehengeblieben; der Trümmerberg zwischen ihnen konnte über viereinhalb Nachkriegsjahrzehnte erhalten und gesichert werden. Auf der Basis einer Bürgerinitiative setzte 1992 der aus Spendenmitteln finanzierte Neubau ein, der die alten Steine teilweise wiederverwenden konnte; er war sechzig Jahre nach der Zerstörung vollendet.

Abb. 19 Wiederaufbau der Frauenkirche (November 2002).

Abb. 20 Blick in die Rampische Straße (Januar 2015). Das von Matthäus Daniel Pöppelmann 1730 entworfene Eckhaus, 1956 mit den Ruinen des ganzen Viertels gesprengt, war schon in den 1980er Jahren als Leitbau vorgesehen worden. 2013 wurde es als Mauerwerksbau unter Einbeziehung von Teilen des alten Kellers neu aufgeführt.

Abb. 21 Neubauten am wiedererstandenen Dresdner Neumarkt. In der Mitte Neumarkt 12 (vormals Heinrich-Schütz-Haus), rechts dahinter Frauenstraße 14 (vormals Köhlersches Haus). Links im Hintergrund Wohnbauten der 1960er Jahre.

Abb. 22 Neubauten am Dresdner Neumarkt. Das Eckhaus mit der historischen Fassade (Neumarkt 3) fungierte als Leitbau, die anschließenden Häuser auf den alten Parzellen (An der Frauenkirche 1–3) ordneten sich in zeitgenössischer Formensprache zu. Der Platz war fünfzig Jahre lang unbebaut geblieben. Rechts die Frauenkirche.

Abb. 23 Das Cosel-Palais an der Frauenkirche, 1746 von J. C. Knöffel errichtet, 1760 durch die preußische Bombardierung zerstört und danach wieder aufgebaut. Der Hauptbau nach der Zerstörung 1945 abgetragen und 1999 neu erbaut, die beiden Flügelbauten erhalten und 1975 wiederhergestellt.

Abb. 24 Berlin, Pariser Platz (Westseite) mit dem Brandenburger Tor. Rechts das Max-Liebermann-Haus von Josef Paul Kleihues und ein Teil des Allianz Stiftungsforums (beide 1998). Auch dieser Platz war fast ein halbes Jahrhundert lang unbebaut geblieben und von August 1961 bis November 1989 unzugänglich gewesen.

Abb. 25 Berlin, Pariser Platz (Südseite), Neubauten um 2000. Von links: Hotel Adlon (1997 Patzschke & Partner), Akademie der Künste (2005 Günter Behnisch), Palais der DZ-Bank (2001 Frank O. Gehry), Botschaft der Vereinigten Staaten von Amerika (2008 M. R. Yudell).

Abb. 26 Auferstanden aus Ruinen: drei Hauptbauten des alten Berlin, sie alle in den 1950er Jahren wiederaufgebaut. Von links: der östliche Seitenflügel der Humboldt-Universität (1766); die Neue Wache (1818, seit 1931 Gedenkstätte unter wechselnden Auspizien); das Zeughaus der preußischen Monarchie (um 1700, seit dem Wiederaufbau 1949-1952 Geschichtsmuseum erst der DDR, dann der Bundesrepublik Deutschland). Dahinter die für den Wiederaufbau neugestalteten Kuppeln des Berliner Doms (1905).

Abb. 27 Zwei neue Berliner Wahrzeichen: der als Deutscher Bundestag unter Norman Foster wiedererstandene Reichstag von Paul Wallot mit seiner begehbaren Glaskuppel und auf der andern Seite der Spree das Ausschußgebäude des Bundestags von Stephan Braunfels mit dem 2015 fertig gewordenen Aufsatz.

Abb. 28 Ieho Ming Pei: Ausstellungsgebäude des Deutschen Historischen Museums am Berliner Zeughaus. Der Bau auf der Fläche eines dafür abgerissenen Magazingebäudes wurde dem damals achtzigjährigen chinesisch-amerikanischen Architekten 1997 auf Anregung des Museumsdirektors Christoph Stölzl durch Bundeskanzler Kohl übertragen und war 2003 fertiggestellt, ein Solitär, der sich dem benachbarten barocken Zeughaus ebenso sensibel wie exzentrisch zuordnete, Musterbeispiel eines gleichsam skulptural operierenden Bauens, das, unbesorgt um Nutzungsrelationen (die Nutzfläche nimmt nur die Hälfte der Gesamtfläche ein), sich als Gegenpol zu der Raster-Orthogonalität der Gebrauchsarchitektur versteht.

Abb. 29 Die Dresdner Frauenkirche im Wiederaufbau (November 2002).

Zweites Hauptstück

Kann man Städte heilen?

Über die Wiederholbarkeit von Architektur

Der Architekt ein Wundarzt?

Ob man Städte heilen könne? Die Frage steht im Raum, ohne den Unterton, der ihr noch vor einigen Jahren eignen mochte. Ob man Städte heilen dürfe, lautete dann die mitschwingende Frage, ob es moralisch zulässig sei, den Spuren erlittener und herausgeforderter Zerstörung in einer Weise zu begegnen, daß die Zerstörung nicht mehr jedermann ins Auge fällt. Was sich hier unterschwellig, ja unterbewußt geltend machte, war nicht nur jene Ruinenromantik, die vom Barock zur Empfindsamkeit führte; wo echte Ruinen fehlten, setzte man damals künstliche in die Gegend. Es war mehr noch ein Wundenkult, dessen Ursprung der alte Katholizismus mit seiner Märtyrerversessenheit und Reliquienanbetung war, dazu der Vorstellung, daß der sündenbeladene Mensch durch leidenschaftliche Selbstgeißelung nicht nur losgesprochen werden, sondern sich auch den Stand der Heiligung verdienen könne. Nach dieser säkularistisch transformierten und nach 1990 gerade auch aus dem Westen einer schon ruinenlos herangewachsenen Generation andringenden Anschauung begingen die Dresdner geradezu eine Sünde, als sie dem rosenüberwachsenen Trümmerhaufen, der von der barocken Frauenkirche übriggeblieben war, mit gelben Traktoren zu Leibe gingen, um Baufreiheit für die Wiederherstellung zu schaffen, und auch die Berliner, die den Vorderbau der großartigen alten Synagoge mit ihrer goldblitzenden Kuppel wiedererstehen ließen, kamen nicht gut weg.

Kann man Städte heilen? Hält man sich an den Wortlaut der Frage, so wird man bemerken, daß sie trivial ist und ebenso die Antwort: Natürlich kann man Städte heilen. Insofern man sie verwunden, verletzen und zerstören kann, kann man sie, wenn die Zerstörungen nicht zu groß sind, auch heilen. Das biomorphe Wort ist insofern am Platz, als Städte tatsächlich organische Bildungen sind, lebendig-verflochtene Gebilde, die die Formen und die Strukturen, die Erfahrungen und die Gehalte vieler Jahrhunderte in sich bergen. Sie erleben Krisen, die zur Umgestaltung, meist in Form der Erweiterung, nötigen, und sie erleiden Katastrophen, durch Brand, Überschwemmung, Bombenterror, Eroberung, die sie aufs Schrecklichste verwunden und manchmal beinahe auslöschen können – Verletzungen, so fürchterlich, daß das Wort Heilung wie ein Euphemismus klingt, Neubau, Wiederaufbau ist das zuständigere Wort.

Indessen: auch das Wort Heilung suggeriert ja keineswegs einen Vorgang, der den Anschein erweckt, daß die Verwundung nicht stattgefunden habe, daß man sie mit medizinischer Kunst habe ungeschehen machen können. Sie meint nicht mehr als das umfassende Wiederfunktionieren des geschädigten Organismus. Narben bleiben zurück und auch die Erzählung des Betroffenen, wie weh es getan hat. Der neue Wallpavillon des Dresdner Zwingers etwa (er ist in den alten Formen größtenteils neu) gibt sich dem schärferen Blick an seinen oberen Skulpturen bald als Kopie zu erkennen, der minder scharfe Blick aber läßt sich von gedruckten oder sprechenden Reiseführern berichten, was dort 1945 noch und was dort 1964 wieder stand, die Geschichte eines geglückten Wiederaufbaus, dessen Vorankommen über zwei Jahrzehnte als reproduzierender ein höchst aktiver, die ganze Stadt bewegender Prozeß war. Man muß kein Schild daneben stellen, das diese Dinge in die Sprache der jeweils herrschenden Verhältnisse faßt und erklärt (so wäre die frühere und keineswegs falsche Fassung ausgefallen), daß, was ein angloamerikanischer Terrorangriff zerstörte, durch den Fleiß und das Können der Werktätigen in langer Arbeit neu erstanden sei.

Von Heilung würde, einst wie heute, nicht leicht jemand sprechen, das Wort klänge seltsam pathetisch, auch ist es nicht hinlänglich genau. Der erneuerte Wallpavillon, wie er im Lauf der Jahrzehnte erstand, ist nicht der geheilte alte, sondern ein neuer, der die Stelle des alten sinnvoll und würdig vertritt. Auch als Ganzes ist der Zwinger nicht geheilt, sondern schlicht wiederaufgebaut worden, in einer mühsamen und aufwendigen, geduldigen und sachgemäßen Verbindung von Reparatur und Erneuerung. Nicht Ärzte hatten das in der Hand, Stadtchirurgen oder Baumediziner, sondern Architekten, Denkmalpfleger, Steinmetzen, Maurer – alles Leute, die nicht heilen, sondern bauen. Lassen wir also die poetische Metapher! Sie ist nicht ganz und gar falsch, aber man soll sie nicht strapazieren; das Wort Wiederaufbau klingt nicht so schön, dafür stimmt es.

Abwandelnde Anverwandlung

Daß der schon im Sommer 1945 ins Auge gefaßte (städtisches Leben war gerade erst wieder notdürftig in Gang gekommen), im Herbst dieses Jahres mit Sicherungsmaßnahmen begonnene und dann über Jahrzehnte zu Ende geführte Wiederaufbau des Zwingers eine enorme Kulturleistung der am Boden liegenden Stadt und eines vielfach bedrängten Landes war, wird heute leicht übersehen.

Rudolf Friedrichs, der erste Oberbürgermeister nach Kriegsende und bald darauf der erste Ministerpräsident des wiedererstandenen Landes (1991 wurde sein Name eilfertig aus dem Straßenbild Dresdens getilgt), tat Entscheidendes für Beginn und Fortgang; die Besatzungsmacht, in deren Heimat deutsche Truppen unbeschreibliche Verheerungen hinterlassen hatten, gab Rückhalt und Unterstützung. Dieses Wiedererstehen war um so weniger selbstverständlich, als durchaus vorstellbar gewesen wäre, daß kulturrevolutionäre Kommunisten dieses weitgehend zerstörte Überbleibsel einer repräsentationslüsternen Ausbeuterherrschaft abzutragen versucht hätten. Bei dem Semperschen Opernhaus mußte viel List ins Feld geführt werden, um diesen ebenfalls zerstörten Kunsttempel des feudalbourgeoisen Klassenkompromisses vor der Sprengung zu bewahren. Stünde die Frage heute, so würden die Organe medialer Meinungsformung den Neubau des Pöppelmannschen Wallpavillons wohl als ein fahrlässiges Zugeständnis an die Event-Bedürfnisse des kommerzialisierten Tourismus anprangern. „Eine Stadt im Kulissenwahn: Wie sich Dresden die eigene Vergangenheit zurechtlügen möchte" (*Die Zeit*, 9. 11. 2000), könnten wir dann in einer Hamburger Wochenzeitung lesen, und ein besorgter Baureferent würde vermutlich einen Entschließungsantrag einbringen, der mit dem Kernsatz begänne: „Geschichte kann nicht simuliert werden, sondern ereignet sich", womit er, statt Geschichte, natürlich Architektur gemeint hätte.

Für den Fall, daß jemand einen zeitgenössisch neuformulierten Wallpavillon für nicht ganz so gelungen wie den Pöppelmannschen hielte, hätte dieser Referent wahrscheinlich die Auskunft parat, daß „Fehler zuzulassen" seien, da sie immer noch besser „als verlogenes Nachvollziehen ehemaliger Lösungen der Fragen von gestern" seien. Und natürlich: höfische Feste, bei denen die Oberklasse öffentlich die Steuererlöse einer darbenden Bevölkerung verpraßt, gibt es heute ja wirklich nicht mehr. Würde diese Argumentation nicht allen sofort einleuchten, so träte gewiß der Redaktionsleiter einer auswärtigen Fachzeitschrift auf den Plan und erklärte, der Neubau alter Architekturen laufe auf Fälschungen hinaus, was man daran sehen könne, daß auf einem Reklamezettel im Restaurant des wiedererstandenen Coselpalais der Eindruck erweckt werde, man säße, Kuchen essend, im alten Coselpalais. Kein Zweifel: die Wiedergewinnung des völlig zerstörten – und in der Zwischenzeit womöglich abgetragenen – Wallpavillons hätte, als Intention, heute keine gute Presse in Deutschland. Pei, würde man sagen, hat doch dem Louvre sogar eine gläserne Pyramide eingesetzt; so könnte man doch den Wallpavillon als ein transparentes Glasei ausführen.

Das Zwinger-Beispiel ist hilfreich, weil es an dem exzeptionellen Fall zeigt, daß Wiederaufbau als Neubau eines vernichteten oder destruierten Alten, das längst seine ursprüngliche Funktion, nicht aber seinen baukünstlerischen Wert und seine umfassende Verwendbarkeit eingebüßt hat, nicht nur ein vollkommen legitimes, sondern in bestimmten Fällen auch ein dringend gebotenes Verfahren ist.[57] Wer es mit Worten wie Fälschung, gebaute Lüge, Kulissenwahn zu disqualifizieren sucht, betreibt jene Einschüchterung der Öffentlichkeit, die auf die Überwältigung der Debatte zielt. Es ist immer peinlich, wenn ästhetische Fragen im Sinn eines objektiven, wohl gar absoluten Anspruchs mit moralischen Aspekten vermengt werden, es ist, genau besehen, das alte Rezept eines latent oder virulent totalitären Denkens: Das Problem wird unter einen kategorial falschen Aspekt gestellt, um die Antwort in die gewünschte Richtung zu lenken.

Es liegt zutage: Kopien sind keine Fälschungen, sondern Duplikationen zu dem Zweck, dort, wo das Original fehlt, einen zutreffenden Eindruck von ihm zu vermitteln. Sie werden um so wichtiger, wenn die Originale vernichtet sind; ihre Anfertigung unterbinden zu wollen, nur weil nicht jedermann die Kopie als Kopie wahrnimmt, ist dezisionistischer Nonsens. Allerdings ist das von der Malerei hergenommene Wort Kopie auf dem Feld der Architektur nur begrenzt tauglich. Auch von Repliken zu sprechen ist begrifflich prekär: die Replik ist kunsthistorisch als Duplikation eines Kunstwerks durch seinen Urheber (oder unter dessen unmittelbarer Aufsicht) definiert, der Nebensinn Dublette ist sprachlich nicht gedeckt. Von Eins-zu-eins-Modell spricht die Denkmalpflege neuerdings im Blick auf architektonische Repetitionen; das Wort Iterat (von lat. iterare, wiederholen) dafür einzuführen erscheint in vieler Hinsicht als zweckmäßig.

An der Stelle des verschwundenen oder zerstörten Originals errichtet[58], sind solche Iterate um so zuständiger, als es in der Architektur wie in der Musik (auf andere Weise auch in der Druckgraphik) eine prinzipielle Differenz zwischen Vorlage und Ausführung gibt, die die Wiederholung nicht nur legitimiert, sondern im Bedarfsfall sogar herausfordert. Anders als in der Malerei, wo der Maler zumeist selbst die Realisierung der Vorlage übernimmt, steht es in der Architektur bei Handwerkern aller Art, die Pläne des Baumeisters in Stein und Balken, Ziegel und Putz zu übertragen, ähnlich wie die Klang-Realisierung eines Notentextes von der Ausführung durch dessen Urheber prinzipiell unabhängig ist. Sie muß nicht durch den Komponisten selbst erfolgen und auch nicht auf den Instrumenten, die bei der Uraufführung im Spiel waren, oder in dem Saal, der dafür das akustische Gefäß abgab.

Nicht nur die Not des Verschwundenseins einer ästhetisch relevanten Architektur an wichtiger Stelle rechtfertigt die Iteration, also das Wiedererstehen des zerstörten Bauwerks, sondern auch das kategoriale Zweierlei von Idee und Körper, von Plan und materialer Gestalt, wobei die Dokumentation des ausgeführten

Werkes zum Bestandteil seines im Verlauf der Realisierung oft noch verfeinerten und abgewandelten Planes wird. Insofern ist die künftige Frauenkirche als ein Iterat die zweite Realisierung der von dem um George Bähr gruppierten Team entwickelten Entwurfsgestalt. Das jetzige Dresdner Opernhaus ist, als nicht nur im Innern, sondern auch in Teilen der Außengestalt neu erbautes, die dritte Semperoper - nicht sosehr eine Kopie als, buchhändlerisch gesprochen, eine sinnvoll modifizierte Neuauflage: die getreue, aber keineswegs gleiche, schon gar nicht identische Anverwandlung des Alten an der authentischen Stelle.

Für die Wiederholbarkeit von Architektur als abwandelnde Anverwandlung sogar an anderer, entlegener Stelle gibt es fesselnde Beispiele, so in Berlin gegenüber der Westseite von Knobelsdorffs Hofoper, wo Friedrich II., enttäuscht von einem zeitgenössischen Entwurf, 1775 ein Bauwerk errichten ließ, das Fischer von Erlach der Jüngere fünfzig Jahre vorher, in einer ganz andern Stilepoche, für die Wiener Hofburg entworfen und dort nicht fertig gebaut hatte, da ein unentbehrliches Theater im Wege stand. Friedrich II. baute seine Bibliothek als barocke „Kommode", Franz Joseph I. aber ließ hundert Jahre später sein schönes Hofburgtheater abreißen, um doch auch die komplette Kommode zu haben, in Gestalt des um 1890 zu Ende gebauten Michaelertrakts. So kam der originale Bauplan zu dreifacher Ausführung; er erstand in Gestalt eines unter Fischers Leitung errichteten Fragments und zweier funktionell völlig verschiedener Iterate, wobei sich die in den sechziger Jahren nicht geheilte, aber wiederaufgebaute Berliner „Kommode" heute als ein Bauwerk darstellt, dessen großartiger Platzfassade im Innern die Neubaunüchternheit von 1967 gegenübersteht, mit dem Versuch, in einer neuen Treppenanlage Strukturmotive der alten anklingen zu lassen - eine Notlösung durchaus, aber eine funktionierende. Ähnlich verhielt es sich auf der andern Seite der „Linden" mit dem barocken Zeughaus. Auch hier wäre der Wiederaufbau auch der inneren Architektur nicht nur zu teuer, sondern funktionell fragwürdig gewesen; so entschloß man sich mit viel Gefühl für den Anspruch des Gehäuses zu der differenten Lösung, die, als die nutzbare, die erhaltende im Sinne des Wiederaufbaus war.[59]

Gebaute Antworten

Es geht in unsern vielerorts immer noch schwerbeschädigten Städten um einen Wiederaufbau, dessen wesentliche Kategorien, Maß und Verantwortung, vieles einschließen: Ensemblebildung, Funktionalität, Kosten, nicht zuletzt jene ästhetische Bedeutung, die ein Bestandteil städtebaulicher Funktionalität ist. Ein solcher Wiederaufbau umfaßt die Bewahrung des von langer Hand Überlieferten ebenso wie die Milderung unübersehbarer Fehler bei einem in den Nachkriegsjahrzehnten oftmals stadtwidrig vorangetriebenen Bau-Wesen. Alles zusammen hört auf einen Namen, der sich im Gestrüpp der Fachtermini leicht verliert, falls ihn sich leichtfertige Parteipolitiker nicht mit besonderer Garnierung an den Hut stecken: den Namen Kultur. Ersetzt man die rhetorische Frage: Wie soll man Städte heilen? durch die sachgemäße: Wie soll man Städte wiederaufbauen? deutlicher noch: Wie soll man mit innerstädtischen Brachen umgehen, die Krieg und Nachkrieg unbewältigt hinterlassen haben?, dann lohnt es, auf jene Lösungen zu blicken, die uns, gelungen oder nicht, als gebaute Realität vor Augen stehen. Sie bilden ein Repertoire von Antworten, von dem jede künftige Antwort ausgehen muß.

Dieser Blick verträgt keine dogmatische Verengung, am wenigsten verträgt er jene Art der Verfälschung, die sich so leicht ins befangene Feuilleton einschleicht. Was, beispielsweise, soll man von einem Autor halten, der den mit Recht so genannten „Freßwürfel", jene kubisch gestaltete Großgaststätte, die in dem Dresden der sechziger Jahre an die Stelle der freventlich abgetragenen Sophienkirchen-Ruine trat[60], zu einem Bauwerk „am Postplatz" macht (es befindet sich in unmittelbarer Nähe des Zwingers) und die Prävalenz des barocken Dresdens im Bewußtsein der Kulturwelt ausschließlich einem Maler, Bernardo Bellotto, zuschreibt, auf den ein nachgerade vorwurfsvoller Blick fällt: Hätte er nicht etwas weniger genau malen können? Mußte er eine gar so große Camera obscura zu Hilfe nehmen?

Dieser Dresden-Betrachter[61] übersieht, daß das bis zum 13. Februar 1945 keineswegs vollständig[62], aber doch weitgehend erhaltene barocke Dresden vor allem in zahllosen Photographien, Fotobänden und Dokumentarfilmen überliefert ist, also durch höchst zeitgenössische Medien. Einer Stadt, die seit 1985 mit hohen Kosten und großer Sorgfalt ihr vorwiegend aus dem 16. Jahrhundert stammendes Residenzschloß wiederaufbaut und in den letzten Jahren neben dem schon in den achtziger Jahren aufwendig erneuerten Stallhof von 1590 das kursächsische Kanzleihaus, einen exemplarischen Bau der deutschen Renaissance, an der alten Stelle als ein in jeder Hinsicht fundiertes Iterat hat wiedererstehen lassen, wirft A. Ruby die Vernachlässigung ihrer vorbarocken Architekturschicht beim Wiederaufbau vor; darauf verweisend, daß Pöppelmann oder Bähr doch auch nicht historisch, sondern „gegenwartsoffen", ja geradezu futuristisch gebaut hätten, suggeriert er, daß es unter den zeitgenössischen Architekten von Pöppelmanns nur so wimmele. Es mag sie geben, aber kein einziger von ihnen könnte (und wollte) uns den Zwinger ersetzen, so wie die bedeutendsten Maler der Jetzt-Zeit kein einziges Porträt malen könnten, das die Stelle eines Rembrandtschen vertreten könnte.

Das erstaunlich niedrige Niveau solcher mit Stentorstimme ergehenden Verlautbarungen macht deutlich, daß es hier nicht um Klärung und Aufklärung, sondern um Agitation geht. Mit ihr überdröhnt sich der Minderwertigkeitskomplex einer Baukunst, die in ihrem Innern natürlich weiß (und daran leidet), daß die technisch-geistig-merkantilen Verhältnisse der spät- oder postindustriellen Gesellschaft es ihr gerade dann, wenn sie mit allem Ingenium zu Werk geht, außerordentlich erschweren, neben den Leistungen älterer Zeiten dergestalt zu bestehen, daß eins das andere gelten ließe. Die Schwierigkeit des Bestehens ist auch den Komponisten unserer Tage vertraut, ohne daß sie oder die Musikkritiker jemals Anstalten getroffen hätten, die klangliche Repetition von Werken der Vergangenheit zu unterbinden. Auch ist noch kein Graphiker unserer oder einer älteren Zeit auf den Gedanken gekommen, gegen den Neudruck alter Radierungen von der überlieferten Kupferplatte Front zu machen.[63] Aber natürlich: in der Architektur sind größere Beträge im Spiel; hier fließt von seiten jener anonymen Instanz, die unter den Namen *die Investoren* unsichtbar, aber zahlenmächtig über dem Baugeschehen der Gegenwart schwebt, immer wieder das große und das ganz große Geld und treibt renditeversessen die Mühlen der Unduldsamkeit gegenüber dem, was Erneuerung der ästhetischen Gehalte früherer Epochen bedeutet.

Sieht man jenseits solcher martialisch vorgetragener Kapriolen auf das in fünfzig Nachkriegsjahren Geleistete, so wird man für anstehende städtebauliche Lösungen eine Fülle von Anschauungsmaterial finden, auch und gerade bei der Wiederherstellung jener zentralen Ensembles, die einer Stadt die urbane Funktionsmöglichkeit sichern. Wie es, wenn gute Geister walten, weitergeht, wenn man in jener sinnvollen Verklammerung des wiederherzustellenden Alten mit dem funktional Neuen, die der Begriff des Wiederaufbaus erfüllt, einer Stadt einige ihrer wichtigsten Bau-Körper wiedergewonnen hat, kann man am Ostende der Berliner Linden studieren, wo sich nach dem Neubau des Knobelsdorffschen Opernhauses durch den eminenten Richard Paulick nach 1960 die Frage stellte, was man diesem einzigartigen Bau nach Osten hin an die Seite stellen könne. In Ulm, neben dem Münster, hat man einen Mann aus weiter Ferne und von großem Ruf, Richard Meier, die entsprechende Frage beantworten lassen; er tat es, wie abzusehen, in radikaler Abkehr von dem Bauwerk, dem sein Entwurf sich zuzuordnen hatte. Für Christopher Wren, den Generalbaumeister des nach dem verheerenden Brand von 1666 neu zu erbauenden London, war es merkwürdigerweise kein prinzipielles Problem, der gotischen Abtei von Westminster eine stilistisch entsprechende Turmfront anzufügen und nach einem verheerenden Stadtbrand zahlreiche Kirchen und Colleges in gotisierendem Stil wiederaufzubauen.

Natürlich: wenn er der Westminster Abbey eine barocke Turmfront gegeben hätte, wäre der Bruch immer noch geringer gewesen als im Fall Richard Meiers und des Ulmer Münsters. Es ist die tiefgehende kulturelle Zäsur, die nach dem Ersten Weltkrieg in die Architektur einschnitt und nach dem Zweiten durch das industrialisierte Bauen manifest wurde, was dem heutigen Architekten den Gestus der Zuordnung so erschwert. Daß und wie er ihn finden kann, hat im Jahre 2000 bei einem *Atelier Neumarkt* in Dresden – der Wiederaufbau der Frauenkirche näherte sich der Vollendung und es galt Lösungen für die Platzumbauung zu finden – der Architekt Christoph Mäckler mit einer diskreten zeitgenössischen Variation des an der betreffenden Stelle geschichtlich vorgegebenen (und 1956 als Ruine abgetragenen) barocken Wohnhauses gezeigt. Mit Stephan Braunfels, der, zweifellos im Wissen um die Irrealität einer solchen Kontrafaktur[64], eine gläsern-streng umfaßte Kunsthalle an der städtebaulich wichtigen Stelle des bereits 1791 abgetragenen alten Gewandhauses vorgeschlagen hatte, war sich Mäckler darüber einig, daß das Bauen auf diesem historischen Terrain statt des Investors den Bauherrn und statt des Architekten den Baumeister erfordere. Daß man für eine Aufgabe fühlsam-erfindungsreicher Bezugnahme mit der offiziellen Berufsbezeichnung nicht mehr auskommt, spricht deutlich genug von der anhaltenden, obschon nicht mehr unerschütterten Fehlorientierung eines ganzen Berufsstands, die sich nicht nur auf prinzipielle stilistische Schwierigkeiten berufen kann. Diese sind durch die Selbstverpflichtung auf das Exaltative immer noch vermehrt worden.

Zuseiten der Berliner Staatsoper nahm Anfang der sechziger Jahre Richard Paulick selbst das Problem in die Hand und fand eine Lösung, die auf den Widerruf eines schon vollzogenen Abrisses hinauslief. Als Operncafé, also mit ganz neuer Funktion und innerer Struktur, baute er das Prinzessinnenpalais von 1733 neu und als Palais Unter den Linden das Kronprinzenpalais in der klassizistischen Fassung von 1857; in schöpferischer Demut schuf er dem zeitgemäß und beziehungsreich erneuerten Hauptbau ein Ambiente, das diesem gerecht wurde. Den Hintergrund der zwischen Staatsoper und Operncafé neugeschaffenen Gartenzone hatte er schon 1955 durch ein leicht barockisierendes Intendanzgebäude geschlossen, das zugleich als Folie dreier kostbarer Bronzestatuen diente; mit einem Ahorn inmitten vollendete er 1964 eine Wiederherstellung, deren schöpferischer Charakter heute verkannt wird. Von Richard Paulick, dem Poelzig-Schüler und Gropius-Mitarbeiter, der 1933 nach China ins Exil ging, kann man bei der Wiederherstellung von Stadträumen viel lernen. Sein Nachlaß befindet sich im Architekturmuseum der Technischen Universität München.

Berlin-Dresdner Platzrelationen

Ensemblebildung um einen wiedergewonnenen, ästhetisch wie städtebaulich dominanten Hauptbau – nach 1990 stellte sich in Berlin diese Frage am Brandenburger Tor, und auch die hier gegebene, inzwischen weitgehend realisierte Antwort ist lehrreich. Wohin es führt, wenn eine hohe Akademie und ihr berufener Architekt sich darauf kaprizieren, eine rechtens und mit Gründen erlassene Gestaltungssatzung an dem ihnen zustehenden Bauplatz außer Kraft zu setzen, kann man dort wie modellhaft studieren. Die verfahrenstechnische Donquichotterie führte zu einer so gravierenden Verzögerung des Baus, daß dem Bauherrn, dem Land Berlin, darüber das Geld knapp wurde und er den rückwärtigen Teil des Grundstücks leichtfertig, ja freventlich veräußerte[65]; außer geeigneten Archivräumen ging der Akademie der Nachlaß Arnold Schönbergs verloren, dessen Eigner über dem baulichen Hinundher ungeduldig geworden waren.

Aus solchem Ungemach zu folgern, die – keineswegs überstringente – Gestaltungssatzung sei das Übel gewesen und nicht der Versuch ihrer Aushebelung, wäre einer jener Trugschlüsse, zu denen gerade Theoretiker manchmal neigen. Es war Wilfried Dechau, Chefredakteur der *deutschen bauzeitung*, der die Einschränkung architektonischer Phantasie durch eine Gestaltungssatzung angesichts der grundgesetzlich garantierten künstlerischen Freiheit im Jahre 2000 als verfassungswidrig brandmarkte. Er hatte dabei die Neubebauung des immer noch brachliegenden Geländes um die wiedererstehende Dresdner Frauenkirche im Blick, eine hochempfindliche Zone, für deren Bebauung ein vom Stadtplanungsamt berufenes Gremium 1994 präzise Leitlinien vorgegeben hatte. Sie zielten auf eine Verbindung sogenannter Leitbauten – Iterate der wichtigsten Exemplare der dort bis 1945 (und als Ruinen bis 1956) Platz haltenden barokken Wohnbebauung – mit Neubauten, denen nach Höhe, Material, Farbwerten, Dachgestaltung ein behutsam-selbstbewußtes Einfügen in die alte Kleinteiligkeit dieser Quartiere auferlegt wurde. Am Ende des prominent beschickten *Ateliers Neumarkt* verabschiedeten die Gutachter der eingesandten Entwürfe eine Erklärung, die das Leitbauprinzip eindrucksvoll bekräftigte.[66] „Ich glaube, daß diese strengen Vorgaben für die Planung richtig waren", sagte Renzo Piano in einem vergleichbaren Fall am Ende seiner Arbeit an einem neuen Stadtviertel, dem in Berlin um die Alte Potsdamer Straße erstandenen: „Es ist nicht wahr, daß man frei sein muß, um kreativ zu sein."[67]

Wird Wilfried Dechau, wenn es ihm nicht gelingt, diese kommunalparlamentarisch noch einmal bekräftigten Leitlinien zu Fall zu bringen, bis nach Karlsruhe gehen? „Difficile est satiram non scribere"[68], in Dresden ganz besonders. Im

Kern der dort neuerdings ausgebrochenen Konfusion wohnt allerdings ein echtes Dilemma. Wenn das von langer Hand beschlossene Wiederaufbaukonzept mit den über den erhaltenen Kellern in ihrer historischen Außengestalt wiederherzustellenden Leitbauten richtig ist, dann können nur finanzielle Gründe dagegen sprechen, es in dem fraglichen Gebiet zwischen dem Kurländer Palais und dem Johanneum sowie zwischen Kulturpalast und Hilton-Hotel auf alle jene Gebäude auszudehnen, die baukünstlerisch erheblich und hinlänglich gut dokumentiert sind. Will man andere als finanzielle Gründe ins Feld führen, die allerdings gravierend und - im Zusammenhang mit dem von der Stadt erhobenen Grundstückspreis - zuletzt entscheidend sind, so kommt man nicht umhin, das Prinzip der iterativen Leitbauten selbst in Frage zu stellen.

Genau in diesem nur mit logischen, nicht mit demagogischen Mitteln zu lösenden Konflikt bewegen sich die Dresdner Stadtplaner gegenüber der Neumarkt-Bebauung, Thesen gegeneinander abwägend, die einesteils bauliche Rekonstruktionen als willkürliches Einfrieren längstvergangener Zustände bekämpfen und andernteils eine hierarchische Unterordnung der neuen Architektur unter die Leitbauten propagieren. Dann kommt das Hamburger Wochenblatt und schürt die Verwirrung, indem es denen, die das Leitbautenkonzept quantitativ zu erweitern trachten, „die absurdesten Verrenkungen“ unterstellt, „um sich vor der Vergangenheit zu verneigen“ (A. Ruby). Andere führen das mit einer im Erdgeschoß veränderten Raumfolge wiedererstandene Cosel-Palais (es war bis zum Jahre 2000 im Umkreis der Frauenkirche der einzige in sechs Jahren realisierte Leitbau) gegen den Leitbaugedanken ins Feld, als ob ein sich auf Fassadengestalt und äußeren Grundriß beschränkender und im Innern neuen Nutzungsanforderungen folgender Wiederaufbau gegen ihn spräche. Hier wird das Prinzip einer Iteration, die immer auch Variation ist, mit Totalrekonstruktion verwechselt, wie sie in den seltensten Fällen - die Frauenkirche gehörte dazu - möglich wird. Fruchtbare Beispiele, wie sie sich in Dresden ebenso wie in Berlin finden, werden geflissentlich beiseite gesetzt.

Berlins Pariser Platz ist ein Lehrstück noch in manch anderer Hinsicht. Er zeigt in Gestalt des neuen Hotels Adlon und der beiden Neubauten zuseiten des großen Tors, daß und wie man auf die stilistischen Vorgaben der Vorgängerbauten eingehen kann. Wie schwierig die Aufgabe ist, machte bei den Häusern Sommer und Liebermann die sich von Phase zu Phase verfeinernde Entwurfsarbeit des Architekten Josef Paul Kleihues in aller Öffentlichkeit deutlich. Auffallend war, daß die von den Brüdern Patzschke, den Architekten des neuen Adlon, vollzogene Anlehnung an die Fassade des den Auspizien der beginnenden Moderne unterstehenden Vorgängerbaus von 1909 sehr viel stimmiger ausfiel als der

Versuch desselben Architektenpaars, sich in einem Entwurf für den Dresdner Neumarkt barocke Dekorationsformen zuzueignen; die Richtigkeit des Leitbau-Prinzips als eines dokumentarisch-exakter Iteration wurde auf diesem Weg einmal mehr erhärtet. Natürlich: beiden Bauaufgaben, der neben dem Brandenburger Tor und der an der Südostseite des Pariser Platzes, waren von vornherein falsche Höhenmaße auferlegt, jene, die sich entgegen der ursprünglichen Anlage aus den Renditeansprüchen späterer Bauherrn (von 1846 bzw. 1909) ergeben hatten. Nicht die Architekten, sondern die Beamten der Landesbehörde hatten diese Maßverletzungen nach 1990 fahrlässig erneuert, und wieder war die Gier nach maximalen Einnahmen der Antrieb gewesen.[69] Der hochgetriebene Grundstückspreis mag auch der Grund dafür sein, daß gegenüber dem neuen Hotel Adlon und gleichsam als dessen zeitgemäße Alternative ein so bestürzend uninteressantes Gebäude wie der graue Bürokomplex von Laurids und Manfred Ortner entstanden ist. Überall treibt der circulus vitiosus zeitgenössischer Stadtkernbebauung: Je besser die Lage, desto höher der Grundstückpreis – und desto dürftiger die Architektur.

Eine Gestaltungssatzung kann nur den Rahmen abstecken; in diesem Rahmen garantiert sie weder für gute noch für schlechte, weder für interessante noch für langweilige Architektur. Auch dies läßt sich am Pariser Platz studieren, wo Frank O. Gehry unter strikter Befolgung der staatlichen Auflagen nach Höhe, Blockrand und Glasanteil der Fassade ein gestaltmächtiger Bau gelang, indes schräg gegenüber nach einem Entwurf des Hamburger Büros gmp ein Bankgebäude entstand, als dessen prägnantestes Merkmal sich senkrecht aus der Fassade springende Gitterblenden zeigen.

Es sind solche Erfahrungen, die Werner Schmidt, als Museumsdirektor wie als Akademiepräsident ein langbewährter Förderer des ganzen Spektrums zeitgenössischer bildender Kunst, in die Reihe derer treten ließen, die am Dresdner Neumarkt auf jenes Maximum an iterativ wiederzugewinnender alter Bebauung dringen, das bei weitem kein Totum ist. Dresden ist im Umkreis der wiedererstehenden Frauenkirche insofern in einer ungleich besseren Lage als Berlin am Pariser Platz, als die barocke Bebauung, von der sich Langhans' Propyläen 1789 abhoben, im Lauf des neunzehnten Jahrhunderts durch Um- und Neubauten vielfach verändert worden war, so daß Jahrzehnte nach der Abtragung der vom Krieg hinterlassenen Ruinen eine maßgebende historische Schicht nicht eindeutig bestimmt werden konnte. Der Vorteil der Neumarkt-Situation liegt darin, daß die zeitgenössisch-barocke Umbauung der Frauenkirche im Katastrophenjahr 1945 noch weitgehend erhalten war und den heutigen Planern als Bezugsebene eindeutig vorgegeben ist. Um sie nutzen zu können, müßte die Stadt, die die

Frauenkirche von Spendern aus Nah und Fern geschenkt bekommt, sich allerdings von der Vorstellung lösen, aus dem ihr gehörenden Gelände maximalen Veräußerungsgewinn herauszuschlagen. Sie müßte aufhören, den Willen zur Wiederherstellung nur zu heucheln, und ihn betätigen, indem sie ihr kurzfristiges Profitinteresse beschränkte, den späteren und langfristigen Gewinn um so sicherer vor Augen.

Exempla docent

Berlin hält für die vielfach anstehende Frage einer sinnvollen Wiederherstellung wichtiger städtischer Areale noch einige andere Exempel bereit. So am Platz der Akademie (neuerdings wieder Gendarmenmarkt), wo sich in den achtziger Jahren angesichts des Wiederaufbaus des unter Nutzungszwängen völlig umfunktionierten Schinkelschen Schauspielhauses dieselbe Frage stellte wie nachmals am Pariser Platz und nun am Dresdner Neumarkt, die nach der angemessenen Umbauung eines historischen Solitärs, der in diesem Fall sogar ein dreifacher war. Im Umkreis des von zwei hochragenden Kuppelkirchen umrahmten Schinkel-Theaters hatte das beginnende zwanzigste Jahrhundert die großartig-schöne Wohnhausarchitektur der Unger und Gontard ausgelöscht und durch renditeträchtige, dabei architektonisch qualifizierte Neubauten ersetzt, von denen zwei stehengeblieben waren und einer Lösung das Höhenmaß vorgaben, die unter roten Ziegeldächern und mit den Mitteln eines dekorativ verfeinerten Plattenbaus historische Stilelemente gleichsam zitierte; „Romantik aus Beton" nannte das ein Berliner Lyriker. Die damals verbliebenen Baulücken haben sich inzwischen mit verschieden gerasterten Geschäftshäusern gefüllt, deren nicht unberühmten Architekten von den Investoren auferlegt war, die Dachzone in mindestens zwei-, manchmal sogar dreigeschossige Aufsätze zu verwandeln. Neben den so entstandenen Gebäuden nimmt das andern technischen wie finanziellen Zwängen unterworfene Bemühen der DDR-Architekten um ein Mindestmaß an Bezugnahme auf den Hauptbau und die ihn einfassenden Turmkirchen sich fast schon musterhaft aus.

Wenige Minuten von diesem lehrreichen Gelände entfernt zeigt sich an der in den neunziger Jahren neubebauten Ostseite der Berliner Friedrichstraße, welche Monotonie droht, wenn staatliche oder kommunale Stellen aus dem Bedürfnis nach Maximalerträgen dem Drang der Investorengruppen nach Großflächenbebauung nachgeben. Extravagante Fassadenakzente wie die von dem Franzosen Nouvel und dem Amerikaner Cobb durchaus kontrastierend entworfenen machten das Problem nur um so spürbarer. Als alles fertig war, zeigte sich, daß die mit einem ruhigen Grundmuster und kostbaren Materialien operierende Schlichtheit des Ungersschen Großkomplexes der monströsen Aufgabe am besten standgehalten hatte, und Paula Winter[70] fand den Grund dafür heraus: weil das umfassend angewandte Quadratraster die Eigenschaft habe, den Baukörper gleichsam verschwinden zu lassen, ihn ästhetisch zu verflüchtigen.

Alle drei, Stadtplaner, Investoren und Architekten, zogen Folgerungen aus einer von vornherein absehbaren Erfahrung. Aldo Rossi tat es an der Schützenstraße mit humoristischer Note, als er einem quartiergroßen Neubau eine keineswegs nur äußerliche Kleinteiligkeit applizierte, die die vorgegebene Integration eines bedeutenden gründerzeitlichen Mietshauses strukturbestimmend werden ließ; Rossis Großcollage gipfelte in der eingelassenen Iteration von Michelangelos Palazzo-Farnese-Fassade. Deutsche Kritiker, bemerkt Gerwin Zohlen (a. a. O. S. 159), seien über Rossis vielgliedrige Großanlage entsetzt gewesen; sie übersahen, daß der Architekt von langer Hand über eine viel intimere Kenntnis des fraglichen Geländes verfügte als alle andern, die nach 1990 zuseiten der Friedrichstraße zum Bauen berufen worden waren. Sie übersahen auch, daß Rossi mit wiederkehrenden Farb- und Formmotiven den riesigen Block in seiner Einheit kenntlich gemacht hatte.

Mit einer Kleinteiligkeit, die vielfach, aber nicht immer auf echten Parzellen beruhte, ging man wenig später im Umkreis der Hackeschen Höfe zu Werk, neben die zahlreich erhaltenen Wohn- und Geschäftshäuser des späteren neunzehnten, frühen zwanzigsten Jahrhunderts Neubauten setzend, deren architektonische Haltung von einfallsreicher Korrespondenz bis zu massiver Konfrontation reicht; sie lassen das ganze Spektrum der Möglichkeiten erkennen. An einer beinahe versteckten Stelle, dem Berliner Hausvogteiplatz, war einer Stadterneuerung, die unter den Auspizien neuer Nutzung alle historischen Schichten, aber auch die Gegenwart zu ihrem Recht kommen ließ, ein reines Gelingen beschieden; hier verband sich die glanzvolle Wiederherstellung von Altbauten aus der wilhelminischen Ära mit der Erhaltung qualitätsvoller Architektur aus der DDR-Periode (ein hingehauener Plattenbau wurde vernünftigerweise preisgegeben) und der Entwicklung exzellenter Neubauten. Daß es – als Stilbegriff – weder eine wilhelminische noch eine DDR-Architektur gab, sondern nur die stilistisch vielfältigen Ausprägungen internationaler Architekturströmungen unter spezifischen gesamtgesellschaftlichen Bedingungen, läßt sich hier einmal mehr ablesen.

Mit welch ungezügelter Brutalität Architektur die Situation der Zuordnung zu verweigern vermag, zeigt sich in Leipzig an den Glas-Stahl-Fronten, die sich an der Grimmaischen Straße neuerdings in zwei Baulücken gepreßt haben. An ihrer begrenzten Stelle bekunden sie die gleiche technizistische Prahlsucht wie jener hochragende Büroturm (das aufgeschlagene Buch als fahnengleich ausgehende Superform), mit dem staatssozialistische Planer einst die Stadtsilhouette überdröhnten; im Besitz einer Bank hat er nun seine innere Bestimmung gefunden. Wieviel auch in einer so reich mit Investitionen bedachten Stadt wie dieser noch zu tun bleibt, zeigt in unmittelbarer Nähe des Stadtkerns ein Blick hinter den vorzüglich restaurierten Riegel der Roßplatz-Bebauung aus den fünfziger Jahren. In ihrem Rücken eröffnet sich dicht an dicht ein Konglomerat aus wertvollen alten Mietshäusern teils im Stadium grassierenden Verfalls, teils in dem frischer Restaurierung, vermischt mit wohlgeratenen Neubauten der neunziger Jahre, kleindimensionierten Plattenbauten aus dem DDR-Wohnungsbauprogramm und den Leerflächen abgeräumter Quartiere – ein durch hundertfünfzig Jahre Stadtgeschichte führendes Architektur-Kaleidoskop, das einen drastischen Begriff von dem gibt, was Stadtwiederherstellung heute aufgibt.

Das neueste Alte

In Dresden fand sich Günter Behnisch an der auf die alte Kunstgewerbeschule zulaufenden Güntzstraße in der umgekehrten Situation wie die Planer des Berliner Gendarmenmarkts und des künftigen Dresdner Neumarkts. Einer Wohnblockumgebung von jener ebenso nüchternen wie wohlproportionierten Zweckmäßigkeit, die die Frühphase des Dresdner Wiederaufbaus bestimmte, hatte er in Gestalt eines Schulgebäudes den dominanten Solitär einzusetzen und tat es in Gestalt eines langgestreckten Quaders von auffallender Farbigkeit, asymmetrisch rhythmisierender Fensterverteilung und vorzüglich durchgebildeter Innenarchitektur. Dieses mit zwei ganz verschiedenen Längsfronten ausgestattete und die Einwohner dadurch zusätzlich verwirrende Meisterwerk setzt sich zu dem vorgegebenen Ambiente in ein Verhältnis kontrastierender Bezüglichkeit; kein Altes wurde hier geheilt (das Alte war bis auf Bürgersteige und Straßenkanten seit langem verschwunden), sondern ein Neues akzentuierend vervollständigt.

Wiederaufbau ist in der zweiten Phase der seit 1960 westeuropäische Muster abwandelnden DDR-Architektur oft als ein vollständiger Neubau vollzogen worden, in offener, riesige Leerflächen weiträumig besetzender Bauweise; von „konstruktivistischen Gesamtkunstwerken“ hat Dieter Bartetzko im Blick auf das östliche Berlin einmal gesprochen. Wenn solche Großkompositionen, die in Paris nur am Rande, wie in dem Viertel La Défense, Raum fanden, in das Innere der Städte vordrangen, wie das in Dresden, Chemnitz, Magdeburg, Berlin geschah, gerieten sie durch die ihnen innewohnende Tendenz zur Entflechtung urbaner Funktionen in einen prinzipiellen Gegensatz zu der Idee der Stadt als eines zu

Fuß durchmeßbaren hochdifferenten Verdichtungs-, Beziehungs- und Anschauungsraums. Schon die der ersten Periode entsprungene Berliner Stalin- alias Karl-Marx-Allee, die auf der Grundlage des staatlichen Bodenmonopols das Paradigma des Haussmannschen Boulevards mit der moskowitischen Konzeption des Wohnpalasts verschmolz, war mit den übergroßen Entfernungen geschlagen, die dem Besucher der Läden, Restaurants, Cafés auferlegt waren. Dissoziativ gesteigert traf das auf jene Anlagen zu, die in den sechziger Jahren von den Reißbrettern sprangen, keineswegs nur in östlicher Sphäre. Während man sich im westlichen Berlin am Ernst-Reuter-Platz oder auf dem Scharounschen Kultur-Campus ermüdend verlief, taugte im Osten der von demselben Raumbegriff gezeichnete neue Alexanderplatz als eine Thingstätte von einiger Ausdehnung im November 1989 immerhin zu einer staatsaushebenden Großdemonstration.

In Dresden hatte man bald nach dem Krieg punktuell, aber wirkungsvoll mit dem Wiederaufbau der weitgehend, doch nicht völlig zerstörten Prager Straße nach dem Maß des Vorhandenen und Bewährten begonnen und dann, in veränderter machtpolitischer Situation, die Ruinen mitsamt dem Wiedererstandenen abreißen lassen, um Raum für einen einheitlich konzipierten Prachtboulevard zu schaffen, der nicht zustande kam; stattdessen wurde ein stadtwidrig vergrößerter Altmarkt mit den Wohnbauten einer stilistisch sensiblen Früh-Postmoderne umfaßt. Wie unter der Ägide der Einheitspartei zu dieser Zeit verschiedene Stadtbegriffe miteinander rangen, zeigte sich Anfang der sechziger Jahre an dem mit einfachen architektonischen Mitteln wiedergewonnenen Verdichtungsraum zwischen der Kreuzkirche und der jetzigen Wilsdruffer Straße, die damals Ernst-Thälmann-, früher König-Johann- und zwischendurch einfach Johannstraße hieß. Im Abstand weniger Jahre folgte das städtebauliche Dementi in Gestalt der gigantischen Wohnmaschine entlang einer völlig neu angelegten Prager Straße und der Punkthochhäuser an der Grunaer Straße, deren zusammenhängend bebaute Nordseite der sinnvoll proportionierten Blockbebauung der fünfziger Jahre einst den sparsam akzentuierenden Abschluß gegeben hatte. Maß und Gliederung dieser Blöcke ließen ein illustres Vorbild erkennen: Pöppelmanns bürgerliche Wohnhäuser nahe dem Japanischen Palais.

Nicht die Idee der Stadt, sondern des Parks, eines Wohn-Parks, war bei den Monumentalkreationen der sechziger Jahre bestimmend. Lag ihre positive Wurzel bei den stadtflüchtigen Tendenzen der späten Aufklärung, so die negative bei den Elendsquartieren innerstädtischen Altbauverfalls, von denen der Sachse Zille in Berlin ein allzu pittoreskes Bild gegeben hat. Das Hansaviertel im Berliner Tiergarten, dieser auf lange Sicht siegreiche Gegenentwurf zu Paulicks sozialistischer Boulevardkomposition im Stadtbezirk Friedrichshain, zeigte die

Parkdisposition dieser Baugesinnung wie in Reinkultur, und es wäre vollkommen stimmig, wenn nun auch das Scharounsche Kulturfeld, dem zum Forum die Mitte fehlte, durch umfassenden Baumbewuchs seinen Parkcharakter realisieren sollte.[71]

Auch diese im Kern ländlich empfundenen Großanlagen bilden eine eigene, bewahrenswerte Form. Sie zeigt sich nirgendwo besser als aus der Luft, vom Flugzeug oder vom Ballon aus; eine Kreation, in der diese ganze Ära gipfelte, der Berliner Fernsehturm, erscheint recht eigentlich auf den Anblick von Flugreisenden berechnet. Zu ebener Erde tut man diesen Gebilden kein Leids, wenn man ihnen, wie neuerdings an Dresdens Grunaer Straße geschehen, durch vorgelagerte Bauten jenes Verbindende hinzufügt, das ihnen zum städtischen Funktionieren fehlt, oder sie in der Weise ergänzt und verdichtet, wie dies am Nordende der Prager Straße gelungen ist. Dort fiel dem Großkino des Wiener Büros Coop Himmelblau eine ähnliche Rolle zu wie Behnischs Gymnasium in der Pirnaischen Vorstadt: die des eminenten Solitärs in einer höchst belebungsbedürftigen Umgebung. Was sich der vorgegebenen Fassung einsetzte, gleicht auch formal einem Brillanten und tut es auch insofern, als man, anders als bei Behnisch, das Bauwerk lieber betrachtet als betritt. Hier vollzog und vollzieht sich die Auffüllung überdehnter Strukturen, ein Zu-Ende-Bauen, das dem ursprünglichen Konzept keinen Eintrag tut, wenn es sich zuordnend zu ihm verhält, also jene Verdrängungsgeste gerade unterläßt, mit der die Planer der sechziger Jahre Raumverhältnisse, in denen sich die Wohnerfahrungen von Jahrhunderten verdichtet hatten, in die Vorgeschichte verwiesen.

Daß die Menschheit kraft der Moderne und deren Bruchs mit allen präindustriellen Vergangenheiten aus der Vor- in die eigentliche Geschichte, aus dem Reich der Notwendigkeit in das der Freiheit eintreten werde - diese das zu Ende gegangene Jahrhundert verwirrende, im Kern messianistische Vorstellung ist verflogen. Aber noch immer geht in gegenwärtiger Architektur die Vorstellung um, daß der technisch immer perfekter ausgerüstete Mensch der Gegenwart, der, statt in der Stadt zu flanieren, ihr mit dem Automobil zu entfliehen sucht, um im Grüngürtel spazierenzugehen oder im Speckgürtel Sammeleinkäufe zu tätigen, grundlegend andere Wohnansprüche stelle als die Stadtbewohner früherer Zeiten. Wäre es so, dann könnte, was sich heute Lofts nennt, nicht so beliebt und das Wohnen in Altbauten nicht so anziehend sein.

Wie falsch jene Rechnung ist, zeigt sich, wenn anhand einer erhaltenen, aber ganz vernachlässigten Bausubstanz einmal die Wiederherstellung eines sehr alten Wohnviertels auf dem Komfortniveau der Gegenwart gelingt, wie in dem barocken Quartier beiderseits der auf das Japanische Palais zulaufenden

Dresdner Königsstraße.[72] Wer hier wohnt, muß zum Einkaufen keine Autoreise antreten und sich nicht dem Zeitverderb jener Verkehrshölle ausliefern, zu der auch Dresden längst geworden ist; er muß, obschon ein nahegelegener Bahnhof günstige Voraussetzungen dazu bietet, auch nicht zum Spazierengehen aus der Stadt fahren: das zweihundertsiebzig Jahre alte Quartier selbst bietet ihm alles in unmittelbarer Nähe. Bienséance hieß das Zauberwort, dem sich die Anlage dieser Wohnzone einst fügte, man kann es als das Angemessene, das Wohlgeratene übersetzen - eine Losung, die jedes Zeitalter mit seiner Stimme wieder ausgeben kann.

Komfortbedürfnisse ändern sich, nicht der grundlegende Anspruch an überschaubar-kommunikative Wohnverhältnisse im Innern und nach außen. Wo eine am Menschen- statt am Automaß ausgerichtete Verdichtung und Intimisierung Raum greift, Raum gliedert, können Städte wieder zu Wohnorten werden, die ihre Einwohner an sich binden. Mit den Plattenbauten an der Ostseite jener Straße der Befreiung, die nun wieder Hauptstraße heißt, hat man diese Erkenntnis Ende der siebziger Jahre auf eine rein technologische Weise zu beherzigen versucht; sie mit zuständigen Mitteln, die keine luxuriösen sein müssen, zu realisieren, wird die Aufgabe der Zukunft sein. Von Heilung unserer von Bomberschwärmen und Flächenabräumern doppelt getroffenen Städte wird auch dann nicht die Rede sein müssen, aber von ihrer Gesundung vielleicht doch. Gelängen solche Lösungen mit den Mitteln zeitgenössischer Baukunst auf eine für Mieter und Vermieter erschwingliche Weise, dann könnte sogar von Gesundung der Architektur gesprochen werden. Daß diese die Gesundung einer an Überfluß und Mangel zugleich erkrankten Gesellschaft voraussetzt, ist die eine, daß sie diese Gesundung befördern könnte, die andere Seite einer Medaille, welche immer wieder neu geprägt wird.

2000

Stadterhaltung als Kulturaufgabe

Zum städtebaulichen Denkmalschutz[73]

Der Schuß in die Uhr

Ist nicht schon alles gesagt und von berufenen Fachleuten? Wenn ich dem noch etwas hinzufügen soll – wo soll ich anfangen? Und wo enden? Wenn man auf diesem Feld, dem des städtebaulichen Denkmalschutzes, erst einmal angefangen hat zu reden, ist die Gefahr groß, nicht so bald wieder aufhören zu können.

Vielleicht sollte ich bei mir selbst anfangen, bei der frühen Einweihung in die Bedeutung, die Bedachtheit des alten Städtebaus, die mir als Zwanzigjährigem durch das großartige Buch von Wolfgang Rauda zuteil wurde: *Lebendige städtebauliche Raumbildung*, mit dem Untertitel *Asymmetrie und Rhythmus in der deutschen Stadt*. Es führte den akribischen Nachweis und tat dies in neunzehn jener mittel- und norddeutschen Städte, denen auch die heute scheidende Expertengruppe über viele Jahre hin eine konzentrierte Aufmerksamkeit gewidmet hat, – den Nachweis, daß die Krümmen und Verwinklungen der Straßenführung im mittelalterlichen Stadtbild nicht das Ergebnis von Willkür und Zufall gewesen waren, sondern einem genauen stadtbaulichen Bedacht entsprangen, der nicht nur zwei- und dreidimensional, sondern, durch Einbeziehung des gehend schauenden Stadtbewohners, gewissermaßen vierdimensional gedacht war.

Dieses Buch konnte 1957 in der DDR erscheinen, beherzigt werden konnte es dort so wenig wie in der deutschen Westrepublik, in die Rauda, verzweifelt über die sich gerade auch beim Aufbau seiner Heimatstadt Dresden anbahnenden Planungsfehler, sein Wirken verlagerte. Er hatte nachgewiesen, in welchem Maß der Dresdner Altmarkt in seiner überlieferten Gestalt ein stadtbauliches Kunstwerk der Zuordnung, der Raum- und Bilderfahrung war, aber die Dresdner Stadtgewaltigen wollten kein Kunstwerk, sondern einen Aufmarschplatz; indem sie antibürgerlich dachten, dachten sie widerstädtisch. Wäre Rauda damals in Frankfurt am Main zu Hause gewesen, hätte er auf dem Römer den entsprechenden Vorgang, allerdings mit viel schwächerer Randbebauung, erlebt. Die beiden deutschen Teilstaaten waren einander ähnlicher, als sie wissen wollten.

Bei mir selbst anfangen – das könnte ich auch durch das Aufschlagen eines kürzlich erschienenen Bandes mit gesammelten Gedichten, *Meldungen vom Tage* überschrieben. Zu diesen Meldungen aus vergangenen Tagen gehören auch Verse, die ich im Februar 1984 nach einem Streifzug durch das Leipziger Verlagsviertel schrieb, ein östlich vom Zentrum gelegenes Viertel von großartiger Opulenz eines gründerzeitlichen Städtebaus – oder sollte man besser Stadtbau sagen? „Gutta cavat lapidem“ stand über diesen Versen:

Die schönen Häuser mit den karminroten
Wänden aus Klinkern den Brüstungen
Aus gelbem Sandstein sind
Unbrauchbar geworden sie werden
Weggeschafft Vor vierzig Jahren in einer
Stunde die Bomben schafftens In dreißig Jahren
Durch das sich öffnende Dach der Regen
Schafft es Steter Tropfen du gleichest
Der Bombe offenes Dach du schaffst
Ganze Straßen

Zwei Jahre später sah ich mich in Halle um und war entsetzt von dem, was dort, in einer kriegsverschonten Innenstadt, an Substanzverfall zu besichtigen war. Von den zwei Gedichten, die damals entstanden, lese ich Ihnen das kürzere, das auf einen späten Text von Walter Benjamin anspielt, es heißt „Erwägung“:

Revolution – des Weltprozesses Lokomotive
Oder der Schuß in die Uhr? Vormals der Denker erwogs.
Wo unter bleischwerem Himmel vier graue Fäuste sich ballen
Und um die Waden Georgs bröckelnd sich breitet die Stadt,
Dort, in schwärzlichen Gassen, vor ausgefallenen Häusern
(Hell malt den Schatten die Wand), fand ich betrachtsam es aus.

Revolution als Schuß in die Uhr? Benjamin überliefert dazu eine Geschichte aus der Pariser Juli-Revolution von 1830, als am Abend des ersten Kampftags an mehreren Stellen der Stadt unabhängig voneinander „nach den Turmuhren geschossen wurde“.[74] Oder Revolution als Lokomotive der Weltgeschichte? „Marx sagt“, so lautet Benjamins Notiz, „die Revolutionen sind die Lokomotiven der Weltgeschichte. Aber vielleicht ist dem gänzlich anders. Vielleicht sind die Revolutionen der Griff des in diesem Zuge reisenden Menschengeschlechts nach der Notbremse.“[75]

Beide Bestimmungen schließen einander nicht aus, sie bezeichnen das Janusgesicht aller Revolutionen. Jede gelingende Gesellschafts- und Staatsumwälzung beendet eine Epoche, sie ist der Schuß in die Uhr bestehender Machtverhältnisse, der unhaltbar gewordene Verhältnisse zum Stehen bringt, in einer Weise, daß, nach dem Durchmessen einer Zeitspanne, in der die Geschichte den Atem anhält, mit neuen Verhältnissen neue Kräfte freigesetzt werden – für wie lange? Bis abermals ein Sich-Festfahren, Heiß-Laufen, Aussichtslos-Werden des gegebenen Zustands eintritt, der durch den revolutionären Schuß in den zentralen Zeitnehmer nur besiegelt wird, durch das Aufbegehren derer, die sich im Stillstand gefangen sehen. Denn der Schuß in die Uhr kann nur treffen, wenn die Uhr schon vorher immer langsamer geworden und das Bewußtsein des Nachgehens sowohl bei den beherrschten wie bei den herrschenden Kräften angekommen ist. Eine treffsichere Formel für diesen in der DDR eingetretenen Zustand gab Kurt Biedenkopf im Juni 1990 an der Mittagstafel einer deutsch-deutschen Kulturkonferenz, diese Formel war fern allem mediengerechten Moralisieren und lautete: „Gesellschaften, die sich nicht mehr entwickeln, zerfallen.“[76]

Dieses Zerfallen wurde beim Anblick der alten Innenstädte körperlich spürbar; insofern beschrieben jene Verse einen vorrevolutionären Zustand. Es war ein welthistorisches Spezifikum der DDR-Revolution, daß städtebauliche Vernachlässigung zum revolutionären Moment, zur Triebkraft der Umwälzung wurde. Jene Halle-Elegie zieht ihre Pointe daraus, daß die SED ihren Machtanspruch von jeher aus der Marxschen Bestimmung abgeleitet hatte: Herrschaft der organisierten Arbeiterklasse als Lokomotive des Fortschritts. Nun zeigte sich deren wahres Gesicht: der gesellschaftliche Stillstand. Aber auch der hatte ein Doppelgesicht, seine andere Seite hieß: Bewahrung. Nur in wenigen Großstädten hatten die Kräfte dazu ausgereicht, jene Stadtverwüstung zu betreiben, die von Anfang an im Wesen der Moderne gelegen hatte; mannigfachen Einschränkungen unterliegend, hatte man sich flächenöffnende Abrisse nur partiell leisten können.

So sahen sich Einwohner und Zureisende, Denkmalschützer, Architekten und Politiker 1990 einer zwar kolossal ramponierten, aber doch noch vorhandenen und darum erneuerbaren historischen Substanz gegenüber. Die deutsche Teilung hatte lange genug gedauert, um im Westen ein neues, durch die manifest gewordenen Irrtümer der Moderne belehrtes Stadtbewußtsein zu bewirken, und sie hatte nicht so lange gedauert, daß der Verfall der DDR-Städte irreversibel geworden wäre. Städtebaulich gesehen traf die deutsche Vereinigung auf Kairos, den rechten Moment. Daß er erkannt und ergriffen wurde, ist nicht zuletzt das Verdienst derer, die in den von mehreren Bauministern berufenen Expertengruppen, im Bundesbauministerium selbst und an vielen andern Stellen für den städtebaulichen Denkmalschutz gearbeitet haben. Die Erfolgsgeschichte, auf die dieses Programm zurückblicken kann, ist imponierend; wir alle sind die Nutznießer.

Kulturerbe

Aber ist nicht auch Denkmalschutz, Denkmalpflege eine – allerdings planmäßige, anti-entropische – Form des Stillstands, der Stillstellung, das Bewahren von Formen, von Strukturen, die dem natürlichen Zerfall entrissen werden, jenem Destruktionsprozeß, der Raum für das Neue schafft, indem er Altes zerrüttet? In den Begriff der Denkmalpflege eingesenkt ist das *Problem des Fortschritts* in Kultur und Gesellschaft, die In-Frage-Stellung jenes linearen Fortschrittsbegriffs, der die Menschheit auf einem nicht geradlinigen, aber doch folgerichtigen Weg in eine Zukunft begriffen sieht, in der ausgleichende Vernunft, Wohlstand und ein Maß an persönlicher, geistiger und ökonomischer Freiheit die Verhältnisse menschlichen Zusammenlebens bestimmen. Es war die Fragwürdigkeit *dieser* Vorstellung, was den vor Hitlers Heeren fliehenden Berliner Kulturphilosophen vor allem bewegte. Benjamin charakterisiert sie als „sozialdemokratisch" und die mit ihr verknüpfte Idealisierung der Arbeit als „vulgärmarxistisch". Ein falscher Begriff von Arbeit, schreibt er, wolle „nur die Fortschritte der Naturbeherrschung, nicht die Rückschritte der Gesellschaft wahrhaben". „Die Arbeit, wie sie nunmehr verstanden wird", laufe „auf die Ausbeutung der Natur hinaus, welche man mit naiver Genugtuung der Ausbeutung des Proletariats gegenüberstellt": „Zu dem korrumpierten Begriff von Arbeit gehört als sein Komplement die Natur, welche ... ‚gratis da ist'."[77]

Entferne ich mich vom städtebaulichen Denkmalschutz? Ich bin mitten bei ihm, nämlich bei seinen geistigen Grundlagen, die wir leicht aus dem Auge verlieren, da wir sie gleichsam verinnerlicht haben und andern gegenüber wie axiomatisch voraussetzen. Mit Recht verweist Benjamin auf den katastrophenträchtigen Leichtsinn einer Geschichtsauffassung, die die Menschheit auf einem kontinuierlichen Fortschrittspfad begriffen glaubt. Solche Trugschlüsse sind uns nach 1990 gerade von *nicht*sozialdemokratischer Seite mit einer Art Unbedingtheitsanspruch entgegengetreten. Das liberalistische Gesellschaftsmodell erschien in der Glorie einer Siegesgewißheit, die sich ihres eigenen Utopismus nicht bewußt war, als sie die Utopie schlechthin verabschieden zu können glaubte: sie sah sich selbst als die Erfüllung der Utopien. Solche Selbstgerechtigkeit hat die verhängnisvolle Folge, Gefahrenmomente zu ignorieren, die auf der Hand lagen und mit Machtgebot übergangen wurden. Was dann eintritt, ist die Selbstdekonstruktion der autosuggestiv als Ziel der Geschichte behaupteten Ordnung qua Unordnung. Wir stehen mitten in ihr.

In Benjamins Thesen, deren häufig zitiertes Bild vom rückwärts blickenden, vorwärts fliegenden *Engel der Geschichte* in verzweifelter Korrespondenz zu der totalen Aussichtslosigkeit eines konträren, nämlich des faschistischen Weltbilds steht, ist über den begründeten Zweifel an einem mechanisch-linearen Fortschrittsbegriff hinaus für unsere Sache wenig zu gewinnen. Benjamins kritisch-nah verbundener Antipode war Ernst Bloch, dessen dem Begriff der Hoffnung verschworenes Denken in den Hinterlassenschaften vergangener Kulturen Vorzeichen einer künftigen Befreiung des menschlichen Daseins zu der Fülle seiner Möglichkeiten erblickte, Indizien eines im Menschen angelegten Reichtums, der in den Werken der Kunst – aller Künste, auch der Architektur – einen Vorschein erreichbarer Zukunft geschaffen habe, den ins Wirkliche zu setzen es des revolutionären Durchbruchs zu einer von Profitgier befreiten Gesellschaft bedürfe.

Was sich hier auf philosophischer Höhe und mit einem die herrschenden Mächte irritierenden Anspruch artikulierte, war die Idee des Kulturerbes. Sie ist dem Prinzip des Denkmalschutzes, der Denkmalpflege eingesenkt, ohne daß diese sie, wenn ich recht sehe, theoretisch ausgebaut hätte – die Vorstellung, daß gesellschaftliche Verhältnisse, die uns als rückständig erscheinen, kulturelle Leistungen hervorgebracht haben, die mit dem Verschwinden ihrer Bedingungen, mit deren Überholt-Werden durch technischen und sozialen Fortschritt, an Wert nicht verlieren, sondern sogar noch gewinnen, dergestalt daß wir sie als ein uns aufgegebenes und uns substantiell bereicherndes Erbe ansehen können und müssen. Der Begriff des Kulturerbes, dessen Herkunft ich nicht zuverlässig habe eruieren können, ist in den westdeutschen Sprachgebrauch erst auf dem Weg über die UNESCO, als Übersetzung von „world cultural heritage“, eingedrungen. In der DDR war es ein geläufiger, nicht selten dogmatisierter, dennoch umfassend fruchtbarer Begriff, auch weil man die dogmatischen Verengungen in Frage stellen und schließlich aufbrechen konnte, ähnlich wie erst das späte 19. Jahrhundert das Tabu durchbrach, das lange Zeit über dem Barock gelegen hatte. Die junge, noch auf dem Weg der Durchsetzung begriffene bürgerliche Kultur, Goethe an der Spitze, hatte über dieses Erbe den Bann einer Identifizierung mit dem obsoleten Feudalregime verhängt.

Daß dem Begriff des kulturellen Erbes jenseits der Frage, welche Erbschaft man antreten will und welche nicht, eine betrachtenswerte Paradoxie innewohnt, hat schon Karl Marx bemerkt. „Die Schwierigkeit“, notiert er im Jahre 1857, liege „nicht darin, zu verstehn, daß griechische Kunst und Epos an gewisse gesellschaftliche Entwicklungsformen geknüpft sind. Die Schwierigkeit ist, daß sie für uns noch Kunstgenuß gewähren und in gewisser Beziehung als Norm und unerreichbare Muster gelten."[78] Vor dreißig Jahren hat mich dieses von Marx nicht weiter behandelte Phänomen und das in ihm verborgene Problem des Kulturfortschritts zu einer ausgedehnten, in der DDR erst ganz zum Schluß druckbaren Abhandlung angeregt, die in die Vorstellung eines universellen Repertoires mündete, in dem die Menschheit ihre Möglichkeiten als in einem Gestaltenreich niederlegt, das das Nacheinander der Kulturen in das Neben- und Beieinander eines nutzbaren Erbes verwandelt. „Die Kunst lehrt uns", schrieb ich damals, „die geschichtlichen Gestaltungen des gesellschaftlichen Lebens als souveräne Lösungen der Aufgabe zu begreifen, die der Mensch sich bedeutet – Lösungen, die auf einsinnig fortschreitenden Produktionskapazitäten aufbauen, die aber in ihrer Qualität nicht von deren Entfaltungsgrad abhängen, sondern diesen zu einem Moment *ihrer* Qualität machen. Jener einsinnige Fortschrittsbegriff, den die Entfaltung der Naturbeherrschung und der materiellen Produktion bietet, erlischt an der Unveraltbarkeit der Kunst." Zum Schluß hieß es: „In einigen großen Werken nimmt der Reichtum des Menschlichen mächtige, umfassende Kunstgestalt an. Seine andere Form ist die Fülle des einzelnen, und noch der kleinste Edelstein ... ist unentbehrlich in jener Schatzhöhle, aus der der Menschheit alles, was sie in ihrem geschichtlichen Lauf hinter sich gelassen hat, in lebendigem Glanz entgegenleuchtet, wenn der suchende Schein von Aladins Lampe darauf fällt."[79]

Der Denkmalschutz ist eine solche Wunderlampe in der großen Schatzhöhle der Menschheit, gerade auch der städtebauliche Denkmalschutz, dem die Arbeit der Expertengruppe, die wir heute verabschieden, im Bund mit dem Bunde und vielen andern Instanzen und Personen gegolten hat. Worum es nach der deutschen demokratischen Revolution ging, war ein nationales Aufbauwerk großen Stils, und das Bewußtsein davon prägte die erste Verlautbarung der frischberufenen Gruppe, die Neuruppiner Erklärung von 1991. „Allein dreißig Städte", konstatierte sie, „haben geschlossene mittelalterliche Stadtkerne von internationalem Rang, etwa zweihundert weitere haben zumindest städtebauliche Teilbereiche mit nationalem Denkmalwert. Dieses einmalige Kulturgut vor dem völligen Verfall zu retten, schrittweise zu erneuern und gleichzeitig eine moderne Infrastruktur zu entwickeln ist eine nationale Aufgabe von hohem Rang." Versteht sich: die nationale Bedeutung der Aufgabe implizierte ihre europäische, ja weltkulturelle Dimension, schon deshalb, weil die deutsche Stadtbaukunst seit ältesten Zeiten in engem Konnex mit der europäischen Entwicklung gestanden hatte.

Das Repertoire, das uns im Blick auf das Gesamt der Überlieferung vor Augen tritt, nimmt in verschiedenen Genres verschiedene Gestalt an. Es zeigt sich, Literatur und bildende Kunst betreffend, in öffentlichen und privaten Sammlungen und Bibliotheken, es zeigt sich auf dem Feld der Musik im Konzert und im Radio, an Schallplatte und Schallstift, auch Stick genannt. Architektonisch-städtebaulich erscheint es in Gestalt der überlieferten Bauten und städtischen Strukturen nicht in musealer Entrücktheit oder privater Vereinzelung, sondern in direktem Kontakt zur alltäglichen Realität, als ein Maßstab der Gegenwart, der jederzeit zur Hand ist.

Die Verwandtschaft von Architektur und Musik hat Goethe bezeichnet, als er in einer späten Notiz von der „Baukunst als einer erstarrten Musik" und der „Architektur als einer verstummten Tonkunst" sprach. Diese Verwandtschaft zeigt sich auch auf dem Feld der Repertoirebildung; wie sich in den Konzert- und den Radioprogrammen unserer Zeit Ältestes mit Neuem zu fruchtbarer Spannung verbindet, so bilden die alten Städte, wenn sie unter dem Schutz bürgerschaftlichen Engagements, kommunaler Hilfe und fachkundiger Beratung standen und stehen, jene Koexistenz der Formen, der Gebilde aus, die gern mit dem Begriff der kulturellen Identität verknüpft wird. Dem Begriff der Identität habe ich immer den der Eigenart vorgezogen; von Unverwechselbarkeit, Einzigartigkeit des Überkommenen spricht die Dresdner Erklärung von 2001.

Symmetrien der Maßlosigkeit

Ich habe die Wirkungen des Programms, das in dieser Erklärung umrissen war und nicht auf dem Papier blieb, mit Bewunderung und Dankbarkeit wahrgenommen, nicht nur an vielen wertvollen Einzelbauwerken, sondern gerade auch in der städtebaulichen Orientierung: der praktizierten Erkenntnis, daß nicht nur das einzelne Bauwerk ein erhaltens- und erneuernswertes Erbe bildet, sondern auch und in besonderem Maß die Ensemblebildung, die hergebrachte und über Jahrhunderte bewährte und fortgebildete städtebauliche Komposition. Denkmalpflege als Erhaltung des bedeutenden Einzelbaus – das vertrug sich in gewissem Umfang mit dem Solitär-Denken der modernen Architektur, mit ihrer Vorliebe für das freistehende Einzelbauwerk, dessen Singularität durch nachbarschaftliche Einbindung möglichst wenig beeinträchtigt werden sollte, mit dieser unseligen, eigentlich aberwitzigen Haltung, Architektur nicht als angewandte, sondern gleichsam als freiplastische, vor allem sich selbst statt Funktionen und Bezügen verpflichtete Kunst zu denken.

Man sehe nur, wie die Berliner Marienkirche, dieses freigestellte, aller räumlichen Einbindung entsetzte denkmalpflegerische Einzelobjekt, sich zu dem Berliner Fernsehturm verhält, dieser offensiven Leugnung stadträumlicher Bezüglichkeit. Ich habe in späteren DDR-Zeiten einmal den Finger auf die Korrespondenz jener beiden ausgreifenden Lineararchitekturen der Ulbricht-Ära gelegt: Fernsehturm und Grenzmauer als eine formale Einheit, die eine Art Perversionstravestie der mittelalterlichen Stadt in ihrer Doppelgestalt aus Stadtmauer und Kirchturm vorstellte. Die unter dem Turmmonster verzwergende gotische Kirche diente wie zur Demonstration der Überlegenheit einer technizistischen Ordnung, die sich über Radio- und Fernsehsendungen definierte. „Völker, hört die Signale!" war die Losung, mit der Hermann Henselmann den Turm ideologisch untermauert hatte.

Nach 1990, als es die neue Freiheit auch zur Einmischung in Fragen der Stadtplanung zu nutzen galt (in Volker Hassemers Stadtforum fand ich damals einen Platz auf der Bank der Zwischenrufer), habe ich mich bei den jüngeren Berlinern nicht eben beliebt gemacht mit der Forderung, das Monstrum zu versetzen; die mit seinem Anblick großgeworden waren, tendierten dazu, sich mit ihm zu identifizieren. Aber dieser Riesenpfahl ist nur von weitem genießbar; er ist eine anhaltende Belastung bei dem Bemühen, der vormals dicht besiedelten Gegend zwischen Spreearm und Bahnhof wieder urbane Kohärenz zu geben. Er ist wie zum Mahnmal der Verfehlung dessen geworden, was Sie auf die Fahne Ihres Wirkens geschrieben haben: den städtebaulichen Denkmalschutz. Mahnmal in einem ganz unmittelbaren Sinn, denn die an dieser Stelle monumentalistisch in Szene gesetzte Stadtverleugnung hat inzwischen selbst Denkmalcharakter angenommen; sie ist, horribile dictu, selbst schützenswert geworden.

Was sie unüberbietbar demonstriert, ist die Hybris einer durchaus systemübergreifenden Moderne. Ihre Gefahren, ihre Herrschsucht sind nicht vorüber; wenn es nach bestimmten westberlinischen Vorstellungen ginge, würde das neue Riesenrad am Bahnhof Zoo *mindestens* so hoch wie der Fernsehturm. Es soll immerhin 175 Meter hoch werden – die Affen im Zoo werden sich wundern.[80] Das Verrückte ist: es gibt in Berlin bereits ein – allerdings nur 43 Meter hohes – Riesenrad und an völlig zuträglicher Stelle, in einem spreenahen Parkgelände; wegen Betreiberkonkurses ist es seit zehn Jahren stillgelegt. Hier wäre die rechte Stelle für ein solches stadtsprengendes Extrembauwerk – sie ist für das neue Superrad nicht einmal in Betracht gezogen worden. Es ist, als ob Walter Ulbricht immer noch im Rat säße. Und der war ja, genau besehen, auch nichts anderes als der ideologisch ambitionierte Chef eines territorial umschränkten Megakonzerns mit hypertrophierendem Betriebsschutz.

Die Fehler, die in Ost und West unter ganz verschiedenem politischen Vorzeichen begangen wurden, waren seit 1960, als die DDR angesichts neuer Technologien die Eierschalen einer sowjetisch inspirierten, aber eigenständig abgewandelten Postmoderne abgeschüttelt hatte, so symmetrisch, daß wir einige

Mühe hätten, wenn wir die Differenz der Systeme an ihren städtebaulichen Hervorbringungen ablesen wollten. Hier wie dort, obschon im Osten mit anderm Grundstücksrecht: die Tendenz zum gewalttätigen Zerreißen urbaner Zusammenhänge, die strukturelle Priorität automobiler statt pedestrischer Fortbewegung, ein Höhendrang als Indiz eines technizistischen Machtwahns, der sich mit abstrakten sozialreformerischen Vorstellungen verband. Hier wie dort hingen die Architekten der Vorstellung einer rationalistischen Neukonstruktion des gesellschaftlichen Daseins in allen seinen Gestalten an; es ging um die Zerreißung eines geschichtlichen Zusammenhangs, den man als verhängnishaft erfahren hatte. Konstruktivismus ist der übergreifende Begriff für diese Haltung, die der glich, mit der der Rationalismus des späten 18. Jahrhunderts vor und in der Französischen Revolution auf den Plan getreten war, auch auf dem Feld der Architektur, allerdings gezügelt durch ästhetische Kompetenz und das Angewiesen-Sein auf die herkömmlichen Bautechniken.

Beide Sicherungen waren im späteren 20. Jahrhundert durchgebrannt. So konnte ein Konstruktivismus Raum greifen, der im Osten primär sozialer Konstruktivismus war, eine Neukonstruktion der *Gesellschaft* aus dem Geist der Moderne, und sich eben deshalb ästhetisch regressiv verhielt; wenn man die Gesellschaft vollkommen umbaut, kann man nicht gleichzeitig eine avantgardistische Ästhetik betreiben. Im Westen war es umgekehrt: hier blieb die alte Gesellschaft mit ihren Besitzverhältnissen, ihren Klassenunterschieden bestehen; zum Ausgleich gewann der ästhetische, architektonische, städtebauliche Konstruktivismus freie Bahn. Dann schloß der Osten auf dem letzteren Feld auf (in den Künsten dauerte es länger als in der Architektur), und bald stand man vor so verwandten städtebaulichen Figurationen wie dem Ernst-Reuter- und dem Alexanderplatz. Sie sind sich so ähnlich wie die Schlösser von Schönbrunn und Charlottenburg, deren Bauherrn – der reformierte Hohenzoller und die katholische Habsburgerin – ja auch in verschiedenen weltanschaulichen Lagern standen. Wenn sie nur annähernd so schön wären!

Sagte ich schön? Aber das ist ein unzulässiges Wort! Das Schöne, Wohlgeratene, Harmonisch-Menschengerechte steht in dem Geruch, eine heile Welt vorzugaukeln. Doch jene soziale Welt, deren städtebauliche und baukünstlerische Hinterlassenschaft von der Idee des Schönen, Stimmigen, Bezüglichen auf sich immer wieder neu bestimmende Weise geprägt ist, war nichts weniger als eine heile Welt. Ihre Bewohner würden *unsere* Welt mit ihren Sicherungen, ihrer Egalität, ihrem technischen und sozialen Komfort im Verhältnis zu der ihrigen als eine sehr geheilte empfinden und um so befremdeter sein, wie sehr sie ästhetisch der Idee des Disharmonischen und Beziehungslosen verpflichtet ist. Ist sie es als ein *Gegengewicht* gegenüber ihren immanenten Sicherungen, als eine Imagination jener Kältewelt, vor der man sich mit Mitteln der Technik sichergestellt hat? Das wäre ein dialektischer Erklärungsgrund. Es gibt noch andere, und ich denke an jenes *Atelier Neumarkt* vor acht Jahren in Dresden, das eine Art städtebaulicher Wettbewerb für die Umbauung der Frauenkirche war. Es ist mir unvergeßlich, wie der damalige Chefredakteur der *deutschen bauzeitung* auf diesem Forum erklärte, die für diese empfindliche Zone mit Bedacht entworfene Gestaltungssatzung sei, recht besehen, grundgesetzwidrig, da sie die künstlerische Freiheit beschränke. Das war ein Einwand aus demselben Geist, wie er die globale Finanzwirtschaft in eine unabsehbare Krise gestürzt hat. Wenn sich der Individualismus absolut setzt, wird er destruktiv; dasselbe gilt von seinem Gegenteil, dem Kollektivismus. Das sind Binsenwahrheiten; um so rätselhafter, wie weit es ihre Verleugnung jeweils brachte.

Konditoren und Puristen

Versteht sich: neue Techniken des Bauens, neue Gewohnheiten des Sehens bringen eine neue Ästhetik hervor, versehen mit eigenen Rechten, eigenen Leistungen und spezifischen Defiziten. Zu ihren zentralen Defiziten gehört ihre Ornamentlosigkeit. Sieht man genauer hin, so entpuppt sie sich allerdings als Schein: die Architektur unserer Zeit hat durchaus eine eigene Ornamentik; das wird leicht übersehen, da sich deren Formen in Dimensionen von archaischer Monumentalität äußern. Man sehe nur die Rundbogenfenster an den Seiten von Schultes' Kanzleramt oder das riesige Kreisrund an Braunfels' Berliner Parlamentsbibliothek! Es sind ornamentale Konzeptionen; sie müssen aber, um sich realisieren zu können, mindestens fünf Meter im Durchmesser haben. Blickt man von der S-Bahn auf die Fassade der neuen Berliner Universitätsbibliothek mit ihren wechselnd rhythmisierten Glasschlitzen, ein Bücherbehältnis auf der ästhetischen Höhe der Zeit, dann ist nicht zu übersehen, daß auch dies eine ornamentale Konzeption ist. Auf andere Weise gilt dies auch von I. M. Peis gläsernem Treppenturm an seinem Ausstellungsgebäude hinter dem alten Zeughaus.

Was die Architektur unserer Zeit *nicht* vermag, ist das eigentliche, das kleinteilige Ornament; es ist ihr aus technologisch-ästhetischen Gründen untersagt. Damit ist eine kulturelle Überlieferung abgebrochen, die die Menschheit von den Anfängen ihrer Seßhaftigkeit an begleitet hat. Von der steinzeitlichen Keramik bis zu den florealen Bildungen jenes Jugendstils, der der Altersstil des bürgerlichen Zeitalters war, ist das Ornament ein Grundbedürfnis des im Verbund produzierenden Menschen gewesen; es ist unverzichtbar auch für das kulturelle

Bedürfnis der Gegenwart. Denkmalschutz und Denkmalpflege sichern es architektonisch, wo Verfall oder Renditegier es zu verderben drohen. Ist es erneuerbar auch in jenem weitergehenden Sinn, der uns derzeit an einer sensiblen städtebaulichen Stelle, auf dem Dresdner Neumarkt, begegnet und in absehbarer Zeit an einer anders zentralen Örtlichkeit, bei der Errichtung jenes neuen Palastes der Republik, der kein Schloß, aber ein Humboldt-Forum sein wird? Das ist das Problem der Iteration, also der Wiederholbarkeit bedeutender alter Architektur an authentischer städtebaulicher Stelle; es ist, gerade auch unter Denkmalpflegern, umstritten. Sie berufen sich manchmal auf die Maximen einer Denkmalschutzära, die es nicht mit ihres historischen Bestands beraubten Innenstädten zu tun hatte, sondern in unversehrten Städten gegen den ausufernden architektonischen Hang zu historistischer Einfühlung anging. Diese Maximen sind seit dem Bombenkrieg des 20. Jahrhunderts selbst historisch geworden. Es macht keinen Sinn, einen alten Stadtgrundriß wiederherzustellen, weil man ihn als sinnvoll und bewährt erkannt hat, und gleichzeitig die Iteration alter Bauwerke nach Volumen und Fassade zu untersagen, wohl gar mit dem Argument, dann müsse man, wie bei der Frauenkirche, auch das Innere rekonstruieren. Es macht keinen Sinn, die Proportionen und die stadträumliche Position des Berliner Schlosses aus der Erwägung zu erneuern, daß die von Schlüter und Eosander realisierte Lösung sich, anders als der parallel zum Fluß gestellte Volkspalast, städtebaulich bewährt habe, und dem so erneuerten Bau dann eine moderne Fassade zu applizieren. Viele fanden, es sei stimmiger, wenn man die erneuerte Sandsteinornamentik statt auf Beton- auf gemauerte Ziegelwandungen auftrüge. Es stellt sich heraus: eben das wird geschehen.

Das Unmögliche fordern, um das Mögliche zu verhindern – es gibt einen spezifisch deutschen Hang zum Purismus, zur abstrakten Prinzipienfestigkeit; er besteht auf Kategorien, deren Unfruchtbarkeit zutage liegt, und steht dem Pragmatisch-Sinnvollen im Wege. Das in Berlin zwischen Zeughaus und Universität, zwischen Kronprinzenpalais und Kommode wiederhergestellte Forum Fridericianum – wir hätten es nie bekommen ohne den Entschluß zum Neubau *hinter* den wiederhergestellten Fronten. Eine der Ruinen war bereits abgetragen, als Richard Paulick, mit seiner alt-neuen Staatsoper das architektonische Genie dieser Forumswiederherstellung, mit der Ansicht durchdrang, daß man neben der wiedererstandenen Staatsoper kein *modernes* Café bauen könne. Er gab dem Innern des mit der alten Fassade neuerrichteten Palais eine zeitgenössische Einfachheit und Klarheit; einem Westberliner Großkonditor blieb es vorbehalten, diese vom Denkmalschutz preisgegebene Innenarchitektur durch Nostalgie-Applikationen zu ruinieren.

Schützen wir uns vor den Konditoren wie vor den Puristen! Wie unersetzlich eine städtebauliche Denkmalpflege auch dort ist, wo es – außer wertvollen Kellern – nichts mehr zu schützen, aber alles zu erneuern gilt, zeigt der Dresdner Neumarkt mit schöner Deutlichkeit; er ist ein Lehrstück nach zwei Seiten. Nach der einen Seite zeigt er, wie die Rekonstruktion des alten Grundrisses mit seiner kleinteiligen Parzellenstruktur auch und gerade der zeitgenössischen Architektur zugute kommt.[81] Sie zieht aus der vorgegebenen Eingrenzung deutliche Erfindungsvorteile; mit einer einzigen, allerdings schmerzhaften Ausnahme zeigen sich am Neumarkt zahlreiche interessante, zum Teil hochqualifizierte Fassadengestalten. Sie stehen im Wechselspiel mit den erneuerten alten, und auch an denen gibt es etwas zu lernen, zu beherzigen: wie wichtig nämlich die denkmalpflegerische und städtebauliche Kontrolle über die Qualität dieser Reproduktionen wäre. Natürlich: dazu müßten Planstellen geschaffen, Fachkräfte eingestellt, rechtliche Voraussetzungen geschaffen werden, und um das tun zu können, gälte es, das Prinzip des Maximalprofits außer Kraft zu setzen, das hier bei dem Verkauf stadteigener Grundstücke in Kraft war. Die Mitsprache des städtebaulichen Denkmalschutzes bei der Gestaltung unserer Städte ist für die alte wie für die neue Architektur unerläßlich.

Glück und Gefahr

Wenn ich in Dresden übernachte, wohne ich zumeist in einer Gegend, deren Wiederherstellung einem Triumph städtebaulichen Denkmalschutzes gleichkommt: in einem kleinen Hotel unweit der Königsstraße, dieser weithin erhaltenen Wohnstraße des mittleren 18. Jahrhunderts, die, zu DDR-Zeiten unter dem Grau der Jahrzehnte schier unkenntlich geworden, durch wohlberatene süddeutsche Investoren in einer Weise wiedererstand, die der Architektur der Gegenwart nach mehr als einer Seite auf die Sprünge helfen könnte, den Blick darauf öffnend, daß man schon vor dreihundert Jahren wußte, was der Stadtbewohner braucht, um sich innerhalb und außerhalb seiner Wohnung gut aufgehoben zu fühlen. Ein langgezogenes Eckgrundstück blieb hier lange unbesetzt, an dieser Stelle war jener Abriß erfolgt, von dem die andern Häuser verschont geblieben waren. Ein erfolgreiches Hotel baut hier jetzt ein neues Gebäude, das sich dem Maßstabsetzenden der Umgebung fühlsam angleicht, mit produktiver Demut an das Vorhandene anschließend.

Wenige Minuten davon entfernt befindet sich die Hauptstraße der Dresdner Neustadt, an der die Plattenbauarchitektur der achtziger Jahre sich eine respektable Mühe gab, der Maßhaltigkeit der auch hier erhaltenen und schon damals restaurierten alten Gebäude mit ihren bescheidenen Mitteln zu entsprechen. Man hat auf diesem Bestand aufgebaut und ihn nach innen und außen einfallsreich und sensibel modernisiert; das ist auf seine Weise so geglückt wie jener Hotelneubau an der Dreikönigskirche. Aber das sichtbare Gelingen ließ einen andern Eigentümer nicht ruhen, er war entschlossen, sich selbst ein Bein zu stellen, und wollte einen der alten Plattenbauten nicht erneuern, sondern abreißen, um Raum zu schaffen für das, was man in Architektenkreisen einen Kracher nennt: ein prismatisches Gebilde von der Hand des Großplastikers Libeskind. Der Bau an historisch bedeutender Stelle – dort stand einmal das barocke Rathaus der Neustadt – ist Dresden erspart geblieben; stattdessen blickt man nun auf eine einfallslos-trockene, kalt konturierte Mietwohnungszeile.

Was hier geplant war und was gebaut wurde – beides zeigt von der enormen kulturellen Desorientierung, die im Städtebau unserer Tage immer noch im Schwange ist. Die scheidende Expertengruppe ist nach Kräften wider sie angegangen, die neue wird es fortan tun. Daß ihre Arbeit nach zwei Jahrzehnten östlichen Wiederaufbaus in den Westen des vereinigten Vaterlandes ausgreift, ist plausibel; die Widerstände werden hier nicht geringer sein. Wenn sie sich drohend auftürmen, dann können Sie die Verse zücken, die der alte Goethe einer Zeichnung hinzufügte, die vor einem Gewitterhimmel einen beschildeten Arm über einem aufgeschlagenen Buch zeigte (ich denke mir, es war ein Lehrbuch des Städtebaus):

Manches Herrliche der Welt
Ist in Krieg und Streit zerronnen;
Wer beschützet und erhält,
Hat das schönste Los gewonnen.

2009

Im Umkreis zweier Stadtsymbole

Dresdens Neumarkt und Berlins Pariser Platz

Problemverwandtschaft

Die Schicksalsverwandtschaft zwischen Dresden und Berlin ist als architektonische eine politische und als politische eine architektonische. Sie resultiert aus ihrer Rolle und Lage als Hauptstädte zweier benachbarter deutscher Territorialstaaten, die ein Jahrhundert lang um die Vormachtstellung im protestantischen Deutschland rangen und, nachdem Preußen 1866 zum dritten Mal die Oberhand gewonnen hatte, im Gleichschritt in die Katastrophen des 20. Jahrhunderts marschierten. Beide Städte, deren Zentren auf verschiedene Weise flußbezogen sind, erhielten, obschon bereits im Mittelalter bedeutend, ihr architektonisches Gepräge im 18. Jahrhundert; ein Jahrhundert später ergaben sie sich zur gleichen Zeit dem um die Erhaltung großer historischer Architektur seltsam unbesorgten Historismus der Gründerzeit, erlitten die Verwüstungen des Bombenkriegs und folgten ihnen in der Nachkriegszeit mit dem Abriß kostbarer Ruinen, dessen erste Welle nach 1945 einsetzte, die letzte in den sechziger Jahren.

Es sind diese Gemeinsamkeiten, die dazu führen, daß man zu vielen wichtigen Bauvorhaben im Innern Dresdens ein Gegenstück in Berlin finden kann und umgekehrt. Eine wesentliche Differenz zeigt sich bei den Residenzschlössern. Das der sächsischen Könige, die sich seit 1866 im Schlepptau der preußischen Vormacht befanden, konnte als Ruine über Jahrzehnte hin erhalten werden, nun ist der Wiederaufbau in vollem Gange; das Schloß, so zeigt sich, teilt in Zerstörung und Wiederaufrichtung das Schicksal des sächsischen Staates. In Berlin geschah das konträr Entsprechende. Das Hauptschloß der preußischen Monarchie, deren Befehlshaber Deutschland 1914 in den 1. Weltkrieg geführt hatte, verfiel drei Jahre, nachdem der preußische Staat von den Alliierten aufgelöst worden war, dem Abrißverdikt einer politischen Banausie, die immer wieder und bis auf den heutigen Tag Bauwerke mit ihren abgegoltenen Funktionen identifiziert. An den hinterlassenen Steinen gedenkt sie die einstigen Nutzer zu treffen und trifft zuletzt immer sich selbst.

Der Erhalt des Schlosses gibt Dresden bei der Wiederherstellung der inneren Stadt heute einen schwerwiegenden städtebaulichen Vorteil. Der nahebei liegende Kulturpalast vom Ende der sechziger Jahre bildet in Dresden ein ästhetisch-funktionales Problem eigener und abgesonderter Art.[82] In Berlin ist dem entsprechenden Bauwerk, das Palast der Republik heißt und ein überdimensionales Kulturhaus vorstellt, die Frage zweier präsumptiver Neubauten - einerseits des Schlüterschlosses, andererseits eines neuen Kongreßgebäudes - überlagert. Ein anderer Vorteil Dresdens zeigt sich auf dem Gebiet des Turmbauwesens. Damit hat es in Dresden in dem letzten Halbjahrhundert nicht geklappt, weder in den frühen fünfziger Jahren, als der Stadt ein Danaergeschenk erspart blieb, das Stalin ihr in Gestalt eines zentralen Hochhauses ähnlich dem Warschauer Kulturpalast zugedacht hatte, noch in den sechziger Jahren, als der Haupt-, Staats- und Obersekretär Ulbricht Dresden analog zu andern Bezirksstädten mit einem zu Hotelzwecken bestimmten innerstädtischen Turmbau beglücken wollte, der auch nicht zustande kam. Der Berliner Stadtkern dagegen seufzt seit 1969 unter der zweihundertfünfzig Meter hoch aufgetürmten Betonlast eines Fernsehturms, der nie wieder verschwinden wird, da er den Westberlinern anzeigt, wo Berlin seine Mitte hat. Doch soll er nun einen Anstrich bekommen.

In beiden Städten gelang zu DDR-Zeiten die Wiederherstellung eines bedeutenden historischen Bauensembles, das in Berlin aus Opernhaus, katholischer Kirche und ehemaliger königlicher Bibliothek, in Dresden aus Opernhaus, katholischer Kirche und königlicher Galerie bestand. Alles dies war völlig zerstört und wurde - zu verschiedenen Zeiten und unter verschiedenen baulichen Auspizien - wiederhergestellt. Aber auch die barbarischen Abrisse einer neuen Gründerzeit vollzogen sich in den sechziger Jahren in beiden Städten wie im Gleichschritt. In Dresden wurde die Ruine der gotischen Sophienkirche durch einen mehrgeschossigen Restaurantbau ersetzt, der im Volksmund als Freßwürfel umging, in Berlin wich die Ruine der Schinkelschen Bauakademie dem hochragenden Querriegel eines Außenministeriums, dessen Verschwinden derzeit ein hoffnungsvolles Schauspiel bietet. Gleichzeitig begab sich in beiden Städten die planmäßige Zerstörung der innerstädtischen Straßenführungen und städtebaulichen Grundrisse; sie war nichts DDR-Spezifisches, sondern hatte Vor- und Spiegelbilder in fast allen bombenzerstörten Städten des westlichen Deutschlands, auch und gerade im Westteil Berlins. Was sich hier Raum brach, war die unter dem Banner der Moderne segelnde Geringschätzung einer Urbanitätsvorstellung, die ein in Jahrhunderten ausgebildetes europäisches Kulturerbe war. Die Hybris einer Neukonstruktion, die die menschengemäße durch die autogerechte Stadt zu ersetzen gedachte, waltete unter den pluralen, öffentlichkeitsoffenen Bedingungen des Westens ebenso wie unter den monopolistischen jenes mittleren Ostens, der fest auf seinen drei Buchstaben saß; kein Kraut war dagegen gewachsen außer dem

Ad-absurdum-Führen durch Realisierung. Insofern teilt der Städtebau der Moderne das Schicksal des Sozialismus, dessen Licht verheißungsvoll über seiner Wiege geleuchtet hatte.

Die Lust an der Unbezüglichkeit

Die Übereinstimmung der Probleme und Phänomene zeigt sich in Berlin und Dresden mit besonderer Klarheit an zwei historischen Bauwerken von ganz verschiedener Funktion, Gestalt und stilistischer Prägung, die im Bewußtsein der Welt wie der Einwohner wie symbolisch für das Stadtganze standen und stehen; man kann ganze Stadtdeutungen an diese Haupt- und Meisterwerke knüpfen. Zum Wahrzeichen Berlins gedieh ein antikisierendes Gartentor, dessen Monumentalgebärde in seltsamem Kontrast zu seiner Durchlaßfunktion an der Grenze zwischen Stadt und Stadtpark stand; der genial geglückte Versuch, einer Grenzkontrollstelle die Grandeur des Parthenon zu verleihen, wurde zum Hochbild einer ganzen Stadt. In Dresden geschah dies der glockenförmig aufschwingenden Feste jenes protestantischen Bekenntnisses, von dem sich ein irregeleiteter Landesherr leichtfertig – und mit fatalen Folgen für Sachsen und Europa – gelöst hatte; zum Stadtsymbol wurde ein aus der Wohnstadt aufwachsender Kirchenbau, der seine Wurzeln in Gestalt riesiger Pfeiler in das Steinreich der Quartiere senkte.

Am Ende des Bombenkriegs lagen beide Bauwerke in Trümmern, das Dresdner, wie sich zeigte, auf eine sehr viel schwerer behebbare Weise. Der Staat, der den Wiederaufbau der Frauenkirche versäumte, mußte erst vergehen, ehe aus der Trümmer- endlich eine Baustelle wurde. Dagegen wurde das schwergetroffene, aber im Ganzen erhaltene Brandenburger Tor, das 1948 mit der Zweiteilung der Stadt wieder zum Grenztor geworden war, schon 1957 wiederaufgebaut. Zur gleichen Zeit wurden die Ruinenreste seines Umfelds abgeräumt; mit Ausnahme eines rückwärtigen Ateliergebäudes der Akademie der Künste blieb am Pariser Platz – so hieß die dem Torbau vorgelagerte Platzanlage – kein Stein auf dem andern. Das gleiche widerfuhr schon 1949 dem Dresdner Neumarkt, der, anders als der 1734 angelegte Pariser Platz, eine ursprünglich mittelalterliche Anlage war. Der Trümmerhaufen, der dort zwischen zwei Wandstücken den Ort des Kirchenbaus bezeichnete, wurde auf ihm ebenso zum „Solitär“ wie das Langhanssche Tor im Niemandsland der Grenzanlagen.

Es ist diese Situation, die heute eine unmittelbare Verwandtschaft der Bauaufgaben auf zwei gleichermaßen verschwundenen Plätzen stiftet. Berlin ist im zeitlichen Vorteil, insofern das Tor fertig restauriert dasteht und der Neubau des ihm vorgelagerten Platzes, des alten Quarrés (der Platz hieß bis 1814 nach seinem Grundriß), eine zur Realisierung anstehende Bauaufgabe ist; eins der den Platz begrenzenden Gebäude, das neue Hotel Adlon, ist an der südöstlichen Kante bereits im Bau. Aber der zeitliche Vorsprung ist kein ästhetischer Vorteil; der Planungs- und Diskussionsstand in beiden Städten zeigt es. Die Stadt Berlin, die, 1990 ein von der Administration der Weststadt verwaltetes Ganzes werdend, alle Regelungen fahren ließ, die den Bereich um die Linden bis dahin städtebaulich und denkmalpflegerisch geschützt hatten[83], schwang sich für den neu zu erbauenden Pariser Platz zu einer Gestaltungssatzung auf, die die – rechtlich unkomplizierte – Wiederherstellung der alten Parzellenstruktur voraussetzte und künftigen Bauten nach Höhe und Bauweise bestimmte Grenzen setzte. Das alte, relativ niedrige Höhenmaß sollte ebenso wie das Prinzip der Randbebauung gewahrt bleiben und die Fronten sich als steinerne „Lochfassaden“ (die gängige Wendung weist Fenster als Löcher aus) mit einem Fenster- bzw. Glasanteil von nicht mehr als dreißig Prozent darstellen; er wurde bald auf fünfzig Prozent erhöht.

Man kann diese Vorgaben bescheiden nennen. Sie sind allzu bescheiden, wenn man bedenkt, daß auf den Gedanken des Leitbaus von vornherein verzichtet wurde, also auf die maßgebende Wiedererrichtung eines jener alten Palais, die in architektonischer Wechselwirkung mit dem Torbau von 1793 gestanden hatten, sei es, daß sie ihm in barocker Zeit vorausgegangen oder in klassizistischer gefolgt waren, wie etwa Schinkels eminentes Palais Redern von 1830 oder das von Eduard Knoblauch 1857 umgebaute Arnimsche Palais, die spätere Akademie der Künste. Allerdings hatten bereits das Neubarock der Gründerzeit und später der Neoklassizismus des frühen 20. Jahrhunderts gravierend in die Bausubstanz eingegriffen. Nur das Palais Arnim und die das Tor flankierend einklemmenden, an zwei niedrige Torhäuser anschließenden Mietwohnhäuser von August Stüler (1844) wahrten Fühlung zu jener klassizistischen Ära, die das Tor eingeleitet und verkündet hatte, sich einem Kranz zweigeschossiger barocker Palais zuordnend, von denen ein Jahrhundert später nur noch verborgene Spuren vorhanden waren.

Mehr als die Stülerschen Häuser mit ihrer unglücklichen Stufenbildung zu den beiden Torhäusern wäre das langgestreckte Palais Arnim als Leitbau für den neuen Pariser Platz in Frage gekommen. Daß der Gedanke nicht Raum griff, hängt auch damit zusammen, daß der Inhaber des Grundstücks eine – nunmehr Berlin-Brandenburgische – Akademie der Künste ist, der es an einer Architektur-Sektion keineswegs fehlt. Sie hielt es für selbstverständlich, daß der auf dem alten Grundstück mit dem erhaltenen Ateliertrakt zu errichtende Neubau ein Werk zeitgenössischer Architektur sein müsse, und veranstaltete, es auszumitteln, alsbald einen Wettbewerb unter ihren Mitgliedern. Der in einem zweiten internen Wettbewerb[84] preisgekrönte Entwurf (er stammte von dem auch in Dresden bekannten Architekten Günter Behnisch) ging durch eine hundertprozentige Glas- und Gitterfassade gegen die bescheidenen Vorgaben einer Gestaltungssatzung an, die damit *schlechthin* angefochten war; der Stadtbaudirektor konnte das Behnisch-Projekt nicht genehmigen, ohne die Fassadenmaßgabe des Landesparlaments für Makulatur zu erklären. Und schon erhob sich mit lebhafter Beteiligung der Medien ein Stimmenchor, der in jeder wie immer gearteten Einschränkung des individuellen Formwillens auf diesem durch ein historisches Monument bestimmten Gelände einen Anschlag auf die Gestaltungsmacht heutiger Baukunst erblickte.

Das war insofern sonderbar, als sich der zeitgenössischen Architektur im weiteren Umkreis des Torgebäudes, so am Potsdamer Platz oder an der Friedrichstraße, zur gleichen Zeit schier ungehemmte Entfaltungsmöglichkeiten boten. Was sich hier als narzißtische Kränkung über die Verpflichtung zu einer durch die Sache selbst gebotenen Rücksichtnahme äußerte, deutete auf einen Minderwertigkeitskomplex, dessen Kehrseite der unverhohlene Totalitätsanspruch ist; alles, was sich ihm nicht fügt, wird als reaktionär abgestempelt. Ganz zufrieden wären die Agitatoren der Beziehungslosigkeit wohl erst gewesen, wenn man das Brandenburger Tor in den Tiergarten versetzt und die Platzbebauung von jeglicher Einschränkung freigestellt hätte.

Doch hatte man die Rechnung ohne den Wirt gemacht, der Adlon nicht mehr hieß, aber unter diesem altberühmten Namen ein neues Hotel aus dem Boden zu stampfen gedachte. Das ist nun als erstes Gebäude des neuen Platzes bereits im Bau und übernimmt die Funktion des Leitbaus in einem völlig ambivalenten Sinn – eine keineswegs fühllose Adaption des in einem massiven Neoklassizismus errichteten Hotelbaus von 1905, der Schinkels exzellentes Spätwerk, das Palais Redern, vom Platze verwies, welches seinerseits 1830 die Stelle eines edlen Barockpalais eingenommen hatte. Neben den beherrschenden Hotelblock wird als polemisches Gegenstück aller Voraussicht nach der Behnischsche Glaspalast treten – formgewordener Einspruch der wahren Baukunst gegen das rückwärts gewandte Gehäuse nachtlagernder Manager. Dagegen suchen die beiden die Torhäuser flankierenden Flügelbauten von Josef Paul Kleihues in ihrer letzten, wesentlich überarbeiteten Fassung mit Quaderung, hochstehenden Fenstern, Sokkelgeschoß, Balkon und Dachbalustrade den Anschluß an das spätklassizistische Vorbild. Schon jetzt ist abzusehen, daß die weitere Umbauung ein Sammelsurium untereinander und gegenüber dem Tor heterogener Baugestalten bilden wird, notdürftig zusammengehalten durch Blockrand und einheitliche Traufhöhe.

Prinzip Leitbau

So stehen die Dinge in Berlin. In Dresden stehen sie, an dem bezüglichen innerstädtischen Ort, schon deshalb besser, weil der allmähliche Wiederaufbau der maßgebenden Kuppelkirche mehr Zeit für Überlegungen läßt. Aber Dresden ist auch historisch besser daran – dadurch, daß die vom Krieg zerstörte, vom Nachkrieg beseitigte Platzrand- und Umgebungsbebauung der Frauenkirche und des Neumarkts großenteils noch jene war, die mit dem Bährschen Kirchenbau von 1736 zeitgenössisch korrespondierte, so daß der Gedanke des Leitbaus, also der Aufführung maßgebender Repliken auf den erhaltenen Grundmauern, keine späteren Bauphasen überspringen muß. Er kann auf Bauwerke zurückgreifen, deren Außenmauern noch bis in die fünfziger Jahre hinein hier standen und deren Grundmauern unter dem Erdboden verborgen liegen – Meisterwerke innerstädtischen Wohnhausbaus wie das Hotel Stadt Rom und das Hôtel de Saxe, das British Hôtel und das Dinglingerhaus sowie berühmte Palaisbauten wie das Coselsche[85] oder das als Ruine erhaltene Kurländer Palais am Ende der verschwundenen Rampischen Straße, deren schmal vorspringendes Eckhaus im Blick auf die Kirchenkuppel einen unverwechselbaren Akzent bildete.

Natürlich wäre es rühmlich, wenn man auch so bedeutende Gebäude der alten Platzgestalt wie das alte Gewandhaus mit seinen vortretenden Renaissancegiebeln und die für die Platzbegrenzung wichtige, niemals ersetzte Hauptwache – einen hinreißend schönen Barockbau – aufs neue errichten könnte, sich an Bernardo Bellottos Bildern orientierend wie die Stadt Warschau bei ihrem Neubau nach dem Krieg. Aber diese von der preußischen Kanonade des Jahres 1760 getroffenen Gebäude fehlen dem Platz seit mehr als zweihundert Jahren; der Neubau der später verlorenen hat ihnen gegenüber Vorrang.

Schlechter dran als Berlin am Pariser Platz ist Dresden insofern, als die alte kleinteilige Grundstücksstruktur schwer wiederherzustellen ist; die alten Eigentumsverhältnisse sind durch die Verstaatlichungen der Nachkriegszeit vielerorts eingeebnet worden. Um so größere Bedeutung kommt einem der Stadtverordnetenversammlung zugedachten Satzungsentwurf der Planungsgruppe Neumarkt im Auftrag des Stadtplanungsamts zu, der als *Gestaltungssatzung Neumarkt* darauf zielt, „die räumlichen Dimensionen der Plätze, Straßen und Gassen [...] wieder sichtbar zu machen". „Das bedingt die Aufnahme des Stadtgrundrisses vor der Zerstörung 1945 mit der Übernahme der Baufluchten [...], der weitgehenden Aufnahme der alten Parzellenstruktur". Bei Wolfgang Rauda, der 1957 im Berliner Henschelverlag ein grundlegendes Buch über *Städtebauliche Raumbildung* veröffentlichte, in dem auch Dresdens Hauptplätze beschrieben und analysiert sind, kann man nachlesen, wie kompositorisch bewußt die dreigliedrige Struktur des Neumarkts angelegt war. Der Platz, so Rauda, habe „durch die ihm innewohnende barocke Raumidee [...] eine fast einmalige Prägung erhalten". Dabei dürfe man „aus dem unregelmäßig erscheinenden [...] Grundrißbild nicht Rückschlüsse auf die sichtbare Ordnung im Aufrißbild ziehen". „Erst im Zusammenwirken des Grundrißplanes mit den Aufriß- und den Raumbildern" habe sich „die volle Schönheit und erstaunliche Geschlossenheit der Gesamtkomposition" eines Platzes gezeigt, der in drei Raum- und Erlebnisabschnitte gegliedert gewesen sei: den konisch auf den Elbraum zulaufenden Tiefenplatz des Neumarkts, den ihm östlich angeschlossenen Nebenplatz mit der Frauenkirche und den nordwestlich angefügten Jüdenhof.[86] Der aktuelle Satzungsentwurf zieht aus den Einsichten des bedeutenden Stadtforschers jene praktischen Folgerungen, die ihnen damals - nicht zuletzt bei der verhängnisvollen Erweiterung des Altmarkts - verwehrt wurden.

Die Wiedergewinnung der alten Straßenfluchten und Parzellenstrukturen korrespondiert mit dem 1982 durch das Dresdner Institut für Denkmalpflege vorgeschlagenen Prinzip des Leitbaus, also der Wiederaufführung architektonisch wertvoller Gebäude, die den Neubauten nach Anlage und Proportion das Maß ihrer historischen Qualität setzen.[87] Einer ästhetischen Orthodoxie, die Verfechter im Bereich der Denkmalpflege ebenso wie unter Architekten hat, gelten Repliken vernichteter Gebäude als architektonischer Sündenfall; sie laufen Sturm gegen die Neuerrichtung von Gebäuden, für die infolge flächendeckender Kriegsvernichtung kein oberirdisch erhaltener Restbestand, sondern, in Verbindung mit ausreichenden Dokumentationsgrundlagen, nur zweierlei spricht: die architektonische Qualität und die städtebauliche Bedeutung. Wie abwegig jeder prinzipielle Einwand gegen eine solche Erneuerung ist, zeigt der Blick auf andere, der Architektur prinzipiell gleichwertige Künste wie die Musik oder die Graphik, die beide auf je eigene Weise fortgesetzt „replizieren".[88] Die Musik tut es, indem ihre Protagonisten die alten Noten auf neuen (oder nachgebauten alten) Instrumenten immer wieder spielen, obschon der authentische Klang einer Mozart-Sinfonie oder eines Beethoven-Konzerts der uneinholbare in den Sälen und auf den Instrumenten der Zeitgenossen ist. Die druckgraphische Kunst des Kupferstichs und der Radierung repliziert, indem sie von erhaltenen, oft jahrhundertealten Platten zuweilen Neudrucke veranstaltet, die das graphische Original, das die vom Radierer bearbeitete Metallplatte ist, einem Papier von heute in einer Weise einprägen, die dem alten Abdruck gewiß nachsteht, aber ein nur graduell weniger originales Original vorstellt; es hat ja die Basis der gleichen Vorlage.

Es ist eine auratische, von einem mystischen Originalitätsbegriff affizierte Ästhetik, welche postuliert, die Authentizität von Bauwerken hafte unablösbar am originalen Stein, an dem zeitgenössischen Baustoff. Sie haftet primär an dem graphischen Plan, der (realiter vorliegenden oder dokumentarisch rekonstruierten) Vorzeichnung des Architekten, die - eben als Vorlage - grundsätzlich wiederholbar ist, ähnlich dem Druck von einer Radierplatte.[89] Den großen Architekturepochen, um deren Schöpfungen es bei der Replikenfrage immer wieder geht, war die Pedanterie eines mystisch-materialen Originalitätsbegriffs fremd; man sieht es in Berlin an der alten königlichen Bibliothek, der sogenannten Kommode, die auf einem in Wien fünfzig Jahre zuvor nur zu einem Drittel realisierten Entwurf Joseph Emanuel Fischer von Erlachs beruhte, den Friedrich II. neben seinem Opernhaus realisieren ließ. Der Entwurf stammte von 1725, der Bau von 1780; auch kein Purist möchte ihn respektive seinen Wiederaufbau missen. Denn wenn die Repliken und Duplikate ein gewisses Alter erreichen, wächst ihnen die historische Aura von selbst zu, deren Mangel man ihnen vormals ankreidete. Der ihnen entgegengehaltene Einwand wird an der Zeit zunichte, auf deren Einmaligkeit er insistierte. Natürlich: es ist eine andere Zeit. Aber Rekonstruktionen wollen (und können) das Original ja nicht vortäuschen, sie vertreten es lediglich, den Verlust nicht behebend, aber mindernd. Wenn sie selbst altern, tun sie dies als Architekturen ihrer Zeit, der sehr viel späteren; was sie dabei den meisten Architekturen der Gegenwart voraushaben, ist just ihre Fähigkeit zu altern. Das Unvermögen dazu, das Unansehnlich-, Häßlich-, Belanglos-Werden des die Gegenwart beherrschenden Baustoffs Beton gehört zu den Gründen, die für solche Iterationen sprechen; als erneuernde Wiederholungen versprechen sie auf ihre Weise ein Dauerhaftes und verurteilen sich nicht durch Altersunfähigkeit zu programmierter Kurzlebigkeit. Der Purismus modernen Bauens steht sich selbst im Wege: die reine Fläche, reine Form verträgt nicht die Spuren von Regen und Wind, sie sind sie selbst nur, wenn sie neu sind.

Auf wie schwachen Mauern der grundsätzliche Einwand gegen Neubauten alter Form auf altem Grunde steht, zeigt sich in Berlin auf andere Weise an der Umgebung des 1955 wiedererstandenen Knobelsdorffschen Opernhauses, zu dessen Linken um das Jahr 1960 nichts mehr stand. Um der ästhetischen Balance willen entschloß man sich damals, zwei kriegszerstörte und schon abgetragene barocke Palais neu zu errichten, das alte Prinzessinnenpalais als neues Operncafé, das alte Kronprinzenpalais als neues Lindenpalais. Es war die einzig sinnvolle Lösung; sie gibt das Modell für alle entsprechenden Bauaufgaben. Daß Repliken nur dort am Platze sind, wo die Bedeutung des Ortes und der Rang der Bauwerke sie erheischen, liegt zutage.

Das Prinzip des Leitbaus für den näheren und weiteren Umkreis der Frauenkirche ist theoretisch unverdächtig und an Ort und Stelle geboten. Es erscheint in dem Dresdner Satzungsentwurf in „drei Kategorien denkmalpflegerischer Rekonstruktion“: 1) Vollständige Wiederherstellung der Fassade und der Hauptgrundrißstruktur; 2) Wiederherstellung der Fassade bei neu zu gliederndem Grundriß; 3) Wiederherstellung der Hauptgrundrißstruktur bei neu zu gestaltender Fassade. „Alle Neubauten im Planungsbereich ordnen sich dem Hauptbau Frauenkirche unter und beziehen sich in ihrer Maßstäblichkeit auf die Leitbauten“. Diesen echten Neubauten erlegt die Satzung einige sinnvolle Vorgaben auf: die bevorzugte Verwendung heimischer Baustoffe, eine Farbpalette aus „gebrochenen Weiß- und Ockertönen in Annäherung an den historischen Kalkputz“, schließlich „Sattel- oder Mansarddächer aus roten Tonziegeln“. Wie wichtig solche Maßgaben sind, zeigt sich in Berlin an der von dem Kölner Architekten Ungers neuerbauten westlichen Rückseite des berühmten Gendarmenmarkts. Hier ist die vorgeschriebene Traufhöhe von 22 Metern überspielt, indem die Dachzone nicht als Dach, sondern als dreigeschossig auf- und zurückgesetzter Baukörper ausgeführt wurde; so greift hinter dem einen der Domtürme nun eine aufragende Rasterstruktur in das Bild des Platzes ein. Die Übermacht eines skrupellos durchgepaukten Renditeprinzips über Stadtbildbewahrung und proportionale Relation hat hier schmerzhafte Anschaulichkeit gewonnen.

So weit die technologische Grundlage des zeitgenössischen Bauens von der Bauweise Bährs oder Gontards entfernt ist, so wenig ist zeitgenössisches Bauen aus sich selbst auf den Brutalismus der Beziehungslosigkeit gestimmt. Aber der Architekt ist heute so wenig wie früher sein eigener Herr, das ist der Kapitalgeber, dem das vorschriftgebende Gemeinwesen selbstbewußt gegenübertreten muß, auch in dessen eigenem Interesse, denn das verdorbene städtebauliche Ensemble schlägt auf die Kapitalverwertung zurück.

Kultur beruht, einst wie jetzt, auf der Geltung von Übereinkünften, von Konventionen; an ihrem abwandelnden Umspielen bewährt sich die Erfindungskraft der Kunst. Der überragende Symbolbau setzt diese Grundlage voraus, indem er sie überbietet; er bedarf ihrer, um sich in seiner Formgewalt sinn-, das heißt beziehungsvoll zu bekunden. Einheit und Vielfalt bilden in kulturfähigen Epochen ein Ganzes, in dem eins auf das andere verweist; Zerfall droht, wenn eine der Seiten sich – als schrankenlose Vielfalt oder alles durchdringende Einheit – von dem Gegengewicht der andern losreißt. Es ist die individuelle Durchdringung eines funktionstüchtig vorgegebenen Musters, welche jene Harmonie erzeugt, die das Gegenteil von Monotonie bedeutet. Das in beständiger Variation im Raum und durch die Zeit gewonnene bauliche Ensemble umschloß in alter Zeit die

Leitbauten

genial aufschießende Stadtkrone wie ein gliederreiches Armband. Auch die Baukunst unserer Zeit vermag solche Glieder zu bilden, wenn sie, sich dem Hochbild alter Zeiten zuordnend, sich zu der Lust eines Dienens entschließt, das das Gegenteil von Unterwerfung ist.

Im Blick auf die Arbeit des Architekten Rob Krier hat Andreas Papadakis 1991 darauf verwiesen, „daß Städte nun einmal im wesentlichen aus sogenannten Baublocks bestehen, die Analyse derartiger Blocks aber vom Lehrplan der Bauakademien ausgeschlossen ist, wo es immer um individuelles Bauen geht." Nachdem die Moderne Bewegung Städte gehaßt habe, stehe vor der zeitgenössischen Architektur die Aufgabe, „die Komplexität der früheren Städte wiederzuerwecken".[90] Eine städtebauliche Aufgabe, wie sie sich im Umfeld der Frauenkirche stellt, ist eine Schule des Städtebaus, von der Impulse weit über Dresden hinaus ausgehen können. Der Satzungsentwurf der Planungsgruppe, in der die Erfahrungen vieler Jahrzehnte verarbeitet sind, zeigt, daß die Tragweite der Aufgabe erkannt ist; er ist fortschrittlich im tiefen Sinn des Wortes.

1995

Postskriptum 2015

Was hier im Jahre 1994 vorgetragen wurde, war die Vorstellung eines Möglichen und Wünschenswerten, dem sich lebhafte Widerstände entgegenstellten. Sie kamen nicht aus der Bevölkerung, in der ein halbes Jahrhundert nach der Zerstörung und vierzig Jahre nach der vollständigen Applanierung der alten Wohnbebauung (nur ein weißgekleidetes Polizeigebäude hatte sich an den Rand des Neumarkts vorgewagt) jenes Verlustempfinden wirksam war, das Gabi Dolff-Bonekämper als ausschlaggebend für die Durchsetzung baulicher Iterationen bezeichnet hat[91]; die Gründung der *Gesellschaft Historischer Neumarkt Dresden* gab dem Bewußtsein von der überragenden Bedeutung dessen, was hier zugrunde gegangen war, Plattform und Organ. Widerstände kamen aus einem prinzipienfest argumentierenden Beziehungsgeflecht aus Architekten und Architekturtheoretikern vornehmlich des deutschen Westens, aber auch aus dem Dresdner Stadtrat, der es unterließ, die von einer Planungsgruppe erarbeitete Gestaltungssatzung verbindlich zu machen, trotz einer Stimmensammlung der Neumarkt-Gesellschaft, die es auf 63 000 Stimmen für die dort niedergelegten Grundsätze brachte.[92] Im November 2000 berief die städtische Bauverwaltung ein *Atelier Neumarkt*, das Entwürfe zur Neumarktbebauung von 37 eingeladenen Teilnehmern vorstellte; nebst vielen Dresdner Büros nahmen Stephan Braunfels,

Josef P. Kleihues, Christoph Mäckler, die Berliner Büros Krüger, Schuberth, Vandreike, Müller + Reimann und Rüdiger Patzschke sowie Axel Schultes mit Charlotte Frank daran teil. Die Präsentation sollte der Klärung der Positionen mehr als konkreten Bauvorhaben dienen, die zuletzt in der Hand privater Investoren lagen; der Stadt oblag nur die Vergabe der Grundstücke.

Eine Jury aus dreizehn Gutachtern wählte fünfzehn der eingereichten Vorschläge als „besonders beachtenswert" aus; sie entfalteten eine breite Palette möglicher Formgebungen. „Da gibt es", resümierte ich als einer der Gutachter[93], „auf der einen Seite den Entwurf von Christoph Mäckler, der sehr zart, geradezu humoristisch-diskret mit dem umgeht, was an dieser Stelle einmal da war. Auch andere Entwürfe haben mehr oder minder geistreich die Bindung an das einst Vorhandene gesucht und gefunden. Von besonderer Bedeutung für den gesamten Fragenkomplex erwies sich der von Holger Just vorgetragene Hinweis auf das Problem der von der Stadt vorgegebenen Grundstückspreise, von denen der finanzielle und damit auch der qualitative Spielraum des Bauens auf den einzelnen Parzellen abhängt. Auch Mäckler und Braunfels haben mit allem Nachdruck auf die anstehende Klärung der ökonomischen Voraussetzungen dessen verwiesen, was hier geschehen soll. Auf der andern Seite des Spektrums gab es einige Entwürfe, die sich als städtebauliche Neuansätze verstanden und insofern eigentlich außer Konkurrenz liefen: die beiden verschieden weit ausgreifenden Kulturbau-Ideen von Stephan Braunfels und Axel Schultes an der Stelle des seit zweihundert Jahren verschwundenen Gewandhauses und der Versuch von Müller + Reimann, an die städtebauliche Gegebenheit des Kulturpalasts anzuknüpfen. ... In dem breiten Feld zwischen diesen Flügelpositionen hat mich besonders die Arbeit von Pfau & Partner (Dresden) interessiert mit ihrem geradezu humoristischen Kontrast zwischen innen und außen: dem modern gefaßten inwendigen Oval im Verhältnis zu einer Straßenfront, die sich von der traditionellen Gliederung anregen läßt. Die Aufgabe, nach außen hin den Anschluß an eine große Vergangenheit zu suchen und im Innern den Ansprüchen der Gegenwart zu folgen, verträgt ja einen spielerischen Gestus nicht nur, sie fordert ihn geradezu heraus. Einen besonderen Humor zeigt die über die ganze Außenfront gezogene Glasfassade von Gustavs & Lungwitz (Dresden), mit der sich die Dresdner schwer tun werden. Wenn aber das Gesamtprojekt so realisiert wird, wie es vorgesehen ist, also mit einer gewissen Striktheit in der Befolgung der Vorgaben, kann man sich solche Lösungen leisten, sie gewinnen dann den Reiz des Kontrastes."

Jene Striktheit ergab sich aus dem Festhalten am Leitbauprinzip, wie es auch die Erklärung bekräftigte, auf die sich die Gutachter des Ateliers ohne Gegenstimme einigten: „Die Teilnehmer am *Atelier Neumarkt* waren dazu aufgerufen, nach exemplarischen Lösungen zum künftigen Bauen auf dem historischen Boden im Umkreis der Frauenkirche und des Neumarkts zu suchen. Grundlage des Vorhabens bildete der im Laufe eines umfassenden Diskussionsprozesses gewonnene Konsens über die Rückgewinnung der räumlichen Struktur des betreffenden Gebiets und über die maßstabsetzende Rekonstruktion einer Vielzahl historischer Leitbauten. Die Gutachter des Ateliers Neumarkt haben sich mit den Entwurfsarbeiten von 34 Einsendern befaßt und nach eingehender, oft kontroverser Erörterung 15 Arbeiten als besonders beachtenswert beurteilt, die den von der 1994 vorgeschlagenen Gestaltungssatzung empfohlenen schöpferisch-behutsamen Umgang mit der Tradition charakteristisch auslegen und gelegentlich fesselnd überschreiten. Sie empfehlen der Stadtverwaltung dringend, von der En-bloc-Veräußerung der städtischen Parzellen zu Höchstpreisen abzusehen; dieses Verfahren würde die Erfüllung des an die Neumarktbebauung zu stellenden Qualitätsanspruchs unmöglich machen. Sie empfehlen außerdem die bauliche Einbeziehung der erhaltenen historischen Kelleranlagen als authentischer Zeugnisse der Stadtgeschichte in diesem zentralen Gebiet."

Dies war eine Zwischenstation auf dem Weg zu einer Bebauung, die inzwischen nicht vollendet ist (der heutige Besucher des Neumarkt sieht sich zwei großen vorbereiteten Bauflächen gegenüber), aber ein Fazit erlaubt, das, so viele Wünsche im einzelnen offenblieben, die Gelungenheit des Ganzen attestieren kann. Die alte Parzellenstruktur ist im wesentlichen wiederhergestellt worden, und die kontrastierende Verbindung historischer mit zeitgenössischen Fassaden kann in vieler Hinsicht für geglückt gelten, wobei der Anteil der letzteren hinter den Erwartungen des Jahres 2000 zurückblieb; die Wirkung der Leitbauten zog mehr Investoren in Bann, als abzusehen war. Wenn man von manch avancierter zeitgenössischer Architektur sagen kann, daß sie sich in der Zweidimensionalität der Bildbände und Zeitschriftenfotos besser ausnimmt als bei ihrem Betreten und Begehen, so ist im Falle des Neumarkts eher das Umgekehrte der Fall: der lebendige Eindruck einer von Einwohnern wie Besuchern vital in Besitz genommenen Gesamtanlage versöhnt mit mancher prekären Einzellösung.[94] Und wenn der Stadtwanderer dann den Malerblick in die Rampische Straße mit der Frauenkirche im Hintergrund (Edmund Kesting hat ihn noch einmal bei Nacht festgehalten, in einem Bildband von 1955, dessen Einleitung der Kunsthistoriker Will Grohmann mit dem Satz beschloß: „Dresden ist nicht mehr"[95]) in einer Weise wiederhergestellt sieht, die höchsten Qualitätsansprüchen gerecht wird, dann darf ihn die Rührung über ein Gelingen ergreifen, das von Anfang an unter einem ideologischen Beschuß stand, dessen Wortwahl nicht kleinlich war; „Nostalgie" war noch das gelindeste der Schlagworte, mit denen operiert wurde. Der

Kritik konnte man die Sorge vor der Unterminierung eines Echtheitsbegriffs zugute halten, den sich die deutsche Denkmalpflege um das Jahr 1900 schwer genug erarbeitet hatte; was sie unglaubwürdig machte, war das Übersehen der Tatsache, daß die ungeheuerlichen Verluste deutscher Städte durch den Bombenkrieg nach der Überwindung einer auf pragmatische Lösungen orientierten Nachkriegsperiode Anforderungen stellten, vor denen die Kriterien von damals offenkundig versagten.

Daß die Zeit heranreifen mußte, ehe es Kairos sowohl für die Erneuerung der Frauenkirche wie für eine restrukturierende Bebauung des Neumarkts wurde, liegt zutage; daß es in einem Verbund von Initativkreisen, Bevölkerung, Behörden, Investoren und Architekten gelang, diesen Kairos zu ergreifen, bleibt ein denkwürdiger Vorgang, auch unter dem oft übersehenen Aspekt, daß der Neumarkt als Stätte einer blutigen Konfrontation der bewaffneten Kräfte einer jungen und schwachen deutschen Demokratie mit den aus Preußen herbeigeeilten Truppen der Konterrevolution[96] ein geschichtlicher Ort von besonderer Bedeutung ist. Um die Unterminierung des Echtheitsbegriffs mußten sich die Bedenkenträger des Denkmalschutzes dabei keine Sorge machen: Kein Dresdner, der über mündliche oder schriftliche Überlieferungen verfügt, wird auf den Gedanken kommen, daß die Bauten am Neumarkt echt in dem Sinne seien, daß sie der Zerstörung entgangen seien, und auch kein Besucher von außen wird das tun, wenn er jemals in einen Reiseführer geblickt oder andere mündliche und schriftliche Handreichungen zur Kenntnis genommen hat. Wer aber weder Bücher liest noch sich etwas erzählen läßt, wird auch nicht jene unmittelbare Begegnung mit der Authentizität des überlieferten Baudenkmals erfahren, auf der Architekturhistoriker wie Georg Mörsch oder Achim Hubel insistieren. Es bedarf schon einer gewissen geistigen Schulung, um solche Eindrücke haben zu können; wo diese statthat, kann keine Verwechslung der Erneuerten mit dem Zerstörten stattfinden.

Das Verdikt einiger irritierter Denkmalschutztheoretiker ist in komprimierter Form in dem Büchlein eines Herausgeberkollektivs niedergelegt, das seine polemische Stoßrichtung schon im Titel verkündet: „Denkmalpflege statt Attrappenkult". Prüft man die hier vorgetragenen Einwände, so wird deutlich, daß sie auf künstlich erzeugten Mißverständnissen beruhen. „Rekonstruktion zerstört", erklärt Georg Mörsch: „Sie gaukelt Verfügbarkeit vor, wo wir an existentielle Grenzen stoßen. Sie löst die Beziehung zwischen Mensch und Denkmal auf, weil sie die Kostbarkeit des Denkmals durch seine scheinbare Wiederholbarkeit denunziert. ... Deshalb ist Rekonstruktion nicht erlaubt!" (S. 41) Diese *damnatio reconstructionis* verbindet sich mit deutlichen Irrtümern. „In ihrem Anspruch", schreibt Mörsch im Blick auf das Berliner Humboldt-Forum, „das untergegangene Denkmal vollwertig und gleichgestaltig zu ersetzen“, seien die „Rekonstruktionen aus dem Nichts ... nicht nur eine grundsätzliche Absage an die Suche nach kreativen Neubaumöglichkeiten, sondern noch absoluter stellen sie die besondere Wirkung des Denkmals auf uns als dessen Gegenüber in Frage.“[97] (S. 19)

Der Autor irrt: ein Bau wie das künftige Humboldt-Forum stellt keineswegs den Anspruch, das untergegangene Berliner Schloß „vollwertig und gleichgestaltig zu ersetzen“. Seine Modernität liegt in dem collagenhaften Kontrast, den die im Innern vorherrschenden neuen mit den in der Außengestalt vorherrschenden alten Formen bilden; in der von Stella entworfenen zentralen Passage ebenso wie im westlichem Eingangssaal treten die Eosanderschen Torgestalten in einen zitathaften Gegensatz zu der seriellen Askese zeitgenössischen Formverständnisses. Es vollzieht sich, was Dolff-Bonekämper am Ende ihres Beitrags zu jenem Sammelband konstatiert: „Das rekonstruierte, also neu hingestellte Bauwerk kann niemals dasselbe sein wie das, das vorher bestand. Es wird ein neues Werk, eine neue Setzung, deren Autoren die Akteure der Gegenwart sind. Ihnen gebührt das Urheberrecht und auch die Urheberpflicht, das heißt: Sie müssen sich und andern erklären, was ihr Werk bedeutet.“ (S. 146) Das gilt für die Autoren, also die Architekten, ebenso wie für ihre Auftraggeber, den Bauherrn und seine Ratgeber; auf breiter Front ist dies sowohl in den Debatten des Bundesparlaments wie in den Erläuterungen der beratenden Kommission[98] geschehen.

Auch an andern Stellen seiner Einlassung kehrt Georg Mörsch die Verhältnisse um. Wenn er behauptet, „daß in fast jedem Fall einer Rekonstruktion die Idee eines angemessenen, kreativen Neubaus am Ort des untergegangenen Denkmals in einem allgemeinen Architekturmobbing zerstört“ worden sei, so ist das eine deutliche Verkehrung der Debattenrelationen in der fachlichen und medialen Öffentlichkeit.[99] Mörsch unterstellt den Befürwortern von Rekonstruktionen eine „Behauptung von der materielosen Existenz des Denkmals“ (S. 21) und verfängt sich damit abermals in dem Fehlschluß, die Wiederholbarkeit einer hinlänglich gut dokumentierten alten Architektur im adäqaten Material intendiere die Wiederherstellung *des Denkmals selbst* statt dessen maß- und materialgerecht erneuerter Form. Das Iterat kann das untergegangene Baudenkmal nicht ersetzen, aber es tritt an dessen Stelle, vermöge der Tatsache, daß das primäre Original (primär im Sinn des geistig-kausalen Vorausgehens) die in Zeichnungen und andern, etwa photographischen Dokumentationen niedergelegte schöpferische Arbeit des Urhebers ist. Deren Ausführung in Stein und Holz kann man – in einem kausalen Sinn – das sekundäre Original nennen; beide zusammen machen die Echtheit des Denkmals aus. Die fachgerechte Ausführung jenes primären

Originals in adäqaten neuen Materialien ergibt ein Denkmal nur insofern, als das Resultat eine neue Verbindung des primären mit dem sekundären Original eingeht; sie ist das bauliche Zeugnis einer neuen Zeit, die Grund hat, auf die Leistungen einer älteren nicht verzichten zu wollen.

Auch Mörsch muß zugeben, daß es „Denkmalwerte, also Begegnungswerte mit dem Denkmal" gibt, „die auch über seine Abbildung, sein Modell, seine Kopie, seine Rekonstruktion zumindest teilweise erreichbar sind." (S. 22) „Wäre dies anders", fügt er hinzu, „könnte jede beschreibende oder wertende Feststellung über ein Denkmal nur vor seiner physischen Wirklichkeit, nicht aber im Hörsaal oder von Fachliteratur Lesenden getroffen werden." Wie wahr! Und für das sachkundig hergestellte Iterat gilt das in ebendiesem und besonderem Maß. Es ist eine kultivierte Stellvertretung, kein „Mummenschanz" der Wegwerfgesellschaft, wie der Autor in seinem Bedürfnis, „die emotionale Wertebeziehung zum Denkmal moralisch" zu bewirtschaften (S. 23), einige Absätze nach dieser Einsicht zum Besten gibt. Ihm dämmert nicht, daß das Wegwerfen just darin bestehen könne, die Möglichkeit qualifizierter Reproduktionen auszuschlagen.

Gegen den Kunsthistoriker Jörg Traeger, der darauf verweist, daß beim Baudenkmal „das Kriterium der Eigenhändigkeit" insofern entfalle, als „die Bausubstanz und ihre Oberfläche in der Regel ungeprägt von der Hand des Baumeisters" bleiben, führt Georg Mörsch jene „geschichtlichen Spuren am Baudenkmal" ins Feld, die „dem Baudenkmal die Art von Selbstsein (‚Authentizität')" geben, die unwiederholbar ist: „Baunähte, handwerkliche Bearbeitungsspuren, Materialwechsel, Reparaturen" (S. 54). Dürfte alles dies nicht angetastet werden, dann müßten auch die Fassadenreinigungen, wie sie, zuerst in Paris, in den letzten Jahrzehnten das Äußere vieler alter Bauwerke renoviert haben, als Beschädigungen des Denkmals gelten, als eine Beeinträchtigung der von ihm ausgehenden Begegnung mit der Geschichte sowohl als formschaffender wie als zerrüttender Kraft. Sollte es die Liebe zur Geschichte als einer destruktiven Potenz sein, was im Herzen der sogenannten Substanzfetischisten wohnt? „Offenbar", schreibt Heinrich Magirius in dem Münchner Katalogband von 2010, „sind es weniger die Spuren der Historizität des Denkmals, sondern seine gestalthafte Gegenständlichkeit, die ‚Erinnerung' sichert."[100]

An anderer Stelle bringt Mörsch den von Walter Benjamin in einem berühmten Aufsatz[101] explizierten Begriff der Aura ins Spiel, einer Aura, die sich „aus allem materiell – am Denkmal – Überlieferten ergibt. Diese gibt den Gegenständen aus vergangener Zeit auf den vielen Wegen, auf denen Menschen ihr Grundbedürfnis nach Erinnerung stillen, ihren besonderen Adel." (S. 22) Das ist vollkommen richtig. Aber wenn die Reproduktion verantwortungsvoll erfolgt, hat auch das

Iterat „handwerkliche Bearbeitungsspuren" und tritt auf eine Weise, die nicht auf Erinnerung, sondern auf Vergegenwärtigung zielt, in eine eigene, mutmaßlich spurenreiche Geschichte ein. Sein Wert ergibt sich aus dem transzendierenden Charakter einer Formgebung, die auch als ein wiederholtes, erneuertes Bild Geist und Herz der Betrachter in durchaus vergleichbarer Weise bewegt, wie dies der Klang einer Beethoven-Sinfonie oder einer Bach-Kantate außerhalb aller originalen Materialität von Raum und Instrumenten tut.

Doch steckt hinter den Einwänden und den Attacken jenes schlagwortfreudigen Buchs eine echte, wohlbegründete Sorge, sie gilt der Vernachlässigung des Denkmalschutzes und der Denkmalpflege in deutschen Landen. Aber auch hier versteigt sich die Argumentation immer wieder ins Irreale. „Die enormen Finanzmittel, die solche Denkmalattrappen verschlingen", schreibt Achim Hubel, „kämen besser den gefährdeten echten Baudenkmälern zugute." (S. 60) Wider besseres Wissen erweckt er den Eindruck, als schöpften Rekonstruktionen, die nichts weniger als Attrappen, also Hohl- oder Blindformen, sind und allgemein von Investoren oder Spendern, also mit privaten Mitteln, finanziert werden, aus denselben Etattöpfen wie der staatliche bzw. kommunale Denkmalschutz. Das ist nicht der Fall, und der Autor weiß das natürlich. Wenn er klagt: „Der Wiederaufbau des Berliner Schlosses würde mit geschätzten 550 Millionen Euro allein weit mehr kosten, als die Deutsche Stiftung Denkmalschutz in den 25 Jahren sammeln und fördern konnte" (S. 61), unterschlägt er, daß der Bau als Ganzes, ein Neubau, soviel kostet, nicht etwa die erneuerten Fassaden, für deren Kosten – etwa 80 Millionen Euro – eine Spenden einsammelnde Gesellschaft aufkommt. Völlig recht hat Johannes Habich allerdings, wenn er im Vorwort des Bandes seine Stimme dagegen erhebt, „daß die Interventionsmöglichkeiten der staatlichen Denkmalpflege zum Schutz und zum sachgerechten Umgang mit dem kulturell bedeutenden Teil der Bauüberlieferung als Investitionshemmnis organisatorisch und durch drastisches Zusammenstreichen der Zuwendungsetats und der Stellenpläne bis zur Lächerlichkeit eingeschränkt werden" (S. 14). Und Achim Hubel hat recht, wenn er eine von der sächsischen Landesregierung vor vier Jahren betriebene Novellierung des sächsischen Denkmalschutzgesetzes aufs Korn nimmt, die tatsächlich „gravierende Verschlechterungen" vorsah, dahingehend, daß bei weniger herausragenden Kulturdenkmalen, womit ca. 80 % der in der Landesdenkmalliste aufgeführten Denkmäler gemeint waren, in Zukunft nicht mehr das Landesdenkmalamt, sondern Städte und Landkreise in eigener Vollmacht entscheiden sollten (S. 61). Auch der Sächsische Kultursenat, ein die Regierung beratendes Gremium, hat gegen diesen Plan seine Stimme erhoben.

Auf den erneuerten Neumarkt – ein Bauvorhaben auf der leergeräumten Fläche – haben es einige Autoren des genannten Bandes besonders abgesehen, wobei außer der pauschalen Verwerfung des nicht einmal genannten, geschweige denn näher beleuchteten Leitbauprinzips vor allem eins ins Auge gefaßt wird: die Tatsache, daß sich die Hotelkette Steigenberger dazu entschlossen hatte, vor ihren Hotelneubau am Neumarkt die Fassade des alten Hôtel de Saxe zu setzen, eines schlichten, eindrucksvollen Baus von 1786, der 1888 abgebrochen worden war. Georg Mörsch beklagt diesen Umstand ebenso wie Hans-Rudolf Meier, der den Befürwortern solcher Wiederherstellungen „den Ausschluß alles Abweichenden und Anderen“ (S. 81) unterstellt, als ob es am Neumarkt an modernen Fassaden fehle und als ob eine Ausschlußtendenz nicht gerade bei denen am Werk gewesen sei, die Rekonstruktionen schlechthin für das Teufelswerk der Wegwerfgesellschaft erklärten. Daß ihren Verfechtern der Sinn für den Humor fehlt, der darin liegt, einen verlorengegangenen, aber ästhetisch überlegenen Zustand wiederherzustellen, der nicht erst durch den Bombenkrieg, sondern schon durch die Devastierungstendenzen der Gründerzeit vernichtet wurde (manch eine der jetzt wiederhergestellten Außenfronten am Neumarkt ist zum ersten Mal 1760 durch die preußische Kanonade zerstört und Jahre später wiederaufgebaut worden) nimmt nicht wunder; sie nahmen schon lebhaften Anstoß daran, daß in einem Innenhof des Dresdner Schlosses unter Hilfestellung der Denkmalschützer eine Sgraffiti-Bemalung erneuert wurde, die nicht erst 1888, sondern bereits 1701 verlorengegangen war. Die Dresdner Denkmalpfleger wußten den Gedanken in den neunziger Jahren mit klugem Vorbehalt vor sich selbst und ihren bestürzten westdeutschen Kollegen zu begründen.[102]

Wenn diese im Blick auf die Wandelbarkeit des Schönheitsbegriffs dessen Anwendung auf die Wiederherstellung einstiger Maß- und Formverhältnisse unter Kuratel stellen, verkennen sie, daß ein Abstand von mehr als zweihundert Jahren denn doch ausreicht, um dieses Prädikat zu erteilen. Die Gegenwart ist oft blind gegenüber den Leistungen des gerade abgewählten Zeitalters. Nach vier oder fünf Epochen und doppelt soviel Generationen wächst der Gesellschaft aber ein Urteilsvermögen zu, auf das sich auch Denkmalschützer – und sie besonders – verlassen können. Und es gibt eine Art von Schönheit, von Gelungenheit, die zeitgebunden in dem Sinne ist, daß man einer ihren Voraussetzungen entrückten Gegenwart an bestimmten Stellen nichts Entsprechendes abfordern kann. Dann muß man sie wiederherzustellen suchen, so sorgfältig und so aufwendig wie möglich; die Sorge, das Ergebnis mit dem Original verwechselt zu finden, ist fiktiv. Wenn man aber, wie im Starckeschen Palais im Dresdner

Großen Garten, vorerst nur die Außenmauern, nicht auch das Innere wiederherstellen kann, so daß ein provisorisches Arrangement den großen Festsaal noch auf Jahre vertritt[103], so ist auch dies eine produktive Antwort auf den Furor der Vernichtung, die binnen Stunden vernichtete, woran Jahrhunderte gebaut hatten.

Bauen in zerstörten Städten

Zum Problem der Iteration

I

Der Realisierungswettbewerb zum künftigen Berliner Humboldt-Forum ist in eine Jury-Entscheidung von wirklicher Weisheit ausgegangen; die Palme erhielt ein Entwurf, der die schwierige Aufgabe, das nach den überparteilich gefaßten Beschlüssen des Deutschen Bundestags wiederherzustellende Alte mit neuer Architektur im Dienst vielseitiger Nutzungen zu verbinden, auf eine ebenso sensible wie kühne Weise löst. Daß diese Vorlage, wie sich beim Öffnen der Umschläge herausstellte, von Franco Stella, einem Architekten aus Vicenza kam, preisgekrönt zwei Tage, bevor die Welt den 500. Geburtstag des Vicentiners Palladio beging, war eine Pointe besonderer Art.

Die Klippen der Aufgabe, an denen ernsthafte Mitbewerber auf je eigene Weise gescheitert waren, lagen in den drei außerhalb der Rekonstruktion liegenden, also architektonisch freigegebenen Partien der Außengestalt des Baus: der vierten, westlichen Seite des Schlüterhofs, dem am östlichen Spreearm auf das Marx-Engels-Forum blickenden Trakt und der Kuppel über der wiederherzustellenden Barockfassade Eosander v. Göthes. Sie war in der vom Bundestag 2002 und 2003 beglaubigten Kommissionsempfehlung nicht vorgekommen; in die vom Parlament 2007 gebilligte Wettbewerbsausschreibung ging sie ohne formale Festlegung ein. Schon August Stüler sah sich einer kaum lösbaren Aufgabe gegenüber, als er hundertfünfzig Jahre nach Eosander den Auftrag für diesen das triumphale Westportal krönenden Überbau erhielt, der eine Kapelle überwölben sollte. An einen Schinkel-Entwurf anknüpfend, löste er sie in einer Weise, mit der – der Wettbewerb hat es erwiesen – an dieser Stelle kein zeitgenössischer Architekt konkurrieren kann; Franco Stellas Sensibilität erwies sich daran, daß er das erkannte. Auch Christoph Mäckler, Träger des dritten Preises, hatte die Stülersche Lösung in sein Projekt aufgenommen, Hans Kollhoff, seinerseits mit einem dritten Preis bedacht, war ihr nahegekommen; zwei weitere Träger des dritten Preises, Jan Kleihues und das Veroneser Team Eccheli e Campagnola, präsentierten moderne Variationen mit hohem Tambour und einer originell strukturierten Kuppel, die bei den Veronesern aus einem offenen Stahlgerüst bestand. Eine der Ausschreibung entgegenstehende, aber architektonisch reizvolle Kuppel-Alternative, ein gläsern umkleideter Aufsatz von mäßiger Höhe und beträchtlicher Eleganz über Portaltrakt und westlichem Hof stammte von Johannes Kuehn, dessen origineller Gesamtentwurf von der Jury zu Recht mit einem Sonderpreis bedacht wurde.

Stellas Kühnheit zeigte sich an der Entschiedenheit, mit der er den der Spree zugewandten Osttrakt des Forums von den angrenzenden Barock-Fassaden ablöste, ohne sich in leeren Kontrastgesten zu ergehen. So auch im östlichen Schloßhof, dem sogenannten Schlüterhof, wo es den drei zu erneuernden Seiten eine vierte, zeitgenössische gegenüberzustellen galt. Stella fand dafür eine ebenso einfache wie plastisch markante Lösung in deutlichem, aber nicht unbezüglichem Kontrast zu den Schlüter-Fassaden, deren Geschoßhöhen sein Entwurf mit radikaler Vereinfachung übernahm. Christoph Mäckler hatte hier die moderne Auslegung einer Säulenfront mit sich auf einer Brüstung darüber erhebenden Barockfiguren verbunden; Hans Kollhoff vollzog auf andere Weise, mit Doppelsäulen und Loggien, eine Anlehnung an das barocke Gegenüber. Wenn Stellas Entwurf diesen östlichen Innenhof nach außen hin verschließt (die beiden äußeren Schlüter-Tore sollen keine direkten Zugänge zu ihm bilden), so öffnet er das Innere des Baus an einer andern, ingeniös gewählten Stelle: durch Schaffung einer relativ schmalen Passage, die er aus dem großen (westlichen) Schloßhof gewissermaßen ausschneidet, auf diese Weise zwei bedeutende Innenportale Eosanders durch Erneuerung rettend. Zwei Eosander-Tore an den äußeren Längsfronten erschließen diesen neugebildeten Hof und damit das ganze Gebäude nach der Nord- und der Südseite der Stadt. Den Haupteingang wird Eosanders großes West-Portal bilden; mehrere andere Entwürfe hatten ihn auf die üppig neugestaltete Ostseite des Gebäudes verlegt.

Die Entscheidung der Jury fiel mit dem Verschwinden der letzten oberirdischen Reste des einstigen Palastes der Republik fast auf den Tag zusammen. Dieses relevante Bauwerk einer qualifizierten architektonischen Moderne war nicht zu retten, seit Eduard Oswald, der Bauminister der scheidenden Regierung Kohl, bestätigt durch seinen Nachfolger Müntefering, im Oktober 1998 einen Vertrag über die Totalsanierung des stillgelegten Gebäudes abgeschlossen hatte. Die Sanierungsruine zur Grundlage eines Neubaus zu machen, wie es später gelegentlich vorgeschlagen wurde, hätte keins der städtebaulichen Probleme gelöst, die mit der Position des Palastes von jeher verbunden gewesen waren. Auch gab es zu der vollzogenen Zerstörung der singulären Technik und Konstruktion des großen Mehrzwecksaals nur *eine* standhaltende Alternative: die Wiedergewinnung des dort früher befindlichen Schlüterhofs, dessen Originalplastik zu Teilen erhalten ist.

Die inzwischen ergrünte Leerfläche, die die Stelle des alten Volkspalasts eingenommen hat, besitzt nun eine bauliche Perspektive: wir wissen, wie der neue Palast der Republik aussehen wird. Daß es sich nicht um die Wiedererrichtung des Hohenzollern-Schlosses handelt, wird manchmal übersehen; es geht um einen neuen Funktionen dienenden Neubau, der sich in die Proportionen des alten, städtebaulich ebenso folgenreichen wie hochbewährten Vorgängerbaus fügt und sich die Tatsache zunutze macht, daß dessen Grundform – eine eckige liegende 8 – sich von jeher für eine Vielfalt von Funktionen eignete.

Ebendies wird Stellas Architektur aufs neue bewähren. Sie folgt dem Muster, dem unter DDR-Ägide in zwei Nachkriegsjahrzehnten alle umliegenden Wiederaufbauten gefolgt sind. Bei allen verband sich die Wiederherstellung der Außengestalt mit einer neuen, mehr oder weniger gelingenden, aber strukturell niemals brachialen Innenarchitektur. Von daher bildet das Humboldt-Forum den Schlußstein eines einzigartigen Wiederaufbauwerks, das in den frühen fünfziger Jahren mit der äußeren Wiederherstellung des Zeughauses und der Hofoper der preußischen Monarchie begonnen hatte und mit der Erneuerung von Schinkels Altem Museum 1966 endete. Dom, Nikolaikirche und Ephraim-Palais kamen erst in den achtziger Jahren hinzu.

Welches Unglück es für Berlin war, daß der vorgesehene Wiederaufbau des im Innern viel weniger zerstörten Neuen Museums zu DDR-Zeiten unterblieb (es lag, wie wir nun wissen, an der seit Stülers Zeiten fehlerhaften und erst mit neuesten technischen Mitteln korrigierbaren Pfahlfundamentierung), wird sich demnächst zeigen. Was die Besucher erwartet und sich derzeit noch in einer von Exponaten ungemilderten Deutlichkeit zeigt, ist ein Zeitzeichen besonderer Art; es verbindet den Luxus einer Ruinenseligkeit, die noch den schäbigsten Putzfleck mit akribischer Restaurierung ehrt, mit einem Monumentalismus, der nicht enden wollende Betonwände durch eine Beimischung gemahlenen Marmors zu veredeln glaubt und dabei nichts anderes erreicht als die steinerne Imitation von Preßpappe. Hätte man das nur partiell zerstörte Haus nach dem Bombenkrieg mittels Verkleidungen aus echter Preßpappe wieder begehbar gemacht, so hätte man ein gutes Werk getan; dies mit den Geldmitteln der Überflußgesellschaft sechzig Jahre später unter der Vorgabe nachzuholen, ein berlinisches Pompeji vor sich zu haben (der letzte Krieg schien Architekten und Bauherrn zweitausend Jahre zurückzuliegen), überbietet die Liebhabereien einer älteren Spätzeit, die sich mit der Gartenanlage künstlicher Ruinen vergleichsweise unschuldig ergingen. Was hier nicht zeitlich folgt, als der stilistische Umschlag, sondern sich in konterkarierender Gleichzeitigkeit ergeht, sind die Raumzeichen eines Bewußtseins, das die Lust an der eigenen Leere in Gesten von autoritärer Kälte und offensiver Rücksichtslosigkeit auslebt. Dekadenz, die ihren Umschlag in den Brutalismus selbst inszeniert, bietet ein erstaunliches Schauspiel. Wer wissen will, welche Gefahren uns drohen, sollte diesen Bau zu Rate ziehen; er ist sprechend in jeder Hinsicht.

II

Zum Glück gibt es Gegenbeispiele an vielen Fronten, nicht zuletzt auf dem Feld eines Wohnungsbaus, der die Parzelle wiederentdeckt hat, auch und gerade in Berlin-Mitte, zwischen Niederwall- und Kurstraße. Auf andere Weise hat das künftige Humboldt-Forum die Chance, ein solches Gegenbeispiel zu werden. Dessen Franco Stella übertragene bauliche Realisierung verweist auf die immer wieder kontrovers und nicht selten konfus debattierte Frage der Zulässigkeit oder Wünschbarkeit von *Iterationen*, also Wiederholungen, Neuerrichtungen wertvoller alter Architektur wenigstens ihrer äußeren Gestalt nach, die ja nicht nur das gegenständliche Schaubild der Fassaden, sondern auch die spezifische Räumlichkeit des verlorenen Altbaus im Gefüge der Stadt bedeutet. Können Architektur und Städtebau in dieser Hinsicht von der musikalischen Praxis lernen? Die Wiederaufführung von Werken vergangener Zeiten, partiturgetreu, aber betreffs der Säle und Instrumente unter Bedingungen, die von denen der Entstehungszeit deutlich abweichen, ist auf diesem Feld eine völlige Normalität.

Die Musik ist eine bewegliche Kunst, sie verklingt im Raum und erklingt auf Instrumenten, die – mit wenigen Ausnahmen – von Raum zu Raum transportiert werden können. Das erleichtert den Zugriff auf alte Werke; sie koexistieren mit denen früherer Generationen und tun das nicht selten innerhalb *eines* Konzertes; zugleich bilden sich Spezialisten aus für die möglichst getreue Wiedergabe alter und ältester Partituren. In der von Haus aus unbeweglichen, räumlich fixierte Gebilde schaffenden Architektur war eine solche Koexistenz des Alten mit dem Neuen, also jenes umfassende Repertoire, das die Musikpraxis sich seit dem mittleren 19. Jahrhundert erworben hat, durch Städte vorgegeben, die, wenn nicht Brände oder ein jäh ausbrechender Reichtum wie in der Gründerzeit dazwischenfuhren, die Koexistenz der Formen, der Stile, der architektonischen Haltungen als ein gegenständliches Bei- und Nebeneinander realisierten, und der sich entwickelnde Denkmalschutz hatte die Aufgabe, darüber zu wachen, daß nicht wertvolles Altes den Renditeinteressen von Privateigentümern und den Repräsentationsinteressen von Staats- und Stadteigentümern geopfert werde.

Der Bombenkrieg, der in Deutschland, das diesen Krieg angezettelt hatte, bis in die letzten Wochen des Zweiten Weltkriegs alte Stadtkerne ausradierte, hat diese Situation wesentlich verändert. Jenes gegenständlich vorhandene architektonische Repertoire, in dem es nur darauf angekommen war, das Alte vor der impliziten Aggressivität des Neuen zu schützen, war in vielen Städten nicht mehr vorhanden, und das beschädigt oder zerstört Übriggebliebene wurde nur allzu schnell weggeräumt. Die deutschen Städte – und zuvor die anderer Länder – waren so gravierend ihrer alten Substanz beraubt, daß jene denkmalpflegerischen Maximen ihren Sinn verloren hatten, die Anfang des 20. Jahrhunderts einem nachahmenden Historismus opponiert hatten, wie er damals die 250 Jahre alte Ruine des Heidelberger Renaissanceschlosses hatte wieder aufbauen wollen. Worum es nun ging, war etwas anderes: In großenteils völlig neu erbauten Innenstädten galt es die auf einzelne Bauwerke und manchmal Ensembles gerichtete, also a priori strikt eingegrenzte Wiedergewinnung eines architektonischen Repertoires, das als über die Zeiten gewachsenes abhanden gekommen war. Diese angesichts des Ausmaßes der Verluste evidente Anforderung stieß auf Widerstände nicht nur innerhalb der Architektenschaft, sondern auch in dem Bereich des Denkmalschutzes; dabei wurde vielfach mit abstrakten und deutlich ideologischen Argumenten operiert. Wie immer, wenn das geschieht, stehen im Hintergrund handfeste materielle Interessen; diese greifen besonders gern zu moralisierenden Abwehrstrategien.

Im Bereich des Denkmalschutzes bekundete sich die Sorge, daß Mittel, die für das replizierende Wiedererstehen verschwundener oder fast völlig zerstörter Bauwerke aufgewendet würden, für die große und oft vernachlässigte Aufgabe der Erhaltung des Übrigebliebenen und Reparaturbedürftigen nicht zur Verfügung stünden. Doch die Töpfe, die Etats, aus denen das eine und das andere finanziert wird, sind von jeher verschieden; von daher gibt es keine Finanzkonkurrenz zwischen Denkmalschutz und der Neuerrichtung zerstörter Baudenkmale. Und es gibt auch keine Verwässerung des Denkmalschutzgedankens durch solche Wiedererrichtungen. Wenn in Berlin das Humboldt-Forum nicht nur in den Maßen, sondern auch mit den Fassaden des Schlüter-Eosander-Schlosses ersteht, kann sich, die Einbeziehung denkmalpflegerischen Sachverstands vorausgesetzt, die Wertschätzung für das originale Barock nur erhöhen.

Die Opposition vieler Architekten gegenüber der iterativen Neuerrichtung bedeutender alter Bauwerke (der Begriff der *Iteration* hat Vorzüge gegenüber dem der Replik) war irrational insofern, als die Baukunst der Gegenwart durch die vorangegangenen Stadtzerstörungen über Jahrzehnte hin ein nie dagewesenes Maß an Freiraum für ihre Planungen, ihre Projekte erhalten hatte. Infolge einer hemmungslosen Ruinenvernichtung waren in Ost und West ganze Innenstädte neu zu bauen gewesen; dennoch regte sich in der beteiligten Fachwelt anhaltender Widerstand, wenn die Bewohner dieser Städte sich für den Wiederaufbau oder die Neuerrichtung verlorener Bauwerke besonderen Ranges einsetzten. In Frankfurt am Main zum Beispiel: Welche Kämpfe um den Wiederaufbau des zerstörten Opernhauses, das als Konzerthaus, mit weitgehend neuer Innenarchitektur, dann ein kulturelles Zentrum von großer Strahlkraft wurde, und zuvor welche Verwüstung, welche Deproportionierung des innerstädtischen Hauptplatzes, des Römers, durch die völlige Abtragung der zerstörten alten Gebäude! Stadtplaner und Architekten akklamierten der Kriegszerstörung, indem sie deren Spuren tilgten; zugleich warf man denen, die sie erhalten wollten, um sie erneuern zu können, Verdrängung der Geschichte vor. Eine Tabula-rasa-Gesinnung suchte sich unter dem Begriff der Moderne, also des Fortschrittlichen unangreifbar zu machen.

Alle diese Torheiten, Kämpfe, Verluste gingen in Ost und West, unter konträren politischen Machtverhältnissen, mit völliger Symmetrie vor sich. Was die Stadtoberen der SED in Dresden mit der Sprengung der Ruinen der Rampischen oder der Prager Straße, des Altmarkts, des Neumarkts oder des Neustädter Markts anrichteten, vollzog sich entsprechend in Frankfurt am Main oder in Kassel, in Stuttgart oder in Mainz. Aber auch eine unzerstörte Stadt wie Stockholm opferte in den sechziger Jahren ein ganzes Stadtviertel einem a priori stadt- und menschenfeindlichen Kahlschlag. Als nach soviel Verlusten eine Rückbesinnung auf die einzigartigen Qualitäten der europäischen Stadt einsetzte, war es zu spät, die seinerzeit aufgegebenen Altbauten in der alten Ziegeltechnik wiedererstehen zu lassen. In Berlin, zu Seiten der im Äußern weitgehend getreu wiederaufgebauten, im Innern fühlsam neugestalteten Staatsoper, konnte das unter Richard Paulick noch vermieden werden; die beiden dort früher befindlichen Palais, das eine völlig zerstört, das andere bereits abgetragen, wurden um 1965 als Ziegelbauten neuerrichtet bzw. wiederaufgebaut. Als man in Frankfurt am Main die alten Platzproportionen des Römers mit Iterationen der alten Fachwerkhäuser wiederherstellte, war das Geschrei der Puristen groß, daß dies Fakes à la Disneyland seien, bloße Fassadenbilder, aufgetragen auf Betonwandungen. Natürlich, dergleichen ist ein Behelf; anders wäre es zu teuer geworden. Hätte in den fünfziger, den sechziger Jahren nicht eine hybride städtebauliche Ignoranz hier und andernorts das Heft in der Hand gehabt, so hätte man anders vorgehen können.

III

Was sich damals hervortat und heute vielfach unter denselben theoretischen Drapierungen erscheint, ist ein Totalitätsanspruch der Moderne, vorgetragen von einzelnen theoretisierenden und praktizierenden Protagonisten; wie jeder Totalitätsanspruch zeugt auch dieser von einem unbewältigten Minderwertigkeitskomplex.

Die zeitgenössische Architektur weiß, was ihr fehlt gegenüber der Formensprache älterer und alter Zeiten; sie weiß um die Verarmung und Radikalisierung, die die ästhetische ebenso wie die technologische Entwicklung ihr auferlegt haben. Daß sie Qualitäten anderer Art entwickelte, liegt auf der Hand, aber sie können die verschwundenen nicht ersetzen und nicht kompensieren; auch ist die grundsätzliche Differenz so groß, daß es besonderer Fühlsamkeit bedarf, das eine mit dem andern zu verbinden. Fühlsamkeit aber ist genau die Kategorie, mit der große Teile der zeitgenössischen Architektur auf dem Kriegsfuß stehen. Aus allen diesen Gründen sind ihre Protagonisten oft so empfindlich gegenüber dem Gedanken, daß in der Architektur, ganz ähnlich wie in der Musik, die materielle Wiedervergegenwärtigung des vor Zeiten Gelungenen nicht nur möglich, sondern vielfach geboten ist, natürlich unter bestimmten Voraussetzungen, zu denen das Vorhandensein der Partituren – also von Unterlagen und Dokumentationen der Originale – und die Authentizität des Bauplatzes zählt.

Die fachmännische Überwachung solcher Iterationen ist in jedem Fall von größter Bedeutung; sie fällt in die Verantwortung der kommunalen bzw. staatlichen Instanzen. Es darf nicht dem jeweiligen Bauherrn überlassen bleiben, wie getreu und mit welchen Materialien er eine alte Fassade wiedererstehen läßt. Gerade der irrationale Widerstand, den das iterative Verfahren als solches immer noch findet, führt häufig dazu, daß seine Anwendung in das Belieben der Investoren gestellt wird. Handhaben diese es oberflächlich, dann ist nicht das Verfahren als solches in Frage zu stellen, sondern die Sorglosigkeit der Behörden. Das beginnt bei der Vergabe der betreffenden Grundstücke, für die die Kommunen vielfach so hohe Preise fordern, daß der architektonischen Qualität von vornherein Grenzen gesetzt sind.

Es ist eine beliebte Irreführung, die Befürworter der prinzipiellen Zulässigkeit solcher Iterationen zu Gegnern der zeitgenössischen Architektur zu erklären. Dabei geht es einzig darum, deren Totalitätsanspruch abzuwehren. Es fehlt nicht an guter neuer Architektur in unserer Zeit und immer wieder gibt es auch die exzellente; zugleich ist deutlich: es gibt kein Gelingen an sich, sondern nur an einem bestimmten Platz, in der Zuordnung zu dem, was schon dasteht. Wenn dieser Bauplatz wie im Fall des Dresdner Neumarkts durch einen Wiederaufbau bestimmt wird, der als archäologisch getreue Neuerrichtung einer berühmten alten Kirche zum Staunen und zu der Freude der Welt geglückt ist, dann ist die Vorstellung zwingend, daß die bauliche Umfassung eines solchen Wunderwerks schöpferischer Reproduktion auf dessen Gestalt Rücksicht zu nehmen habe. Das ist ringsum in großem Umfang geschehen, sowohl mit erneuerten alten Fassaden, die sich dem früh gefundenen Prinzip des Leitbaus immerhin annähern, wie mit kompletten Neubauten, deren Außenseite sich ideenreich in Reih und Glied der vorgegebenen Parzellenstruktur stellt.

Wenn hinter den erneuerten alten Fassaden dann mit andern Nutzungen andere bauliche Strukturen Raum greifen, dann entspricht das den Prinzipien, nach denen in den Jahrzehnten nach dem Krieg Theater, Museen und andere öffentliche Gebäude wiederaufgebaut wurden. Nur bei Kirchen war es manchmal möglich, Innen und Außen in das alte Verhältnis zu setzen. In Dresden beispielsweise wären weder das Albertinum noch das Schauspielhaus noch das augusteische Blockhaus und auch nicht die Semperoper wiedererstanden, wenn man nach jener puristischen Maxime verfahren wäre, die das Unmögliche, nämlich die totale oder auch archäologische Rekonstruktion, fordert, um das Mögliche zu verhindern. Es ist nicht einzusehen, warum privat finanzierte Neuerrichtungen weniger pragmatisch verfahren sollten als jene öffentlich finanzierten Wiederaufbauten, ohne die wir uns unsere Städte gar nicht vorstellen können. Abweichungen zwischen Innen- und Außengestalt zeigten auch die alten Häuser selbst, als es sie noch gab; alte Dresdner wissen, daß die barocken Geschäftshäuser inwendig oft weitgehend umgestaltet waren. Wenn die alte Stadt selbst verloren ist, dann ist es – das zeigen auch Warschau und Danzig – wichtig genug, an exponierten Stellen wenigstens teilweise ihr Bild und damit zugleich ein Vorbild ästhetischen Gelingens und menschengerechter Proportionen wiederzugewinnen, insbesondere dort, wo es, wie in Dresden, gilt, einem nun tatsächlich archäologisch exakten Neu- und Wiederaufbau städtebaulich gerecht zu werden.

Umso kurioser mutet das Projekt an, an einer gegenüber der Frauenkirche besonders exponierten Stelle, der des im Siebenjährigen Krieg zerstörten alten Gewandhauses, einen Neubau aufzuführen, von dem niemand weiß, wozu er nütze sein soll, und der einzig die Funktion hat, die Formensprache der Gegenwart gegen den beherrschenden Alt-Neu-Bau zur Geltung zu bringen. Das Groß-Gelungene als das Unerträgliche, dem man zeigen muß, was eine Harke ist – es ist solche Großmannssucht, mit der die Kleingeister unserer Tage sich in die Brust werfen; die Leute, die Stadtbewohner wissen es immer besser. Von der Weisheit des Volkes hat Bertolt Brecht in genau diesem Zusammenhang einmal gesprochen.[104]

IV

Was eine Weltfinanz- und damit Weltwirtschaftskrise derzeit drastisch zutage fördert, ist die Tatsache, daß ein für das ökonomische und gesellschaftliche Ganze entscheidender Teilbereich sich von der Beziehung zur Wirklichkeit weitgehend entbunden glaubte. Eine von Spieltrieb und Hybris befeuerte spezialistische

Selbstisolation reißt das Ganze, wenn nicht in den Abgrund, so doch in eine tiefe Talsohle, ohne Anzeichen der Selbstbesinnung erkennen zu lassen. Die Bildung selbstreferentieller, d. h. nur noch mit sich selbst, ihren eigenen Kriterien beschäftigter Systeme (Niklas Luhmann hat sie definiert und untersucht), ist nicht auf den Bereich der Finanzökonomie beschränkt. Dieselbe Tendenz zur selbstreferentiellen Isolation und der damit verbundenen Auftürmung fauler Kredite gibt es in unserm Umgang mit der Natur und ihren Ressourcen und es gibt sie auf kulturellen Feldern, vor allem dort, wo viel Geld im Spiel ist. Es gibt sie innerhalb des Theaters, auch der Oper, es gibt sie in der bildenden Kunst und es gibt sie in der Architektur, jeweils unter Berufung auf einen Freiheitsbegriff, der durch nichts mehr ausgehöhlt und bedroht wird als durch seinen Mißbrauch im Dienst einer Willkür, die Genie vorschützt, wo es sich nur um Dilettantismus handelt.

Wie sich das eine zum andern fügt, zeigt der Städtebau unserer Tage manchmal mit erstaunlicher Prägnanz. Der kommerziellen Repräsentationsarchitektur unserer Tage ist, produktive Ausnahmen immer in Betracht gezogen, eine Hybris eigen, die sehr genau mit dem hybriden Charakter der technisch-ökonomischen Weltordnung korrespondiert. Wir brauchen uns nur die Bankentürme anzusehen, die sich das rücksichtslos weltumkreisende Spekulationskapital in den Metropolen der Welt errichtet hat, um zu bemerken, daß Form und Inhalt abbildhaft zusammenstimmen. Wer die beiden blau schimmernden Hochhäuser der Deutschen Bank in Frankfurt ins Auge faßt, gläsern-kalte, kristallin in sich verschlossene Machtdemonstrationen, dem wird völlig plausibel, daß in solchen Häusern nicht mehr Volkswirtschaftler, sondern „Funktionäre der Renditeoptimierung" (Bernhard v. Loeffelholz) ihr Wesen treiben.

Natürlich, es gibt andere, gibt gelungene Hochhäuser, besonders in Asien, aber auch in Frankfurt am Main. Wer wollte den Hochhaussilhouetten dieser und anderer Städte die eigene, effektvolle und impressive Ästhetik absprechen; ein himmelstürmendes Übermenschentum, dessen Beziehungen zur Erde prekär genug sind, hat sich mit Hilfe ingeniöser Baumeister wirkungsvolle Symbolformen geschaffen. Deren Tendenz, das Alte, falls es standhielt, herunterzustufen und ins Irrelevante zu verweisen, zeigt sich im Falle Frankfurts nur zu genau an der Rolle, die der Turm des alten gotischen Kaiserdoms in diesem gipfelstürmenden Ensemble spielt: eine verschwindende. Die Weisheit der Stadtväter hat den meisten deutschen Städten das entsprechende Schicksal bisher erspart. Aber die Akteure der Gigantomanie liegen überall auf der Lauer; sie finden allemal willige Helfer, wenn es darum geht, Schutzzonen aufzubrechen und Brücken oder Riesenräder oder Fernsehtürme zu bauen, wo sie nicht hingehören. Wachsamkeit,

Bürgerwehr ist geboten, und nicht erst, wenn die Wettbewerbe stattgefunden haben. Principiis falsis obstate – widerstehet den falschen Anfängen!

Von der Musik kann die Architektur lernen, daß die Kunst der Gegenwart nicht für sich bestehen kann, daß sie der Ergänzung durch Qualitäten bedarf, die ihr im Lauf der Entwicklung abhanden gekommen sind, ohne verlorengegangen zu sein: sie stehen ihr in Gestalt eines großen Erbes als lebendig-wirksame zu Gebote. Wir können, wir müssen sie abrufen um der Ganzheit des Menschen willen, des Gesamt seiner Gefühls- und Empfindungswelt, der einzigen Totalität, die zählt. Die Koexistenz des Alten und Ältesten mit dem Neuen und Neuesten spannt jenes Repertoire auf, das der Universalität unserer kulturellen Bedürfnisse gerecht wird – in der Musik, dieser beweglichsten aller Künste, wie in der Architektur, der fixiertesten. In beiden ist, ohne Kränkung, ohne Beeinträchtigung des Schöpferisch-Neuen, Wiedervergegenwärtigung des einst Gelungenen möglich; in beiden ist der Zugriff der Gegenwart produktiv, wenn er seiner Grenzen bewußt ist und sich von der lange herrschenden Vorstellung löst, daß das Gegenwärtige als solches den Anspruch des Fortschrittlichen erheben könne. In der Kunst geht es anders zu als bei der Konstruktion von Automobilen, Waschmaschinen oder Flugzeugen, deren Hersteller mit Recht sagen können, daß diese nützlichen Geräte, seit es sie gibt, „immer besser" geworden seien. Schreitet die Kunst voran, ist es zum Anders-, nicht zum Besser-Werden, sie weiß das oder sollte es wissen. Es ist ihre Würde und ihr Ruhm, es macht ihre Bescheidenheit und ihr Selbstbewußtsein aus.

2008

Sanieren oder demolieren?

Berlins Staatsoper am Scheideweg

Vom Ingenium

Klaus Wowereit, der in dieser mit Fleiß irregeleiteten Angelegenheit das letzte Wort haben wird, hat am 29. Mai 2008 im Abgeordnetenhaus sein erstes Wort gesprochen: Für ihn, erklärte er, gehe es darum, eine bessere Sicht und Akustik mit den Interessen des Denkmalschutzes in Einklang zu bringen. Heißt das, daß er gegenüber der Staatsoper Unter den Linden nicht den Herostratos abgeben will, der einen der schönsten Theatersäle Europas den Vorschlaghämmern des Vandalismus preisgibt? Es scheint so, und es liegt auf der Hand. Berlin würde sich andernfalls zum Gelächter Europas machen.

Man stelle sich vor, daß in Wien die Besucher der preiswerten hinteren und oberen Staatsopernplätze bei Gelegenheit einer bautechnischen Sanierung darauf dringen würden, diesen gleichzeitig mit der Berliner Staatsoper neu errichteten Opernsaal zu demolieren, um einen „modernen" Saal mit den Sichtverhältnissen eines Großkinos zu gewinnen. Und wie würden Wien und die Welt reagieren, wenn ein Architekt mit dem Zuschauerraum des ebenfalls kriegszerstörten und danach mit veränderten Schmuckformen wiederaufgebauten Burgtheaters so verfahren wollte? Auch hier gibt es hinten oben seitlich zahlreiche sichtbehinderte und/oder akustisch schwache Plätze. Man stelle sich vor, der 1955 neu errichtete Saal würde im Zuge einer technischen Grunderneuerung zerstört, um diesem Mißstand abzuhelfen! Eben dies befürwortet im Fall der Berliner Staatsoper eine von der Senatsbaudirektorin Regula Lüscher berufene Jury.

Die beiden Wiener Theatersäle sind in den fünfziger Jahren in der alten räumlichen Struktur - sowohl als Rang- wie als Logentheater - mit einer zeitgenössisch revidierten Ornamentik erneuert worden. Richard Paulick, der Poelzig-Schüler und Gropius-Mitarbeiter (von den Nazis vertrieben, kehrte er 1950 aus dem chinesischen Exil nach Berlin zurück), ging beim Wiederaufbau der Knobelsdorff-Oper einen andern, nie zuvor beschrittenen Weg. In den Raummaßen des alten, auf Knobelsdorff zurückgehenden Theatersaals modernisierte und rationalisierte er die Strukturen, um bessere Sicht- und Hörverhältnisse als die

Vorgängersäle von Carl Ferdinand Langhans (1845) und Erich Meffert (1942) zu gewinnen.[105] Paulick verkürzte Langhans' dreiteiliges, weit ins Parkett reichendes Logenproszenium, ging von den vier Rängen, die beim Wiederaufbau von 1845 aus Renditegründen in den Saal gepreßt worden waren (Meffert hatte alles dies adaptiv übernommen), auf die drei Ränge des Urbaus von 1742 zurück und gab die sichtfeindliche Logenstruktur zugunsten einer schwingend-vereinfachten Lösung auf, die die Sitzreihen der Ränge überall in steilen Stufen so stark staffelte, daß man - jeder kann es für 5 bis 17 Euro ausprobieren - noch aus der hintersten Reihe der Seitenränge überraschend gute Sichtbedingungen hat.[106]

Ein Hauptproblem der Vorgängerbauten, die Position der Garderoben, löste Paulick durch deren Verlegung in zwei großzügige unterirdische Trakte und plazierte zwischen ihnen eine Konditorei, von der aus der Besucher auf eleganten Treppen zu den Wandelgängen des Parketts und der Ränge geleitet wurde. Man muß ein Liebhaber des neuen Leipziger Museumscafés mit seiner Deckenhöhe von 8 Metern sein, um sich in dieser unteren Enfilade beengt zu fühlen. Fünfzig Jahre lang haben die Besucher des Hauses diese kostbar ausgestalteten Räume zu genießen gewußt - wohlkomponierte Zwischenstationen auf dem Weg ins Saalinnere.

Den neugeschaffenen wie den wiederhergestellten Räumen gab Paulick, je nach ihrer Eigenart und Funktion, ein ornamentales Gewand, das im großen Saal nicht bloß Zierat war; seine allen Akustikern bewußte Funktion ist die der Schallstreuung. Man kann bei Gottfried Semper nachlesen, wie wichtig solche kleinteiligen plastischen Formen, über die die neuere Architektur nicht mehr verfügt, für eine glückende Klanglichkeit sind. Um die „schädlichen Gesetzmäßigkeiten des Schalles" zu brechen, schrieb der erfahrene Theaterbaumeister, bedürfe es „recht vieler Vorsprünge und plastischer Erhabenheiten".[107] Die Akustiker von heute bekräftigen diesen Befund.[108]

Paulicks Ingenium zeigte sich daran, daß er, der Bauhausmeister, den Gedanken abwies, dieses ornamentale Gewand aus dem Geist der Gegenwart neu zu erfinden, wie dies zur gleichen Zeit in den beiden Wiener Theatersälen praktiziert wurde. Stattdessen ging er, Willy Kurth, den bedeutenden Kunsthistoriker und Direktor von Sanssouci an der Seite, auf den Primärarchitekten zurück, Georg Wenzeslaus von Knobelsdorff, dessen Ornamentik sich nicht in dem 1843 abgebrannten und danach klassizistisch wiederaufgebauten Opernhaus erhalten hatte, aber, außer in Schloß Sanssouci, in einer Dedikationsmappe zu Händen des königlichen Bauherrn. Für die Auskleidung der Räume waren Paulick die besten historischen Vorlagen und die edelsten Materialien gerade gut genug (wer von Stuck redet, als wäre das ein Manko, sollte Holz, Eisen und eine Vielzahl von

Marmorarten im Paulick-Bau nicht übersehen), und das Wunder geschah: die Verbindung funktionierte. Ein genialer Architekt hatte eine Synthese zustande gebracht, die die Statthalter des Purismus, die Prinzipienreiter der reinen Leere aufs tiefste erschüttern mußte. Sie tut das bis heute.

Der Wiederaufbau der Bayerischen Staatsoper, auch dies ein inwendiger Neubau, zog einige Jahre später die Folgerung aus Paulicks Gelingen. Man griff auf die originale Ornamentik des zerstörten Klenze-Saals zurück, was Paulick gegenüber Knobelsdorff auf jene mittelbare Weise realisiert hatte. Er hatte die schwerste Aufgabe mit einer Meisterschaft bewältigt, die die Demut vor dem Urbaumeister mit den Anforderungen einer neuen Funktionalität verband. Das Gegenteil von Demut ist Hybris. Sie ist die Zeitkrankheit und ganz besonders eine Architektenkrankheit. Klaus Wowereit wird ihr um Berlins willen zu entgegnen haben.

Vom Nachhall

Hand in Hand mit der Hybris geht der Furor der Vernichtung; er ist um Scheingründe niemals verlegen. Ein solcher Scheingrund für die von dem Wettbewerbssieger Klaus Roth projektierte und durch ein Jury-Votum bekräftigte Demolierung des Paulick-Saals sind dessen akustische Probleme. Es gibt sie wie in jedem Rangtheater und gibt sie auch und gerade auf den rückwärtigen Plätzen von Scharouns amphitheatralischer Philharmonie. Als Demolierungsgrund sind sie unstichhaltig, das Urteil der Akustiker belegt es. Die Staatsoper selbst hat in ihrem Journal vor einigen Jahren durch Klaus Brod eine fachmännische Analyse vorgelegt, die drei wesentliche akustische Meßgrößen: Deutlichkeitsmaß, Klarheitsmaß und Schallpegelverteilung, für die verschiedenen Saalregionen in Betracht zieht, dazu die wichtige Nachhallzeit, eine frequenzabhängige, darum in der Regel auf Mittelwerte bezogene Größe.[109] Der mittlere Nachhall im Langhansbau, also in den Opernjahren 1845 bis 1941, war mit 0,9 Sekunden sehr kurz; damals konnte von einer trockenen Akustik gesprochen werden, was mit der Vorherrschaft der italienischen Oper zusammenhing; ältere italienische Häuser bringen es ohne weiteres auf 0,8 Sekunden. Dieser für spätromantische Klangentfaltung allzu kurze Nachhall hat einen Komponisten wie Richard Strauss nicht gehindert, in diesem Berliner Opernsaal jahrzehntelang seine eigenen Opern ebenso wie die Richard Wagners zu dirigieren; auch Erich Kleiber und Leo Blech sind als preußische Generalmusikdirektoren dieser klanglichen Übertransparenz Herr geworden.

Es macht den guten Dirigenten aus, sein Orchester auf die akustischen Bedingungen eines bestimmten Saals einzustellen; das hat auch Daniel Barenboim bewiesen, als er in diesem Paulick-Knobelsdorffschen Saal die Berliner Staatskapelle zu einem noch bedeutenderen Orchester entwickelte, als sie es schon vorher war.[110] Daß er nun, im Alter (er ist fünfundsechzig und im Zustand permanenter Selbstüberforderung), glaubt, dies nicht mehr leisten zu können, und mit knappem Wort die Vernichtung des vorhandenen Saals verfügt[111], um seiner Fähigkeit aufzuhelfen, den Klang seines Orchesters auf dessen angestammten Raum einzustellen, ist ein Phänomen, dessen Altersüberheblichkeit an die Jugendüberheblichkeit Herbert v. Karajans erinnert, der, im wiedereröffneten Bayreuther Festspielhaus mit „Tristan" und „Meistersingern" exzellierend (die Aufnahmen bezeugen seine Leistung), für weitere Dirigate von den Wagner-Brüdern die Demontage des berühmten Schalldeckels forderte, um sich und das Orchester zu stärkerer Wirkung zu bringen. Der Deckel blieb, und Karajan ging. Es war ein Verlust für die Festspiele, aber der eines unerläßlichen Saalspezifikums wäre der größere gewesen.

Die preußischen Generalmusikdirektoren hatten es in dem italienisch-trocken klingenden Saal akustisch nicht leicht mit Wagner, Puccini oder eben Richard Strauss. Paulick und seinem exzellenten Akustiker, Walter Reichardt von der Dresdner Technischen Hochschule, gelangen beim Wiederaufbau 1952-1955 markante Verbesserungen; durch eine Reihe von Maßnahmen, zu denen der Verzicht auf den vierten Rang, aber auch eine akustisch motivierte Deckenabhängung gehörten[112], konnten sie den mittleren Nachhall auf 1,0 Sekunden erhöhen.[113] Die umfassende baulich-technische Rekonstruktion, der das gesamte Haus in den Jahren 1983-1986 unterzogen wurde, betraf auch die Akustik des großen Saals; unter der Oberleitung von Wolfgang Fasold, dem Chefakustiker der Deutschen Bauakademie, verminderte sie über dem Orchestergraben die als ungünstig erwiesene Deckenschräge von 30° auf 8° und verbesserte so die Hörsituation für die Instrumentalisten im Graben und die Sänger auf der Bühne. Durch einige unsichtbare, aber wirkungsvolle Eingriffe gelang es, den mittleren Nachhall auf 1,3 Sekunden zu erhöhen.[114] Mit diesem Wert befindet man sich im oberen Bereich der für Opernsäle zulässigen Spanne, die bei 0,8 - 1,5 Sekunden liegt. Für Konzertsäle gilt eine Nachhallspanne von 1,5 bis 2,0 Sekunden als angemessen.[115]

Vom Purismus. Stagione - wo?

Bis in die siebziger Jahre hinein hatte man in Dresden die Absicht, der Staatsoper, deren Foyers großenteils erhalten, der Saal aber zerstört war, beim Wiederaufbau einen modernen Saal einzupflanzen. Nicht nur aus akustischen Gründen wurde der Plan, der auf der Höhe jener denkmalpflegerischen Orthodoxie stand, wonach man nur das Erhaltene restaurieren, nicht das Verlorene rekonstruieren dürfe[116], im Verlauf eines langjährigen Klärungsprozesses verworfen.[117] Aus dem festlich-detailreichen Äußeren der Wandelgänge und Vestibüle in das zeitgenössisch-karge Innere des Hauptsaals zu treten - es hätte eine unfruchtbare Dissonanz bedeutet. Das Dissonante, der Bruch, die Herstellung und Ausstellung von Widersprüchen hat auch heute noch bestimmte Prävalenzen, es gilt vielen als „modern“, was immer das nah am Modischen angesiedelte Wort bedeutet. Aber muß man deswegen einen wertvollen vorhandenen Saal einschlagen? Das heißt die Lust am Unstimmigen übertreiben. Die Wegwerfgesellschaft spielt Bombenangriff; so weit sollte es die Selbstherrlichkeit der Puristen nicht treiben. Es gibt sie übrigens nicht erst seit unsern Tagen; die Verwüstung großartiger Innenräume hat in Zürich, der Heimat der neuen Berliner Senatsbaudirektorin, nachhaltige Spuren hinterlassen. Der calvinistisch-linksdogmatische Flügel der Reformation wütete in den gotischen Kirchen der Stadt gegen Glasfenster, Gemälde, Skulpturen; noch heute sieht man die Wunden, die der Fanatismus der Puritaner dort der Kunst schlug. Aus den Bilderstürmern von einst sind die Ornamentestürmer von heute geworden, und wenn man nicht aufpaßt, dringt der bibelfeste Purismus bis in das Opernleben der deutschen Hauptstadt vor.

Was er im Sinn hat, wäre folgenreich. Es würde - André Schmitz, der Kulturstaatssekretär, hat bei der Eröffnung der Berliner Wettbewerbsausstellung darauf hingewiesen[118] - die architektonisch vorgegebene Differenz zwischen Lindenoper und Deutscher Oper einebnen und das Berliner Opernleben damit einer Konstituante berauben. Die Staatsoper Unter den Linden hat, was der Deutschen Oper fehlt: die dem Besucher festlich-intim entgegenkommende Innenarchitektur, und die Deutsche Oper in Charlottenburg hat, was der Staatsoper fehlt: eine geräumige Akustik und sehr viele gute Sichtplätze. Man lasse jedem Haus seine Vorzüge, die die Kehrseite von Nachteilen sind! Eine Staatsoper, deren Hauptsaal sich nach jahrelangem Schillertheater-Exil mit einem Theaterraum im Stil eines luxuriösen Großkinos präsentierte, dessen Errichtung (es geht zwingend aus Roths Entwurf hervor) auch Paulicks Parkettfoyer mit dem Umgang sowie den unteren Garderoben- und Konditoreitrakt verschlungen hätte, - ein dergestalt amputiertes Haus wäre nur noch als Gastspielgehäuse, als Stagione-Spielstätte zu gebrauchen.

Ist das der Hintersinn des von der Stadtentwicklungssenatorin Junge-Reyer favorisierten Bauplans? Eine Neustrukturierung der komplizierten Berliner Opern- und Orchesterlandschaft durch die bauästhetische Entmächtigung der Staatsoper Unter den Linden? Es wäre der Weg über die Hintertreppe; das Akustikpostulat des Generalmusikdirektors wäre dann nur ein Vorwand im großen Berliner Opernspiel. Stefan Rosinski, der Generaldirektor der Berliner Opernstiftung, hat am 15. April 2008 vor dem Kulturausschuß des Abgeordnetenhauses eine auf konzeptionelle Klärung dringende Rede gehalten, sie ging in die Sätze aus: „Wir alle ahnen, wie es auch in Berlin gehen könnte: die Deutsche Oper als großer Repertoirebetrieb in der deutschen Tradition, die Staatsoper als international vernetzter Stagionebetrieb und die Komische Oper als junge Bühne, die sich konsequent den ästhetischen Herausforderungen unserer Zeit à la HAU (Hebbel am Ufer) stellt: Ort des Experimentierens und der Nachwuchsbildung." „Dieses Modell", fügte er hinzu, „wäre nichts als die konsequente Radikalisierung dessen, was heute bereits angelegt ist."

Vor zwei Jahren war Rosinskis Vorgänger, Michael Schindhelm, auf den Gedanken gekommen, die Deutsche Oper für den Stagione-Betrieb umzuwidmen; er wurde daraufhin aus dem Amt gedrängt. Die Staatsoper Unter den Linden würde sich in einer nach Rothschem Entwurf ästhetisch depotenzierten Gestalt einer solchen Umwidmung eher fügen als mit ihrer von Paulick im Blick auf Knobelsdorff als ein Gesamtkunstwerk durchgebildeten Innenarchitektur. Doch auch *mit* dieser könnte sie den Funktionswandel vollziehen, wenn er denn unausweichlich wäre. Rosinski hat in seiner April-Rede auf Wien verwiesen, wo das Theater an der Wien gegenüber der Wiener Staatsoper eben die Funktion wahrnehme, die er der Lindenoper zuweist: „Stagione als eine spezifische Betriebsform". Das Theater an der Wien ist ein Rang- und Logentheater aus dem 19. Jahrhundert, an Fassungsvermögen und Platzdisposition der – um vieles schöneren – Berliner Staatsoper vergleichbar. Wenn es im Hinter- und Untergrund dieses sonderbaren Berliner Architekturwettbewerbs eigentlich darum geht, welches der drei Berliner Häuser für jenen Stagionebetrieb herhalten soll, den nach Schindhelm nun auch Rosinski für zwangsläufig erklärt, dann decke man doch die Karten auf und halte die Staatsoper auch in ihrer Paulick-Gestalt für stagionefähig. Daß man diese Gestalt glaubt zerschlagen zu müssen, um die Voraussetzung für die funktionale Umwidmung herzustellen, ist ein Irrweg; so gut wie das Theater an der Wien eignet sie sich allemal dafür.

Von der Scala. Vom Regierenden Bürgermeister

Von dem Drei-Körper-Problem des Berliner Opernlebens führt der Weg zurück zur Akustik. Daß es in bestimmten, von der Mittelachse entfernt liegenden Bereichen des Paulick-Saals auch nach den Verbesserungen von 1987 akustische Defizite gab, ist unstrittig. Es gibt sie in allen Rangtheatern, auch den modernen, und die Vorstellung, daß der von Klaus Roth entworfene Saal mit seinen glatten Rangbrüstungen und seinem phantastischen Deckenkringel von ihnen frei sein werde, daß er, durch bühnenparallele Ausrichtung der Rangplätze deren Sichtverhältnisse verbessernd, auch ein besserer Hörraum sein werde, ist mehr als gewagt.[119] Der Architekt und sein leidenschaftlicher Fürsprecher, der Juryvorsitzende Peter Kulka, mögen sich gewundert haben, wie leichthin viele ihnen diese Fiktion abnahmen.

Viereinhalb Wochen, vom 3. April (Ausgabe der Unterlagen) bis zum 5. Mai 2008 (Abgabe des Beitrags), hatten die von der Senatsbaudirektorin eingeladenen acht Architekten Zeit für die Erarbeitung ihrer Wettbewerbsbeiträge; mehr Frist war ihnen von jener Senatsverwaltung für Stadtentwicklung nicht gegeben worden, die, unabhängig von der Kulturverwaltung operierend, für die Investitionen der Opernstiftung zuständig ist. Es sind die juristischen Konstruktionsfehler, durch die sich die Staats-Streiche einschleichen. Jeder auch nur halbwegs Bewanderte weiß, daß man die Akustik eines Saalentwurfs nur anhand eines detailreich ausgearbeiteten Gips- oder Holzmodells beurteilen kann, und auch das nur näherungsweise. Wie hätte auch nur einer der eingeladenen Architekten ein solches Modell binnen zweiunddreißig Tagen anfertigen und ausmessen lassen können? Daß der Saal so, wie er ist, Reserven für akustische Verbesserungen bietet, hat Klaus Brod vor einigen Jahren im Journal der Staatsoper überzeugend dargelegt[120], das neue Gutachten des Münchner Akustikers Karlheinz Müller bestätigt seinen Befund. Daß man diese Reserven bei der anstehenden technisch-baulichen Fundamentalsanierung nutzt, ist selbstverständlich; man braucht dazu Fachleute für schonsam-effiziente Renovierung. Das auf den zweiten Platz der Preisverleihung gesetzte Team HPP (Hentrich, Petschnigg und Partner) hat sich durch seinen Respekt vor dem Paulick-Bau dafür empfohlen.

Auch an der Mailänder Oper hat es vor fünf Jahren eine technisch-bauliche Grunderneuerung gegeben. In dreijähriger Bauzeit wurde im Teatro alla Scala nicht nur die Bühnentechnik von Grund auf modernisiert[121], neue Verwaltungstrakte wurden geschaffen und durch die Stabilisierung der beim Wiederaufbau nach 1945 vernachlässigten Saalfundamente sowie einige inwendige Eingriffe die Akustik des Zuschauerraums spürbar verbessert, dies alles für nicht mehr als 61 Millionen Euro, etwa ein Viertel der für die Staatsoper veranschlagten Summe.[122] Wäre in Mailand jemand auf den Gedanken gekommen, den alten Zuschauerraum, ein über sechs Ränge und eine Menge schlechter Plätze verfügendes Logentheater von 1778, zum Zweck der Sicht- und Höroptimierung preiszugeben - man hätte ihn für verrückt erklärt.

Paulicks Opernsaal in den Maßen des Knobelsdorffschen umschließt mehr als fünfzig Jahre einer vielfach ruhmreichen Aufführungsgeschichte. Dirigenten von europäischem Rang standen hier der Staatskapelle vor, Generationen bedeutender Sängerdarsteller sangen und spielten. Ruth Berghaus machte hier das avancierteste Musiktheater ihrer Zeit, und Daniel Barenboim präsentierte mit dem Regisseur Harry Kupfer und einer exzellenten Sängerschar in den neunziger Jahren den „Ring“. Ist ein Raum, in dem bis heute musikalisch bedeutende Aufführungen einem Publikum dargeboten werden, das Paulicks kostbar-komplexe Innenarchitektur als die Gipfelleistung ihrer Zeit, einer schweren Aufbauzeit, erlebt, weniger wert als die Innenarchitektur der Scala oder der Wiener Staatsoper, nur weil sie mit den Steuergeldern eines Staates finanziert wurde, der nicht länger währte als das preußisch-deutsche Kaiserreich?

Klaus Wowereit wird auf einen so abwegigen Gedanken nicht kommen. Nur scheinbar ist ihm eine Interessenabwägung aufgegeben. Es ist nicht die Sache des Denkmalschutzes, Interessen zu bekunden. Er hat kraft Amtes Werturteile abzugeben, und dieses Urteil in Bezug auf die Staatsoper war und ist eindeutig: Das Äußere und das Innere des Baus stehen vollständig und mit genauester Begründung unter Denkmalschutz.[123] Eine Wettbewerbsausschreibung, deren Text diese Vorgabe eingangs beachtete und im weiteren Verlauf außer Kraft setzte[124], so der Jury und ihrem parteiischen Vorsitzenden ein disparates Urteil ermöglichend, handelte bewußt fahrlässig. André Schmitz hat das Verfehlen der dem Wettbewerb vorangestellten Zielvorgabe durch die Jury mit deutlichen Worten bezeichnet. Daß „die Staatsoper Berlin in der Gestalt von Richard Paulick Teil unserer gemeinsamen Identität geworden“ sei, war das Fazit seiner Rede zur Ausstellung der Entwürfe. Es ist die Sache des über den Ressorts stehenden Regierungschefs, die Ebene der Vernunft und der Sachgemäßheit gegenüber widerstreitenden Tendenzen zu behaupten. Sonst wird man eines Tages sagen müssen: Was in früheren Zeiten Brände und Bomben bewirkten, das bewirkt in dem Berlin von heute die Geschichtslosigkeit der Effizienzfanatiker.

2008

Epilog 2015

Der Warnruf, der in einer binnen drei Wochen erstellten Sonderausgabe der Zeitschrift *Theater der Zeit* im Juli 2008 mit vielen andern Texten und einer großangelegten Bildfolge erschien, wurde erhört, das Ergebnis des Wettbewerbs um eine „innovative" Neufassung der Innenarchitektur kassiert; die Paulicksche Fassung, entschieden die Staatsgewalten, sollte gesichert und nach der technischen Generalsanierung wiederhergestellt werden. Aber nicht so, wie sie war; Daniel Barenboim nutzte seine Beziehungen zum Regierenden Bürgermeister, um diesem einzureden, das sanierte Haus müsse einen Nachhall von 1,6 Sekunden haben, wobei offenblieb, ob das für den besetzten oder den unbesetzten Saal gelten solle. Wer kam darauf, daß dazu das Raumvolumen des Zuschauerraums um 4 Meter qua 3000 Kubikmeter nach oben vergrößert werden müsse? Es wurde so verfügt.[125] Stand die Denkmalschutzbehörde kopf? Sie unterstand der Stadtentwicklungssenatorin und diese dem Regierenden Bürgermeister. So fügte sich die Behörde in eine die Knobelsdorffschen Proportionen verlassende Anhebung der Saaldecke in die Dachzone des alten Gebäudes; die Maßnahme sollte in einer bezüglichen Formsprache erfolgen. Das Architekturbüro Merz wurde dafür und für das Ganze der 2010 beginnenden Erneuerung gewonnen.

Vier Jahre später ist die für 2013 geplante Eröffnung des Hauses für das Jahr 2017 geplant. Die Projektanten, des Berliner Untergrunds ebenso unkundig wie der Berliner Baugeschichte, übersahen bei der Vergrößerung eines unerheblichen Tunnels das Vorhandensein riesiger Holzpfähle, die, in den sumpfigen Untergrund gerammt, Ende des 17. Jahrhunderts gewaltige Festungswerke zu tragen gehabt hatten. Die Kosten wuchsen stufenweise um 150 Millionen Euro; noch lange wird die Staatsoper Unter den Linden eine Staatsoper im Schillertheater sein.

Alte Werke auf neuen Instrumenten spielen

Zum Begriff der Wiederaufführung in Musik und Architektur[126]

I

Wiederaufführen, das ist ein Verb mit vielen Bedeutungsschichten; von Wiederaufführung, dem Substantiv, gilt das Gleiche. „Wie führst du dich wieder auf!" sagt man im nördlichen Deutschland, wenn ein Kind sich schlecht beträgt, das ist ein erziehlicher Wortgebrauch: Dem Ich wird zu verstehen gegeben, daß es Subjekt und Objekt einer selbst verantworteten Aufführung und Wiederaufführung ist. Ich will hier einer andern Art von Aufführungen nachgehen, denen der Kunst. Bauwerke werden aufgeführt und auf andere Weise werden es Oratorien, Opern und andere Schau- und Hörspiele. Konzerte werden gegeben, Sinfonien gespielt, tritt aber die menschliche Stimme hinzu, so genügt das Wort *spielen* nicht mehr: Mahlers Achte kann nur aufgeführt, genauer gesagt: *wieder* aufgeführt werden, sie ist ja ein Bestandteil des Repertoires.

Kürzlich hatte ich in Berlin eine Laudatio auf Thomas Langhoff zu halten, der den Kunstpreis des Landes Berlin erhielt. Im Licht des heutigen Themas wurde mir klar, daß dieser bedeutende Regisseur ein Theaterleben lang überwiegend Wiederaufführungen geleitet hat: Hauptmann und Tschechow, Shakespeare und Schiller, Mozart und Wagner, Kleist und Hebbel, hier in Salzburg waren es Grillparzer und Schnitzler. Der Fülle der Wiederaufführungen stehen in seinem Regie-Œuvre nur wenige Uraufführungen gegenüber, darunter eine so einschlagende wie Volker Brauns „Übergangsgesellschaft" 1987 in Berlin, doch finden sich unter den Wiederaufführungen alter Stücke, die er inszeniert hat, auch wirkliche Entdeckungen wie Hofmannsthals „Turm", ein als Lesestück geltendes Werk, das dieser Regisseur dem Theater der Gegenwart in einer spezifischen Situation neu erobern konnte. Auch in der Musik begibt sich dergleichen, und nicht nur Opernhäuser und Konzertsäle sind das Organ immer neuer Entdekkungen in den Tiefen und Breiten der Geschichte; Schallplatten, Schallstifte und Radioanstalten sind es auf ihre Weise.

Alte Werke auf neuen Instrumenten spielen – das gilt auch und gerade in Oper und Schauspiel. Das alte Werk ist der Text oder die Partitur, die neuen Instrumente sind nicht nur die Schauspieler und Sänger, die von den Erfahrungen ihrer Zeit geprägt sind, sondern auch das Theater selbst als geistiger und als körperlicher Raum, in seinen technischen und ästhetischen Gegebenheiten, über die sich die Wiederaufführung nicht hinwegsetzen kann. Wenn kritische Zuschauer den Eindruck haben, daß diese neuen Instrumente sich vor das Werk, also den Text schieben, daß sie es verstellen und deformieren, bringen sie nicht selten den Begriff der Werktreue ins Spiel und stellen ihm den des Regietheaters gegenüber als eines Theaters, dessen Darstellungsweise sich gegenüber dem Text verselbständigt. Sie übersehen, daß „Regietheater" eine tautologische Wortbildung ist wie der runde Kreis und der freundliche Gruß. Theater ohne den bestimmenden Einfluß des Regisseurs - das gibt es spätestens seit Ifflands Berliner und Goethes Weimarer Wirken nicht mehr; ich bin sicher: auch Nestroy hat in seinen Aufführungen Regie geführt. Unter den von Grund auf veränderten Bedingungen, die mit der elektrischen Beleuchtung und dem Verschwinden der Kulissenbühne über das Theater kamen, waren Schauspiel und Oper ohne Regie erst recht nicht zu haben; gesteigerte Anforderungen ergingen an die Individualisierung der Figuren wie der Schauplätze und zugleich an die Zusammenstimmung dieser und anderer Elemente.

Werktreue ist ein mehrdeutiger Begriff, denn nicht nur dem Text, auch sich selbst hat das Theater Treue zu halten, der Gegenwart seiner Mittel und seines Bewußtseins. Der Begriff der Interpretation vermittelt zwischen beiden und findet beim Schauspiel, wo der Akteur selbst das Instrument ist und sich als Person dreingibt, um den Text zu spielen, die Rolle zu verkörpern, ungleich weitere Spielräume als bei einer musikalischen Aufführung, deren Vorlage - das Wunder der Notierung! - genau festlegt, an welcher Stelle der einzelne Spieler einen Ton von bestimmter Höhe, Stärke und Dauer hervorbringt. Der Opernsänger hat beides zu verbinden, Notengenauigkeit und den Spielraum lebendiger Verkörperung; ihm ist das Schwierigste abverlangt in Aufführungen, die ihrerseits fast durchweg *Wieder*aufführungen sind. Auch und gerade hier hat sich das schöpferische Moment von den Werken auf ihre Darbietung, auf die Ebene der Interpretation verlagert.

Diese Situation zu beklagen oder mit Scheinalternativen wie Werktreue versus Regietheater einfangen zu wollen ist kulturgeschichtlich unaufgeklärt; man kann und soll nicht zuviel von einer Zeit verlangen. Von einer Epoche, die wie die unsrige auf dem Gebiet der Naturwissenschaften und der Technik fortgesetzt Ungeheures - im Wortsinn - hervorbringt (das Wort Ingenieur kommt nicht zufällig von Ingenium), kann man nicht verlangen, daß die Künste mit einer solchen Explosion schöpferischer Energien Schritt halten. Die Ökonomie steht dagegen, die im Haushalt der Talente waltet und, wie jede Ökonomie, nur über begrenzte Ressourcen verfügt. Sie nimmt ihre Richtung von einem Zeitgeist, der im Technischen hyperproduktiv, im Künstlerischen - nicht im einzelnen, aber in der Summe - weitgehend reproduktiv orientiert ist.

Diese Richtung hat sich vor zweieinhalb Jahrhunderten mit der Erfindung der Dampfmaschine und dem Aufsteigen der ersten Luftballone vorentschieden. Man kann sie anfechten, wie Goethe es tat, als er in seiner Farbenlehre Newtons Erkenntnisse mit einem Bann belegte und in „Wilhelm Meister“ den Gebrauch von Brillen für prekär erklärte.[127] Das konnte borniert erscheinen, aber der Universalist am Frauenplan wußte, worum es ging: um die Richtung des Ganzen, um die weiße Magie einer die Grenzen menschlicher Macht und Erkenntnis weit über die moralische Ausstattung der Gattung hinaus ausdehnenden Orientierung; er wußte zugleich, daß er auf verlorenem Posten stand. Seine eigene Kunsthöhe und die seiner Epoche verdankte sich einer Balance der Kräfte, der Tendenzen: der beharrenden und der auflösenden, der künstlerisch und der technisch produktiven; seine Opposition gegen den machtergreifenden Technizismus war der Versuch, die Balance noch ein Stück weit zu fristen.

Sechsundvierzig Jahre nach dem Erscheinen der „Farbenlehre“ fragte sich Karl Marx in einer Arbeitsnotiz: „Ist Achilles möglich mit Pulver und Blei? Oder ... die ‚Iliade‘ mit der Druckerpresse oder gar Druckmaschine?“[128] Die Schwierigkeit, fügte er an, liege darin, daß „griechische Kunst und Epos“ trotz der archaischen Verhältnisse zur Zeit ihrer Entstehung „für uns noch Kunstgenuß gewähren und in gewisser Beziehung als Norm und unerreichbare Muster gelten“. Der Analytiker des Kapitalismus war unversehens auf die Ambivalenz des Fortschrittsbegriffs gestoßen.[129] Natürlich war auch die Ilias schon das Ergebnis von Wiederaufführungen, Wiedererzählungen, vor und nach ihrer schriftlichen Fixierung. Marx fand für die ihm aufgehende Frage eine gleichsam biologische Lösung, indem er das eine - die Kunst der Griechen - der „Kindheit der Menschheit“, folglich das andere - Druckmaschine und „Crédit mobilier“ - ihrem Alter zuordnete. Man kann sein Revolutionsprojekt, das dem kategorischen Imperativ entsprang, „alle Verhältnisse umzuwerfen, in denen der Mensch ein erniedrigtes, ein geknechtetes, ein verlassenes, ein verächtliches Wesen ist“,[130] als eine gewaltsame Verjüngungskur ansehen, der die an den Krücken der Technik ihrem Alter entgegengehende Menschheit unterzogen werden sollte. Auf andere, hysterisch-individualistische Weise betrieb Nietzsche ein solches Verjüngungsprojekt; die Menschheit ist darüber nur immer älter geworden.

Wiederaufführung - das Thema rührt an die Wurzeln unserer kulturellen Befindlichkeit. Läßt es sich eingrenzen auf Musik und Theater, auf die für beide charakteristische Repertoirebildung, die im neunzehnten Jahrhundert einsetzte und im zwanzigsten beherrschend wurde? Repertoire kommt von *repetere*, wiederholen, das französische Wort umfaßt den ideellen und den praktikablen, den geistig relevanten und den empirisch verfügbaren Bestand an Wiederaufführungen. Es gibt das Repertoire einer bestimmten Bühne und es gibt das Gesamtrepertoire, das innerhalb einer Kulturnation aus der Summe der Einzelrepertoires, als der Querschnitt der Wiederaufführungen resultiert. In der Literaturwissenschaft wird das Repertoire Kanon genannt, eine Bezeichnung, die mir nie eingeleuchtet hat. Das Wort gehört in die Musik und die Kirchengeschichte; auf die Literatur angewandt, erweckt es den irrigen Eindruck des Verbindlichen und Fixierten. Ich habe den Begriff des kulturellen Erbes immer vorgezogen; er ist der produktivere, weil er ein Spannungsvoll-Zwiefaches in Sicht bringt: die Erbschaft und den Erben, dessen Umgang mit dem Überkommenen von seinen Bedürfnissen bestimmt wird, von dem, was ihn angeht.

Ein Wort Walter Benjamins faßt dieses Angehen von *beiden* Seiten, auch die Erbschaft stellt darin Ansprüche und keine kleinen. „Wie Blumen ihr Haupt nach der Sonne wenden“, heißt es in den Thesen „Über den Begriff der Geschichte“, „so strebt kraft eines Heliotropismus geheimer Art das Gewesene, *der* Sonne sich zuzuwenden, die am Himmel der Geschichte im Aufgehen ist“.[131] Voran stehen die Sätze: „Die Vergangenheit führt einen heimlichen Index mit, durch den sie auf die Erlösung verwiesen wird. ... Ist dem so, dann besteht eine geheime Verabredung zwischen den gewesenen Geschlechtern und unserem. Dann sind wir auf der Erde erwartet worden. Dann ist uns wie jedem Geschlecht, das vor uns war, eine *schwache* messianische Kraft mitgegeben, an welche die Vergangenheit Anspruch hat. Billig ist dieser Anspruch nicht abzufertigen.“[132]

II

Auch an diesen Sätzen zeigt sich: es ist unmöglich, dem Phänomen der Wiederaufführung in unserer Kulturwelt nachzuspüren, ohne grundlegende Fragen wenigstens zu berühren. Wie groß ist die ästhetische Reichweite der Wiederaufführung? Erlischt ihre Relevanz an den Grenzen jener Künste, deren Vorlagen, die Werke, in Gestalt von Texten und Noten ebenso beweglich sind wie die Interpreten, die diese Vorlagen in bestimmten Räumen zu Gehör und Gesicht bringen? Oder betrifft diese Relevanz auch die Gehäuse, in denen solche Wiederaufführungen stattfinden, die Schauspiel- und Opernhäuser und darüber hinaus Bauwerke schlechthin, wenn sie architektonisch und stadträumlich von exemplarischer Bedeutung sind? Und nicht einzelne Bauwerke nur, sondern auch städtebauliche Ensembles und Strukturen, denen ein solcher Wert zukommt?

Die Voraussetzung ist in diesem Fall der Verlust der originalen Aufführung, also die Lücke, die Bombenkrieg und/oder Abrißwahn in jenes architektonische

Repertoire gerissen haben, das die europäische Stadt als ein gegenständliches umgreift, indem sie Bewohnern und Besuchern bedeutende bauliche Leistungen vergangener Epochen als wahrnehmbare aufweist. Werk und Aufführung sind auch hier zweierlei; man kann und muß zwischen der Vorlage des Architekten, seiner Partitur gleichsam, und deren Realisierung in Stein unterscheiden; dabei vertritt die maßgerechte dokumentarische Aufnahme dieser Aufführung manchmal die Stelle der Partitur. Das Wort Repertoire aber behält sein Recht insofern, als sich das Bauwerk an seiner bestimmten Stelle dem wiederholten Blick immer von neuem darbietet. Ging es verloren, so ist seine konkrete Wiederaufführung nicht nur zulässig, sondern geboten, ein ästhetisch völlig angemessenes Verfahren, das die Differenz zwischen Ur- und Wiederaufführung so wenig unterschlägt, wie die Wiederaufführung eines Beethovenschen Klavierkonzerts vorspiegelt, eine Beethovensche Aufführung zu simulieren - es sind Beethovens *Noten*, die erklingen.

Eine exemplarische Wiederaufführung der Musikgeschichte fand 1829 in Berlin Unter den Linden in einem kleinen, von Schinkel entworfenen Gebäude statt, das den Konzertsaal der Zelterschen Singakademie umschloß. Unter der Leitung des zwanzigjährigen Felix Mendelssohn vernahmen, nein: erlebten die ergriffenen Hörer, Hegel und Schleiermacher darunter, ein ihnen völlig unbekanntes Werk, Johann Sebastian Bachs Matthäus-Passion; wie alle Chorwerke dieses Komponisten war auch dieses fast ein Jahrhundert lang in Vergessenheit geraten. Das alte Werk wurde auf neuen, vielfach modifizierten Instrumenten gespielt, es wurde auch anders gesungen als 1729 in der Thomaskirche; Mendelssohn dirigierte eine eigene Fassung des Großwerks. In dieser abgewandelten Erscheinung förderte der Einsatz der Interpreten das verschollene Werk wieder zutage, zu dem das Zeitalter der Aufklärung den Zugang verloren hatte. In der Französischen Revolution und den Napoleonischen Kriegen war die Aufklärung aus der Theorie zur materiellen Gewalt geworden und hatte so den romantischen Gegenzug ausgelöst; hundert Jahre nach der Leipziger Uraufführung waren die Ohren, die Geister, die Gemüter wieder offen für ein Werk, dem sich der Zeitgeist lange verschlossen hatte. Man nahm keinen Anstoß mehr an Arientexten von expressiv poetisierender Frömmigkeit; die Erfahrung eines Jahrhunderts hatte eine heliotropische Zuwendung von anderer, aber bezüglicher Art vorbereitet, als sie Benjamin vor Augen stand. Eine veränderte Gegenwart hatte das überlieferte Werk als ein überzeitliches begriffen, niedergelegt in jener Schatzkammer der Menschheit, in der die Werke, indem sie gestaltmächtig aus dem Bewußtsein ihrer Zeit sprechen, zu allen folgenden reden, als ob die Essenz menschlichen Seins nur als der in den Künsten transzendierte Ertrag vieler einzelner, sich jeweils voneinander abstoßender Zeitalter zu gewinnen sei.

Wiederaufführungen andern Typs, nicht dem Vergessen-Sein, sondern der Zerstörung abgerungen, finden wir auf dem Feld der Architektur, deren inwendige Verwandtschaft mit der Musik ins Licht zu setzen Schelling, Goethe und Hegel wetteiferten.[133] Eine exemplarische Wiederaufführung auf dem Gebiet der Baukunst galt vor hundert Jahren in Venedig dem Campanile des Markusdoms an der Ecke der großen Piazza, einem einzigartig schönen und wichtigen Bau aus dem zwölften bis sechzehnten Jahrhundert, der sich eines Juli-Morgens des Jahres 1902 in einen Trümmerhaufen verwandelt hatte; man hatte ihm einen Fahrstuhl einsetzen wollen. Zehn Jahre später war er in der alten Gestalt neu aufgeführt, unverzichtbar als Solitär wie als Krone des städtebaulichen Ensembles. Einer jener Architekturtheoretiker, die den Anspruch der Moderne wie einen Fetisch vor sich hertragen, würde, wenn dies eine Bauaufgabe von heute wäre, vermutlich von „Fake“, „Disneyland“ und „fiktionaler Rekonstruktion“ sprechen, von einer baulichen Vorkehrung „für den touristischen Blick“, als ob die Einwohner der Stadt weniger davon hätten als deren Gäste. Die Position – man findet sie vielerorts – ist unhaltbar nach allen Seiten, eben darum zeigt sie sich immer wieder als diskussionsunfähig. Man schließt die Reihen und versucht bei sich bietender Gelegenheit, einen „Kracher“ zu lancieren, das meint eine bauliche Lösung von polemischer Unverträglichkeit mit der gegebenen Umgebung. Zwei Prachtexemplare solchen zeitgenössischen Bauens – eine überdimensionale Straßenbahnhaltestelle und ein aggressiv vortretendes Bürohaus – kann man derzeit in unmittelbarer Nähe zum Dresdner Zwinger in Augenschein nehmen.

Eine Wiederaufführung eigener Art findet sich in Berlin am Forum Fridericianum, wo Friedrich II., unzufrieden mit seinen Architekten, für den Bau der Königlichen Bibliothek die Pläne übernahm, die J. E. Fischer von Erlach fünfzig Jahre zuvor für den Michaelertrakt der Wiener Hofburg gezeichnet hatte; die Berliner nannten den barock geschwungenen Bau prompt „die Kommode“. Vielleicht hatte sich der König daran erinnert, daß Fischers Vater seinem Großvater, Friedrich I., 1705 bei einem Berlin-Besuch einen großen Schloßbauplan geschenkt hatte. Der Michaelertrakt war in Wien nur zu einem Drittel ausgeführt worden, da das Burgtheater im Wege stand, auf das der Kaiser, Karl VI., nicht hatte verzichten wollen; erst ein späterer Kaiser, Franz Joseph I., ließ das Kleinod abtragen und Fischers Entwurf zu Ende bauen, in einer Gestalt, die im Blick auf die Berliner „Kommode“ als die Wiederaufführung einer Wiederaufführung gelten konnte. Solche Projekte sind kaum jemals die Lust der ausführenden Architekten; auch Christopher Wren war nicht begeistert, als ihm nach dem verheerenden

Londoner Stadtbrand von 1666 auferlegt wurde, die Westminster Abbey und einige andere alte Kirchen in ihrer gotischen Gestalt wiederzuerrichten. Er wurde für die auferlegte Demut dann durch die St. Paul's Cathedral entschädigt.

III

Die bekannteste und bedeutendste architektonische Wiederaufführung unserer Zeit findet sich in Dresden, in Gestalt der Frauenkirche George Bährs, eines architektonisch wie städtebaulich unverzichtbaren Bauwerks, von dem nach der Brandnacht des Februar 1945 nur zwei Fassadenstummel übriggeblieben waren, mit einem riesigen Trümmerhaufen dazwischen. Die Dresdner Denkmalpfleger ließen ihn mit einem Rosenhag überwachsen, nachdem sie die hinterrücks angeordnete Abtragung der Trümmersteine mit knapper Not verhindert hatten; auf diese blüten- und dornenreiche Weise geschützt, wurde die Trümmerstätte als Ort alljährlich stattfindender Gedenkkundgebungen in den achtziger Jahren zu dem Konzentrationspunkt einer christlich fundierten Friedensbewegung, die sich der Militarisierung in Schulen und Hochschulen entgegenstellte. Sie bereitete jener deutschen demokratischen Revolution den Weg, der Gorbatschows Friedenspolitik zum Durchbruch verhalf.

Die Bürgerbewegung hatte kaum gesiegt, als sie sich in Dresden ein neues Ziel setzte: den Wiederaufbau der Frauenkirche, und es war der Widerhall, den der Aufruf einer Initiativgruppe in der Stadt und darüber hinaus fand, was die Bedenken der kirchlichen Amtsträger überwand, die ihren puritanisch-introvertierten Begriff von evangelischer Verkündigung nicht mit dem Wiedererstehen eines Monumentes barocker Glaubenslust in Einklang zu bringen vermochten und eine Wiederkehr der alten lutherischen Staatskirche befürchteten. Sie machten einen Fehler, der sich bei den Widersachern solcher Projekte immer wieder erneuert; er besteht in der Identifikation der überzeitlichen Form mit dem zeitverhafteten Inhalt und vollzieht die Reduktion der ästhetischen Gestalt auf die geistigen, ideologischen, gesellschaftlichen Zwecke, in deren Dienst jene entstanden war. Das ist eine amusische Betrachtungsweise, ohne Wissen und ohne Gefühl für Eigenwert und Eigenart der künstlerischen Inspiration, für den transzendierenden Charakter dessen, was als Form den Inhalt, die Funktion nicht negiert, aber übersteigt. Die Überwindung solcher Sichtweisen setzt eine ästhetisch aufgeschlossene Bevölkerung voraus, wie Dresden sie seit alters und auch heute noch besitzt, trotz Kader-Einwanderung aus kulturell weniger inspirierten Gebieten.

Nicht nur theologische Bedenken galt es bei dieser exemplarischen Wiederaufführung zu überwinden, sondern auch Widerstände vonseiten auswärtiger Architekturkritiker und Denkmalpfleger. Nicht die Frauenkirche sei wieder aufzuführen, war zu hören, sondern die Ruine sei zu konservieren; die Dekonstruktion des Baus durch britische Brand- und Sprengbomben wurde den Einwohnern als Gestalt der Wahrheit, der Authentizität angetragen, dergegenüber die Wiederherstellung das Gepräge der Unwahrheit trage. Was hier spukte, waren denkmalpflegerische Maximen aus einer Zeit, die keine Vorstellung davon hatte, daß Bombenterror das Jahrhunderte umfassende städtebauliche Repertoire auslöschen könne, das alte Städte verkörpern. Als diese Maximen vor mehr als hundert Jahren aufgestellt wurden, ging es einzig darum, jenen historistisch-einfühlsamen Entstellungen zu wehren, die sich zu dieser Zeit oft mit denkmalpflegerischen Projekten verbanden.

Aber noch andere Spukgeister stellten sich der Wiederaufführung der Frauenkirche in den Weg. Eine Mischung aus Wundenkult und Ruinenseligkeit machte sich geltend; der Wundenkult erklärte es für eine Sünde am deutschen Geschichtsbewußtsein, Bauwerke wiederherzustellen, deren Zerstörung als Quittung für die Untaten des Hitlerregimes zu gelten habe. Doch nicht Zwinger, Schloß und Frauenkirche waren Urheber des Unheils gewesen; die sie flächendeckend zerbombten, hatten der Weltkultur und also auch sich selbst Schaden zugefügt.

Hinter dem Wundenkult war ein Ästhetizismus zu erkennen, der der Ruinenvorliebe des späten achtzehnten Jahrhunderts glich und nach 1990 mit staunender Faszination wahrgenommen hatte, daß es im östlichen Deutschland an exponierter städtebaulicher Stelle noch echte Ruinen gab; mit Tatkraft und List hatten die Denkmalschützer sie in der Hoffnung späteren Wiederaufbaus gegen Abrisse zu verteidigen gewußt. Wir wollen die Rührung nicht mißachten, die für die Bewohner der lückenlos bebauten Städte des westlichen Deutschlands von dem Anblick der Dresdner Ruinen ausgingen, auch der des Schlosses oder des Taschenbergpalais, aus dessen öden Fensterhöhlen, dank jener Haltung der Denkmalschützer, 1989 große Birken hervorschauten. Als eine neue Zeit den Wiederaufbau endlich ermöglichte, war alles dies nicht künstlich aufrechtzuerhalten; die moralisierenden Argumente, die dies prätendierten, führten in die Irre. Wie ein solcher Ruinenästhetizismus sich mit der Machtgebärde einer Betonarchitektur verbindet, die durch die Beimischung zermahlenen Marmors nichts an Aggressivität verliert, zeigt in Berlin-Mitte neuerdings die Wiederaufführung eines noblen Museums aus der Zeit um 1850 durch den britischen Architekten Chipperfield. In dem unlängst eröffneten Bauwerk stößt eins ans andere, der akribisch konservierte Ruinen-Putzrest kontrastiert mit der nackten Betonfläche, und auch das ist kulturgeschichtlich interessant; man sieht den Brutalismus in enger Umarmung mit einer Kulinarik des Ruinösen.

Wie sich zeigt, untersteht die architektonische Wiederaufführung eigenen Komplikationen. Von den auch nicht geringen der musikalischen Wiederaufführung auf dem weiten Feld der Rekonstruktion historischer Instrumente und historischer Musizierweisen unterscheidet sie sich auch dadurch, daß es bei der Architektur um wesentlich größere Summen geht. Wie das eine zum andern, die musikalische zur architektonischen Wiederaufführung kommt, wie beide einander ergänzen und steigern, erfährt man in der Dresdner Frauenkirche, wenn man aus einem der rangähnlich umlaufenden Betstübchen, die mit der gesamten Innenarchitektur getreu wiederhergestellt wurden, Bachs große Messe hört, die, gleichzeitig mit ihr entstanden, wie für diese Kirche komponiert erscheint. Angesichts ihres Wiedererstehens vollzogen auch entschiedene Widersacher der Erneuerung eine Selbstrevision, so der bedeutende Frankfurter Architekturkritiker Dieter Bartetzko. Als die ersten Gerüste gefallen waren, entkräftete die Wirklichkeit des Wiedererstandenen seine Vorbehalte; er gab es freimütig zu. Wiedervergegenwärtigung des Gelungenen, das ist der Kern dessen, was Wiederaufführung bedeutet, es ist auch der Kern dessen, was wir als architektonische Wiederaufführung wahrnehmen. Wo es, am authentischen Ort, mit formaler und materialer Sorgfalt ins Werk gesetzt wird, wird das Werk den alten wie die neuen Meister loben, und der Segen von oben wird nicht ausbleiben.

IV

Man könnte an Dresdner Beispielen das ganze weitgefächerte Feld der Möglichkeiten und Abwandlungen architektonischer Wiederaufführung in einer fast vollständig zerbombten Altstadt aufweisen. Hier war nahezu alles Ruine, es ist für die Heutigen gar nicht mehr vorstellbar, und wenn es mit Einsatz vieler einzelner gelang, einige wertvolle Einzelbauwerke im Zustand der Zerstörung über drei, vier, fünf Jahrzehnte zu erhalten, bis der Moment der Wiederaufführung herangereift war[134], so ging die barocke Wohnbebauung der Dresdner Altstadt durch gezielte Ruinensprengungen, wie auch viele westdeutsche Städte sie erlitten, vollständig verloren. Hier ist im Umkreis der wiedererstandenen Frauenkirche neuerdings Ersatz geschaffen worden, bei einer Platz- und Straßenbebauung, von der weder Fassadenstummel noch Trümmerhaufen übriggeblieben waren, sondern, unsichtbar unter der Erde, nur die bis ins Mittelalter zurückreichenden Keller. Sie wurden nun ausgegraben und freigelegt und danach bestürzenderweise vollständig preisgegeben. Eine Tiefgarage hatte Vorrang; der Denkmalschutz erwies sich unter den neuen, kommerziell gesteuerten Bedingungen als machtlos.

Nicht die Wiederherstellung des alten Straßenverlaufs stieß auf den Einspruch einer architekturtheoretischen Orthodoxie; nach dem Desaster all dieser autogerechten Innenstädte, die jahrzehntelang von den Planungstischen der Moderne gesprungen waren, war dergleichen als „kritische Rekonstruktion" inzwischen weithin akzeptiert. Das Tabu, das die Dogmatiker der Zunft aufzurichten versuchten, galt der Erneuerung der alten Fassaden an den Wohn- und Geschäftshäusern, die auf den historischen Parzellen nun von privaten Investoren errichtet wurden. Eine planerische Vorgabe wurde bestritten, die unter dem Begriff des Leitbaus bereits im Dresden der achtziger Jahre formuliert worden war, um künftigen Neubauten Maß und Anregung zu geben. Mit Leitbau hatten die Dresdner Planer die Neuerrichtung gut überlieferter und besonders wertvoller barokker Gebäude an der alten Stelle bezeichnet, in Fassade und Dachzone getreu, im Innern variabel. Das aber war die Sünde wider den heiligen Geist einer Moderne, die unter wechselnden Auspizien ein halbes Jahrhundert lang eine ganze abgetragene Altstadt als Spiel- und Bewährungsraum zur Verfügung gehabt hatte. Je fragwürdiger diese Bewährung bis in die neueste Zeit ausgefallen war, um so hartnäckiger der Alleinvertretungsanspruch. In der Frage der Straßengrundrisse hatte er eine Position räumen müssen, nun hob er in einer Auffangstellung neue Schützengräben aus.

Auch hier wurde mit moralisierend-geschichtspolitischen Argumenten operiert; man verkannte, daß Geschichtsverdrängung durch moderne Neubauten sehr viel wirksamer, nämlich spurlos und total, vollzogen wird als durch Wiederaufbauten, die das Mal des Vorgängerschicksals immer an sich tragen. Die Bauherrn haben sich an die hochgehaltenen Verbotstafeln glücklicherweise nicht gekehrt; so ist der Neumarkt, als einzige Wohngegend der inneren Dresdner Altstadt, in den letzten Jahren in seiner äußeren Erscheinung großenteils neu erstanden, im Wechselspiel erneuerter Barockfassaden mit kontrastierenden zeitgenössischen Lösungen, die aus der vorgegebenen Parzellenschmalheit fruchtbare Anregungen gewannen. Ebendies hatte der Begriff des Leitbaus intendiert.

Die Erneuerung der alten Fassaden zeigt sich mit unterschiedlicher Qualität, und das ist nicht nur Architekten und Bauherrn anzulasten; die Planungs- und Denkmalschutzämter der Stadt hätten gut daran getan, ihnen Kontrollinstanzen und Fördermittel an die Hand zu geben. Aber trotz einzelner Mängel ist der Gesamteindruck überwältigend, nicht anders als bei den in Warschau und Danzig und in La Valetta auf Malta geglückten Platz- und Straßenwiederherstellungen, und es ist kein stichhaltiger Einwand gegen das Ergebnis, daß hinter den erneuerten alten Fassaden neue bauliche Strukturen Raum greifen. Hier konnte es nicht wie bei der Frauenkirche um „archäologische Rekonstruktion“, also die vollständige Wiederaufführung des Vorgängerbaus gehen; es ging um die Verbindung bildhaft erneuerter Überlieferungen mit neuen Nutzungen und neuen Bauweisen. Auch *vor* ihrer Bombenzerstörung waren die barocken Häuser inwendig großenteils umgebaut worden; die Inkongruenz zwischen Innen und Außen ist die Normalität, wenn neue Nutzungen nach alten Wohn- und Geschäftshäusern greifen. Form und Zweck, Äußeres und Inneres, Gestalt und Funktion fallen in der Architektur nicht zusammen wie in der bildenden Kunst. Hegel bemerkte es, als er in seiner Ästhetik-Vorlesung erklärte, daß „in der Baukunst der Inhalt, der sich in architektonischen Formen ausprägen soll, nicht wie in Werken der Skulptur und Malerei ganz in die Gestalt hereintritt, sondern von ihr als eine äußere Umgebung unterschieden bleibt“.[135]

Wer die Außengestalt, das gegenständliche Bild einer Architektur nur dann wiederhergestellt sehen will, wenn auch das Innere wieder aufgeführt wird, der fordert das Unmögliche, um das Mögliche zu verhindern; er postuliert neue Denkmale statt der lebendigen Synthese neuer Funktionen mit der alten Formensprache. Wenn wir auf Berlin blicken: Alles das, was sich am Ostende der Straße Unter den Linden, von der Universität bis zum Alten Museum, an Wiederaufbauten zeigt, unterliegt dieser Spannung, dieser Inkongruenz von Innen und Außen. Sie war, fühlsam gehandhabt, die Voraussetzung für die Wiederherstellung der kostbaren Fassaden, die, auch bei der von Richard Paulick Anfang der 1950er Jahre erneuerten Staatsoper, das einzig Übriggebliebene waren.

Die Wiederaufführung des Schlüter-Eosander-Baus in seinen Volumina und seinen Fassaden als eines Museumspalastes der wiedervereinigten Republik vervollständigt dieses Aufbauwerk aus den Zeiten der östlichen deutschen Republik. Noch vor der verheerenden Schloßsprengung hatte es 1949 mit dem Wiederaufbau des preußischen Zeughauses als eines neuen Geschichtsmuseums seinen Anfang genommen[136] und mit dem Wiederaufbau von Schinkels Altem Museum 1966 ein vorläufiges Ende gefunden. Ist jenes Humboldt-Forum, das sich in die Fassadengestalt des Schlosses schmiegt, eines Tages erstanden, so wird man in seiner Mitte den erneuerten Schlüterhof für musikalische Aufführungen nutzen können, in denen sich Altes und Neues, Wieder- und Uraufgeführtes in ähnlicher Weise die Hand reichen wie Schlüters und Eosanders Architektur und die des Architekten Stella und seiner Mitarbeiter in dem Ganzen des Neubaus.

Die Kette der Überlieferung, wo sie durch Hybris und Wahn gerissen war, wieder zusammenzufügen, damit sich das Neue dem Alten nutzbar und inspiriert verbinde, ist eine Aufgabe, die sich in dem Begriff der Wiederaufführung vielseitig konkretisiert. Schiller hat sie vor zweihundertzwanzig Jahren in Worte gefaßt, die einen weiten Hall haben; sie sprechen von der Schuld, in der die Lebenden gegenüber denen stehen, die ihnen vorangingen und auf deren Leistungen, deren Schöpfungen sie aufbauen, „kostbaren teuren Gütern, ... die durch die schwere Arbeit so vieler Generationen haben errungen werden müssen".[137] Sie zu erneuern, um sie fortführen zu können, ist damals wie heute die große Kulturschuldigkeit.

2010

Epilog

Der Bär und das Tor oder Die symbolische Stadt

Die Stadt als Symbol

Die symbolische Stadt – fällt Berlin unter diese Bestimmung? Und gibt es das überhaupt, eine symbolische Stadt? Eine Form ist symbolisch, wenn sie auf etwas anderes, Umfassendes, Allgemeines abbreviatorisch verweist; kann eine Stadt, also ein Gebilde, das wirklich und lebendig, von ausdifferenzierter Komplexität ist, zum Symbol werden, ohne daß man ihr Gewalt antut? Eine symbolische Stadt, bei der sich die Frage nicht stellt, da sie ganz Traum, Vision, Phantasiegebilde ist, ist das himmlische Jerusalem, das in der Offenbarung Johannis das neue Jerusalem heißt, die heilige Stadt, deren quadratisch umfassende Mauern mit zwölf wundersamen Toren prunken: „Und die zwölf Tor waren zwölf Perlen, und ein jeglich Tor war von einer Perlen, und die Gassen der Stadt waren lauter Gold, als ein durchscheinend Glas“ (Off. 21, 21[138]). Diese Wunderstadt, die weder der Sonne noch des Mondes bedarf, „denn die Herrlichkeit Gottes erleuchtet sie, und ihre Leuchte ist das Lamm“, fällt buchstäblich vom Himmel (Off. 21, 10); sie ist die ideale Stadt als ein Symbolgebilde, das Gott den Menschen schenkt, nachdem er Tod und Teufel mitsamt dem falschen Propheten in den „Pfuhl von Feuer und Schwefel“ (Off. 21, 8) geworfen hat.

Wie sehr das apokalyptische Denken, das sich diese auf die Erde gesandte Himmelsstadt ausmalt, das von den „großen Erzählungen“ scheinbar freigesetzte Denken unserer Zeit aus dem Hintergrund politischer Konstellationen regiert, zeigte zu Zeiten Ronald Reagans dessen Berufung auf Harmagedon (engl. Armageddon), das ist in der Offenbarung Johannis das letzte Gefecht vor dem Anbruch des Tausendjährigen Reiches. Sie diente zur Rechtfertigung unermeßlich hoher Rüstungsausgaben wider das „Reich des Bösen“, an dessen Stelle nach seinem unerwarteten Hinscheiden das Plurale tantum der „Schurkenstaaten“ trat; gegen einen von ihnen, den Irak, wurde von dem dritten Nachfolger des präsidentalen Apokalpytikers ganz handgreiflich jenes letzte Gefecht in Szene gesetzt, das zu dem mythischen Instrumentarium aller endzeitlich bestimmten Ideologeme gehört. Nachdem deren säkularistische Figurationen teils niedergerungen, teils abgetreten sind, ist es eigentümlich genug zu sehen, wie in divergenten Gestalten und mit globaler Ambition eine religiös bestimmte Apokalyptik ihr Haupt erhebt. Eine US-amerikanische Koalition puritanisch-radikalprotestantischer mit jüdisch-fundamentalistischen Kräften (beide finden ihren Konvergenzpunkt im Alten Testament) sieht sich im Krieg mit einem islamischen Radikalismus, dessen Nährboden der israelisch-palästinensische Antagonismus ist. Und schon kommt die symbolische Stadt ins Spiel: Beiden Lagern geht es, wie schon den Kreuzrittern des Mittelalters, im Namen des himmlischen um den Besitz des irdischen Jerusalem, der heiligen Stadt dreier Weltreligionen. Es war diese als reale durch und durch symbolische Stadt, an der in der Ära Clinton das Friedensabkommen zwischen Barak und Arafat scheiterte, und es war des Ministers Scharon provokativer Besuch auf dem muslimischen Tempelberg, der eine neue, mörderisch-verzweifelte Intifada auslöste. Bis heute, und ohne Aussicht auf eine Lösung, ist Jerusalem die Brutstätte gefährlicher Konflikte.

Wo die symbolische Stadt ihr Medusenhaupt erhebt und im Bewußtsein der Machthaber und der Massen Oberhand über die wirkliche Stadt in der Vielfalt ihrer Verhältnisse und Bezüge gewinnt, droht die Vernichtung der wirklichen Städte. Die Auslöschung, mit der die amerikanische Luftwaffe vor dem zweiten Irakkrieg die Vier-Millionen-Stadt Bagdad bedrohte, weil dort ein einstmals verbündeter, dann abtrünnig und übermütig gewordener Statthalter des Bösen auf dem Thron saß, hätte das dreimal heilige, vielfältig wirkliche Jerusalem kenntlich gefährdet, wenn der Tyrann von Bagdad wirklich so gefährlich gewesen wäre, wie man sich und die Welt glauben machte, um den Präventivschlag zu rechtfertigen. Auf andere Weise bringt der Blick auf jenen rassistisch-atheistischen Apokalyptiker, dem gedankenlose Besitzstandswahrer 1933 das Deutsche Reich in die Hand spielten, die Intention der Stadtvernichtung in Sicht, die den wechselnden Konzepten von Armageddon und Tausendjährigem Reich innewohnte. Die Protagonisten der symbolischen Stadt waren von jeher die Feinde der irdisch-wirklichen Städte, deren Verteidigung – Londons gegen Görings Luft-Armada, Moskaus und Leningrads gegen Hitlers Landheere – zum Sinnbild, ja zum Fanal des Widerstands gegen den entfesselten Menschheitsfeind wurde. In einem Akt apokalyptischer Infektion kam es dann wie zu einem Wettbewerb der Stadtzerstörungen; die als Feuersturm des Vernichtungswillens ins Werk gesetzte Auslöschung vieler jahrhundertealter Stadtzentren im militärisch geschlagenen Deutschland der letzten Kriegswochen zeugte ebenso davon wie die nukleare Vertilgung zweier japanischer Großstädte, die ohne einen Background apokalyptischen Denkens nicht denkbar gewesen wäre. Der Vorgang des vom Himmel fallenden Feuers selbst ist apokalyptischen Ursprungs und die Vermutung naheliegend, daß einer technischen Zivilisation, die seinem Vollzug zuarbeitete, zerstörerische Antriebe wesentlich eingesenkt sind. Ermöglicht eine phantastisch avancierte Technik das Verderben nicht nur, sondern ist sie selbst bereits Ausdruck und Folge eines fundamental gestörten Weltverhältnisses? Doch schon das vorzeitlich gezähmte Feuer hat zwei einander negierende Seiten, eine förderliche, die auf Domestizierung, und eine verderbenbringende, die auf Entfesselung beruht. Wie sehr die erstere metaphysischer Bestärkung bedarf, zeigt die Heiligkeit, die dem Herd- und Tempelfeuer in alten Zeiten eignete. Der sich in mythischen Bildern entäußernden Vorstellung, daß dieses freundliche Feuer den Göttern geraubt sei, war das Bewußtein der Ambivalenz eingesenkt.

Auch der als Fanal der Stadtvernichtung ins Werk gesetzte Angriff des Al-Kaida-Fundamentalismus auf zwei Hauptbauwerke New Yorks, diese massenmörderische Attacke auf zwei Realsymbole einer ihrerseits symbolisch aufgefaßten Groß-Stadt, ist ein Beispiel für die Stadtfeindlichkeit allen apokalyptisch inspirierten Denkens. In der Offenbarung Johannis zeigt sie sich mit archetypischer Deutlichkeit in der Vernichtung Babylons, der im Bild der „großen Hure" vorgestellten Weltstadt, die „eine Behausung der Teufel ... und ein Behältnis aller unreiner Geister" geworden sei (Off. 18, 2). „Sie ist gefallen, sie ist gefallen", jauchzt der Engel des Herrn, und der Visionär auf Patmos fährt fort: „Und es werden sie beweinen und sich über sie beklagen die Könige auf Erden, die mit ihr gehuret und Mutwillen getrieben haben, wenn sie sehen werden den Rauch von ihrem Brand" (Off. 18, 9). Das Babylon der Offenbarung ist Chiffre und Symbolgestalt für das weltbeherrschende Rom, an dessen Stelle im Bewußtsein der islamistischen Gotteskrieger das mit Hochhäusern auftrumpfende Manhattan getreten ist, und abermals bereitet sich das Phänomen der apokalyptischen Infektion. Für den durch exzentrische Geheimdienst-Fahrlässigkeiten begünstigten Angriff auf die Symbolbauten New Yorks hätte, wenn es nach dem Willen der US-amerikanischen Konservativen gegangen wäre, das zwölfhundertjährige Bagdad büßen sollen, nachdem der Feldzug ins zentralasiatische Hochland nicht die rechte Genugtuung für den Verlust der beiden himmelstürmenden Stadttürme brachte.

So ist die symbolische Stadt die Feindin der wirklichen, der lebendigen Stadt. Das zeigt sich in mehr als einer Hinsicht auch an Berlin, der bis zum Ende des Vulgärapokalyptikers unter ungeheuren Opfern bestürmten wie verteidigten Reichshauptstadt, in der ein der Hitler-Herrschaft keineswegs positiv verbundenes Bauwerk, das 1894 vollendete Reichstagsgebäude, für die erobernde Sowjetarmee zum Symbol des Symbols wurde, durchaus irrtümlich, wenn man bedenkt, daß erst die Brandzerstörung des Wallotbaus dem Nazi den Weg zur Totalermächtigung und damit zur Reichsliquidation geebnet hatte. Es ist das Schicksal von

Hauptstädten, als Regierungsorte gleichsam stellvertretend für das nicht *von* ihnen, aber *aus* ihnen regierte Staatsganze zu werden. Man setzt Washington für die amerikanische, Paris für die französische und setzte Bonn für die westdeutsche Politik, einzig im Blick auf den Regierungssitz und prinzipiell unabhängig von der Beschaffenheit dieser Städte als Städte. Daß Berlin für den Außenblick dergestalt eine Zeitlang zum Synonym für Hitlers Imperialpolitik wurde, traf eine Stadt, die dem Nationalsozialismus vor dessen Machterschleichung hartnäckig Widerstand geleistet hatte, als Groß-Kommune und in ihrer Eigenschaft als Hauptstadt Preußens, des größten und mächtigsten Landes in jenem Bundesstaat, den Bismarck 1866 unter dem Namen eines Norddeutschen Bundes gegründet und dann zum Deutschen Reich erweitert hatte. Es bedurfte eines vom Reichspräsidenten autorisierten Staatsstreichs, um Preußen seiner sozialdemokratischen Regierung zu berauben und in die Hände der Reaktion zu liefern. Hindenburg, der eidvergessene Präsident, der sein Zerstörungswerk 1933 mit der parlamentarisch ungedeckten Kanzlerberufung des NS-Führers vollendete, wurde danach zum Ehrenbürger Berlins ernannt; er wird noch heute als solcher geführt.

Hitlers Agitation gegen die Republik von Weimar hatte ihrerseits mit symbolischen Besetzungen gespielt und die Animosität des außermetropolitanen Deutschlands gegenüber seiner Hauptstadt ausgespielt; das kulturell expansive Berlin wurde zum Moloch nationaler Selbstentfremdung dämonisiert. Die symbolisch-demagogische Inanspruchnahme bahnte jenen Kräften den Weg, die, zur Macht gekommen, von hier aus alsbald die „Gleichschaltung der Länder mit dem Reich" verfügten und die Stadt in der Folge als imperial-zentralistischen Machtort in Szene setzten. Wird eine Stadt durch okkupative Kräfte dergestalt in die Irrealität des Symbolischen gesetzt, die einen Anhalt an der Realität der Machtausübung findet, dann ist die Katastrophe meistens nicht weit. Ist sie dann eingetreten, kann es passieren, daß die Stadt eben dadurch symbolisch wird.

Berlin ist das geschehen, nachdem die Stadt von der Hauptstadt Preußens – und zugleich mit dessen Auflösung – zu einem Stadtstaat herabgestuft worden war, der als Sitz des Alliierten Kontrollrats die einstige Reichshauptstadt noch ein paar Jahre lang fingierte – fingierte insofern, als dieses mit den Befugnissen einer Reichregierung ausgestattete Gremium keine deutsche Zentralverwaltung kontrollierte („Paris", also die französische Regierung, hatte deren Bildung zu verhindern gewußt), sondern die Militärbefehlshaber von vier einzeln und divergierend verwalteten Besatzungszonen versammelte. 1948 griff die deutsche Teilung dann vermöge des von Reuter und Klingelhöfer bei den Westalliierten durchgesetzten Anschlusses der Westsektoren an die neue Währung des künftigen Weststaats auch auf Berlin über, dessen Vierteilung sich damit in eine

Zweiteilung verwandelte, als Eingliederung der Stadt in zwei agonal einander gegenüberstehende Weltreiche.

Wenn eine Stadt zum Symbol zu erheben ihr Gewalt antun heißt, so gilt auch das Umgekehrte: Gewalt, die ihr angetan wird, macht sie zum Symbol. So werden eroberte Städte, wie das 1453 vom Islam erstürmte Konstantinopel, ebenso wie erfolgreich verteidigte zum Symbol welthistorischer Siege, und so geschah es auf andere Weise dem erst vier-, dann zweigeteilten Berlin. Die Anomalie erwies sich als symbolträchtig, erst recht, als die Währungsschranke 1961 in Beton gegossen wurde. Fortan war die Stadt als ein rigid geteiltes Ganzes das Symbol eines weltpolitischen Dualismus, für den sich die Bezeichnung Kalter Krieg eingebürgert hatte; Berlin war zum Widersinnbild eines sehr viel Umfassenderen geworden.

Mit dem Vollzug der Teilung setzte die Verwandlung des Ganzen in ein Zwiefaches ein; sie funktionierte nach dem Sich-Abfinden der Betroffenen mit einer zwanghaften, aber wirklichen Lage wenn nicht gut, so doch allmählich besser. Aus dem einen Ganzen, das in der Intention von Raum und Geschichte und in der Verflochtenheit seiner Bewohner bestehen blieb, wurden mit der Zeit zwei Ganze, so daß der Symbolcharakter der Stadt sich unterderhand veränderte. War sie anno 45 als von der Sowjetarmee bis in den Schlupfwinkel des Weltgangsters erstürmte zum Symbol des Sieges der Anti-Hitler-Koalition und anno 48 als in zwei Währungs-, bald auch in zwei Verwaltungsbereiche zerrissene zum Symbol eines von der nuklearen Bedrohung gebändigten Unfriedens geworden, so wurde sie nach der Zementierung der Währungsgrenze und der im Wortsinn zwangsläufigen Gewöhnung an eine durch Verträge schrittweise gemilderte Anomalie unterderhand zum Symbol der friedlichen Koexistenz zweier immer höher gegeneinander gerüsteter Welt-Zonen. Eine Mauer, so zeigte sich an der eingetretenen Normalität des Abnormen, hatte in Berlin dazu geführt, zwei globalstrategische Widersacher in einen Zustand friedfertig-aversiven Nebeneinanders zu versetzen und eine Konfrontation abzuwenden, die ganz Europa hätte in den Strudel der Vernichtung reißen können. Die USA hatten 1960 erwogen, im Fall einer erneuten Westberlin-Blockade DDR-Städte mit Atombomben zu belegen, und bei dem erschrockenen Bonner Verteidigungsminister Strauß angefragt, welche sich besonders dafür eigneten.

Die Grenzschüsse, die diesen prekären Balancezustand auch nach der vertraglichen Befestigung des status quo immer wieder durchfuhren, deuteten darauf, daß die auf ihrer Ostseite zur militärischen Sperrzone erklärte Grenze noch etwas anderes symbolisiere als den in einem kalten Frieden erstarrten Dualismus der beiden Großreiche, nämlich den ausstehenden Frieden zwischen Deutschland und den Siegermächten des Zweiten Weltkriegs. Die durch eine

Mauer nur zu real geteilte Stadt war symbolisch für einen nur pragmatisch beendeten Kriegszustand, in dem Deutschland als Ganzes sich in der Mitte Europas in einem anhaltenden Schwebezustand befand. Diese Tatsache, die sich auf den deutschen (und den Berliner) Westen soviel gelinder als auf den Osten auswirkte, wäre für beide Seiten ohne die häßlich einschneidende Betonschranke sehr viel weniger wahrnehmbar gewesen. Ohne diese innerberlinische Grenze hätte die deutsch-deutsche Grenze einen Charakter angenommen wie die ebenfalls gut bewachte zwischen Bayern und Österreich nach der staatlichen Verselbständigung beider Länder im Jahre 1806. Das zementene Ungetüm war Denkmal und Sinnbild eines Zustands anhaltender deutscher Nicht-Souveränität, der sich für den deutschen Westen als so ungemein komfortabel erwiesen hatte, daß er in den jüngeren Generationen, die keine Erinnerungen an die Zeit des Nationalstaats mehr hatten, aber auch in jener älteren, die mit vaterländischem Vorwand zum Krieg mißbraucht worden war, vielfach sowohl verinnerlicht wie ideologisch überhöht worden war. Auch im Osten kam er manchen wie das Ziel, ja geradezu wie die Entelechie einer deutschen Geschichte vor, die nach der Katastrophe des alten Deutschlands in zwei kontradiktorisch perfektionierten Partialstaaten zu sich selbst gekommen schien.

Die Mauer tat diesem Sich-Ergeben in die Abnormität entschieden Eintrag. Sie tat es um so mehr, als sie nicht die beiden von den Besatzungsmächten gegründeten und dann schrittweise in eine begrenzte Souveränität entlassenen Partialstaaten voneinander trennte, sondern den einen, östlichen von ihnen von einem Gebilde, das, als dreifach aufrechterhaltenes Besatzungsgebiet, im Kern reichsunmittelbar geblieben war. Ein pointenfreudiger Denker[139] konnte in den neunziger Jahren darauf kommen, daß die deutsche Staatsvereinigung sich als Anschluß der beiden Teilstaaten an das seit langem zusammengeschriebene, aber immer noch trisektorale Westberlin beschreiben lasse. Tatsächlich vollzog diese Vereinigung in Gestalt eines Vertrages der beiden deutschen Staaten mit den Vier Mächten die Wiederherstellung jenes deutschen Staates, den die Besatzungsmächte am 5. Juni 1945 per Dekret an sich gezogen und gewissermaßen einbehalten hatten. Im Moskauer 2+4-Vertrag rückten sie ihn im September 1990 wieder heraus und statteten den aus der Vereinigung hervorgehenden Staat mit jener Identität aus, die sie 1945 nicht annulliert, aber suspendiert hatten. Nur den preußischen Staat hatten sie erst realiter, dann in aller Form aufgelöst und damit den zentralen Machtfaktor des alten, nun unter grundlegend veränderten politischen und territorialen Bedingungen wiederhergestellten Gesamtstaats.

1990 war es mit dem Symbolcharakter Berlins einstweilen vorbei – oder doch nicht? Das wieder vereinte Berlin, das an den Schwierigkeiten seiner unter

Westberliner Ägide vollzogenen Verheftung erfuhr, wie sehr sich die beiden Teile im Lauf einer vierzigjährigen Trennung nach Erfahrung, Bewußtsein, Geschichte verselbständigt hatten, ist auch heute noch, nach dem Abklingen einer Hauptstadt-Euphorie, die Anfang der neunziger Jahre den Blick auf die ökonomischen Realitäten getrübt hatte, wenn nicht das Symbol, so doch der Ausdruck längst vergangener Herrschaftsverhältnisse. Denn die Verwandlung der Stadt Berlin in das Land Berlin geschah im Juni 1945 aufgrund derselben Selbstermächtigung, vermöge deren die Vier Mächte die Staatlichkeit Deutschlands an sich gezogen hatten. Als Land war die Stadt aber nur unter den Bedingungen der Teilung existenzfähig: durch die Subventionen, die ihren beiden Teilen von den jeweiligen Hinter-Ländern - hier DDR, dort BRD - zuflossen. Mit dem Industrieabbau, der nach 1990 mit der Gewalt einer Naturkatastrophe den Osten, dann, in gemilderter Form, auch den Westen traf, wurde diese Situation verschärft, ohne wirklich sinnfällig zu werden und ins Bewußtsein der Regierenden und der Allgemeinheit zu treten. In der Ära Wowereit ist sie wirkungsvoll überspielt, aber keineswegs behoben worden; ob Berlin jemals als Hauptstadtdistrikt mit Verfassungsrang unter die unmittelbare Oberhoheit des Bundes gestellt wird, statt als Land vom Länderfinanzausgleich zu profitieren, ist umstritten und derzeit wenig wahrscheinlich. Muddle through ist auch auf diesem Feld die Losung der Stunde.

Die Symbole der Stadt

Die Stadt als Symbol, das ist das eine; es liegt im Wesen einer Hauptstadt, nach außen hin als Symbol des Staates genommen zu werden, der auf ihrem Terrain drei seiner Zentralorgane angesiedelt hat. Die Frage des Verhältnisses der wirklichen zu der in diesem Sinn symbolischen Stadt stellt sich mit jeder Hauptstadterwählung aufs neue; diejenige, die dem vereinten Berlin 1991 durch den in Bonn tagenden Bundestag zuteil wurde, war die fünfte seiner siebenhundertfünfzigjährigen Geschichte. Die erste begab sich, als zu Anfang des 15. Jahrhunderts Kaiser Sigmund einen seiner besten Leute, den Nürnberger Burggrafen und Reichsfürsten Friedrich VI., mit der Markgrafschaft Brandenburg, die zugleich ein Kurfürstentum war, belehnte und dieser, der erste Hohenzoller in der Mark, seinen Sitz in der selbstbewußten Bürgerstadt aufschlug, die sich so heftig und so vergeblich gegen die Inbesitznahme durch das neue Fürstengeschlecht wehrte, daß dies dem Bären im Wappen der Stadt einen scharfkralligen Adler auf den Rücken setzte. Die Rückenlast wurde später zum Kettenhalsband gemildert; bis 1808, dem Jahr der Steinschen Städtereform, zeugte es von der verlorenen Selbständigkeit der Stadt.

Dieser Wappenbär ist das erste und älteste aller Berlin-Symbole. Er ist kein Beleg dafür, daß der Name der Stadt von den Bären stammt, die damals noch in den brandenburgischen Wäldern ihr Wesen trieben, wohl aber dafür, daß die Berliner das glaubten. Die exponierte Rolle des Bären in der altgermanischen Kultur hat dabei zweifellos eine Rolle gespielt. Zähne und Klauen des Tiers hatten als Amulette gedient, sein Blut wurde zur Stärkung getrunken, aus seinem Fett Arzneien bereitet. Die katholische Kirche opponierte diesem heilig-nützlichen und nach seinem ebenso friedfertigen wie wehrhaften Habitus wahrhaft bürgerlichen Symboltier, indem sie es dem Teufel zuschrieb und zum Symbol zweier Todsünden, des Zorns und der Wollust, machte. Als solches erschien der Bär auch an mittelalterlichen Kirchen, aber schwerlich in Berlin. Die volksetymologisch begründete Berufung dieses heidnisch-germanischen Symboltiers ins Stadtwappen bezeugt eine Lust der jungen Stadt an der Opposition, auf die Adler und Halsband dann auf andere Weise deuteten.

Das alte, bürgerschaftliche Berlin, dessen Blütezeit das Jahrhundert zwischen 1350 und 1450 war, hat sich in zwei gotischen Kirchen erhalten, St. Nikolai in Alt-Cölln und St. Marien in Alt-Berlin, dazu in einer Klosterkapelle, Heiliggeist mit Namen, und in einer Ruine, der der Klosterkirche. So schön und würdig aber die beiden Kirchen sind (St. Nikolai wurde in den achtziger Jahren von der DDR mit musealer Bestimmung wiederaufgebaut), so hatten sie doch nicht das Zeug zum Stadtsymbol wie die Dome von Mailand, Köln oder Paris. Auch dem dritten Hauptbau des bürgerlichen Berlins, dem Waesemannschen Rathaus von 1860, ist das nicht beschieden gewesen, so traditionsreich seine Lage, so exzellent seine Architektur ist. Dieses Rote Rathaus, das Meisterwerk eines sich schöpferisch an Vorbilder der Frührenaissance anlehnenden Historismus, ist eine Sehenswürdigkeit ersten Ranges, vielleicht sogar ein Wahrzeichen; zum Symbol fehlt ihm jenes Surplus des Gelingens, das zu der günstigen Lage, der architektonischen Originalität hinzukommen muß, um die Phantasie dauerhaft in Anspruch zu nehmen.

Das Residenzschloß, mit dem die siegreiche Feudalmonarchie sich seit der Mitte des 15. Jahrhunderts in der unterworfenen Stadt festsetzte, brauchte mehr als zweihundert Jahre, um sich zum Wahrzeichen hinaufzuarbeiten. Es ist das noch heute, mehr ein halbes Jahrhundert nach dem Abriß der Kriegsruine, und keineswegs nur im Bewußtsein der historisch und ästhetisch Interessierten. Die Errichtung des Barockbaus durch einen genialen Architekten, dessen Nachfolger fühlsam genug war, um duplizierend an das Vorhandene anzuknüpfen, folgte der zweiten Hauptstadterwählung Berlins, die sich mit der Erhebung des Kurfürsten von Brandenburg zum König in dem östlich entlegenen Preußen verband, und das Werk gelang trotz einer dazwischenfahrenden Krise so gut, daß eine nach einer späteren Hauptstadterwählung ungefähr an derselben Stelle aufgeführte Staatsarchitektur, so qualitätsvoll sie ausfiel, nach einer Sanierung, die auf Ruinierung hinauslief, keine Chance auf Wiederherstellung hatte: der Volks-, Staats- und Parteipalast der DDR.

Der Plan, das barocke Bauwerk, das die innere Stadt durch Lage und Form jahrhundertelag bestimmt hatte, wiederzuerrichten, gewann trotz der Abwehrgesten einer kleinmütigen Landesregierung die Oberhand zuerst in einem Sachverständigenrat, dann in einem Bundesparlament, das begriffen hatte, wie wichtig es sei, dem Zentrum seiner zu großen Teilen neu erbauten Hauptstadt den würdig-schönen Hauptbau mit neuer Bestimmung zurückzugeben; als Humboldt-Forum wird er zu einem zentralen Anziehungspunkt werden. Womöglich zu einem Stadtsymbol? Sein ästhetisches Surplus besteht in der Monumentalität der Gesamtform im Widerspiel mit einer plastisch-dekorativen Feinstruktur, die den breit hingelagerten Baukörper in einer Weise differenziert, wie es der zeitgenössischen Architektur von ihren eigenen Voraussetzungen her verwehrt ist. Beides verhält sich zu einer stadträumlichen Lagerichtigkeit, die sich im Lauf dreier Jahrhunderte immer deutlicher beglaubigte, ex negativo durch die räumliche Fehlorientierung des DDR-Palasts.

Die Krise, die den Schloßbau des frischgekürten Königs dessen erstem Baumeister, Andreas Schlüter, 1706 aus der Hand nahm, hatte mit einer Wahrzeichenambition zu tun, für die sich der Berliner Boden nicht als tragfähig erwies. Um der von Kirchtürmen dominierten Stadtsilhouette die Macht des neuen Königtums einzuschreiben, sollte das Schloß einen 110 Meter hohen Turm erhalten, gegen den der Berliner Untergrund sich erfolgreich sträubte: Schlüters Münzturm stürzte trotz aufwendiger Sicherungsmaßnahmen in sich zusammen. Die auf Sand gebaute, den Sümpfen abgerungene Stadt hat es den Großbauten, die jede neue Staatsmacht hier zu errichten strebte, von jeher schwer gemacht. Zuletzt hat das die Deutsche Bahn erfahren, die in der Ägide des Bahnchefs Dürr und des Bundeskanzlers Kohl auf den Gedanken kam, der Stadt nach ihrer fünften Hauptstadterwählung als Symbol der neuen, befriedet-metropolitanen Lage einen zentralen Kreuzungsbahnhof einzupflanzen, den es sowohl aus dem als in den Boden zu stampfen galt, da die Gleise der nordsüdlich laufenden Züge in kilometerlangen Tunneln untergebracht werden sollten. Als ein riesiger Glaswurm zieht sich die Gleishalle des oberirdischen Teils die Spreekrümme entlang und markiert das Milliardengrab, in das sich das gigantomane Projekt durch den vorhersehbaren Widerstand des Berliner Untergrunds verwandelte.

So geht es, wenn die Wahrzeichenambition sich von vernünftigen Zwecken und realen Gegebenheiten ablöst und voluntaristisch ins Übermäßige schweift. In jener großartigen Berliner Kulturperiode, die im Zeichen Preußens von Leibniz bis Mommsen, von Schlüter bis Stüler reichte (dieser gab der westlichen Schloßfront eine noble Kuppel und setzte die Nationalgalerie als einen Hochtempel der Künste auf die Spreeinsel), ist dergleichen nach dem Grundbruch des Schloßturms nicht wieder vorgekommen. Johann Friedrich v. Eosander führte Schlüters Schloßbau in jener Verbindung von Demut und Originalität weiter, die nun den Erbauern des Humboldt-Forums auferlegt ist; auch jenes Wahrzeichen, das der vielseitig begabte Enkel des ersten Preußenkönigs der Stadt gab, entbehrte durchaus der ausschweifenden Geste. Es war ein Opernhaus, das unweit des eminenten Zeughauses der Nering, Schlüter, de Bodt zum Kernstück eines ganzen Ensembles wurde - ein in klassischen Formen avantgardistischer Theaterbau, insofern er sich an der Avenue Unter den Linden als freistehender Solitär präsentierte. Qualifiziert diese Position in Verbindung mit einer einzigartigen architektonischen Grazie den Knobelsdorffbau zum Stadtsymbol? Viele halten ihn dafür, und ein Wahrzeichen Berlins ist er gewiß, auch und gerade in der Gestalt, die er in den frühen fünfziger Jahren durch einen Wiederaufbau gewann, dessen ästhetische Finesse in der Geschichte europäischer Wiederaufbauten einzig dasteht. Ingeniös modifizierte Raumverhältnisse wurden mit den durch einen frühen Theaterbrand vernichteten Ursprüngen des Hauses durch ein Dekor verknüpft, das auf sorgfältigen Studien des preußischen Rokoko beruhte.

Ein exzellentes Ensemble ist Friedrich II. nicht nur am Ostende der Linden geglückt, sondern auch auf dem Gendarmenmarkt; den unter seinem Großvater dort errichteten Kirchgemeindesälen applizierte er nach Entwürfen Karl Gontards zwei gleichartige Turmbauten, die zu Dominanten der Friedrichstadt wurden. Der alte Fritz hinterließ den Platz als ein Fragment, dem sein Nachfolger die fehlende Mitte gab, in Gestalt des von Carl Gotthard Langhans erbauten Nationaltheaters; zwanzig Jahre nach dessen Brandzerstörung erhielt der Platz durch Schinkels exzellenten Nachfolgebau dann seine definitive Gestalt. So wichtig und prägend aber das eminente Ensemble für die Stadt ist - zum Wahrzeichen kann nur der überragende Solitär werden, und Symbolkraft für ein Stadtganzes vermag in der Regel nur ein einziges Bauwerk zu gewinnen: die Peterskirche (und nicht die Piazza Navona) in Rom, Notre Dame (und nicht der Louvre) in Paris, das Parlamentsgebäude (und nicht Trafalgar Square) in London. Nur Moskau und Washington zeigen sich mit zwei Stadtsymbolen: dem Kreml und der Basilius-Kathedrale, dem Capitol und dem Weißen Haus, und nur Dresden hat deren drei: Frauenkirche, Hofkirche und Zwinger.

Wie viele verbinden sich mit Berlin? Friedrich Wilhelm II., einem Regenten von wahrem Kunstsinn ähnlich dem Schloßgründer Friedrich I., gelang in Berlin mit Hilfe eines sich selbst überbietenden Architekten das unbestrittene Stadtsymbol; Langhans der Ältere baute es 1789 in Gestalt eines monumental antikisierenden Tores, das die Grenze zwischen der Stadt und der ihr westlich vorgelagerten Parkanlage markierte. Als Torbau gänzlich überdimensional, hatte das Bauwerk eine symbolische und eine städtebauliche Funktion: es schloß die an ihrem Ostende von der Schloßschräge begrenzte Linden-Avenue an ihrem westlichen Ende zu einem langgezogenen Gesamtraum; zugleich öffneten seine mächtigen Säulen die Stadt nach Westen hin, wie ein Fingerzeig künftigen Wachstums. Beruht seine stadträumliche Wirkung auf diesem Zugleich von Öffnung und Abschluß, so die architektonische auf dem spannungsvollen Gleichgewicht horizontaler und vertikaler Elemente: es ist die Abweichung von dem Muster der Athener Propyläen, die Ersetzung des Dreiecksgiebels durch die horizontale Attika, was dem Bauwerk seine Spannkraft gibt.

Mit der städtebaulichen Funktion verband sich eine Staatssymbolik, die sich schon architektonisch – durch diese Ästhetik des Gleichgewichts – als eine des Friedens kennzeichnete, explizit durch Bildprogramm und Eirene-Viergespann.[140] Der Thronfolger des Kriegskönigs symbolisierte seine Intentionen durch ein Bauwerk, dessen Prägekraft bald über Berlin und Preußen hinausreichte, erst recht nach dem Sieg über einen Imperator, der dem Bau seine plastische Krone, Schadows Quadriga, geraubt hatte. Aus Paris zurückgeholt, mutierte deren nun mit dem Eisernen Kreuz geschmückte Lenkerin zur Viktoria. Auf Briefmarken, Geldscheinen und Münzen fand das Bild des von späteren Zeiten zu immer neuem Kriegsdienst verpflichteten Tors Eingang in das Symbolrepertoire der DDR, die das bei der Erstürmung Berlins schwer beschädigte Bauwerk 1957 wiederaufgebaut hatte. Auch die vereinigte Republik beugte sich der Symbolkraft des Langhans-Baus; sie gab dessen Reliefbild drei messingnen Cent-Münzen auf den Euro-Weg mit.

Langhans' großartige Maueröffnung (der Bau war lückenlos in die die Stadt umschließende Akzisemauer eingelassen) setzte sich um so wirkungsvoller in Szene, als der ihr östlich vorgelagerte Platz – er hieß damals Quarré – von zweigeschossigen Barock-Palais mit hohen Mansarddächern umstanden war. Die Veränderungen des neunzehnten und frühen zwanzigsten Jahrhunderts und die deren Maßen folgenden Neubauten der 1990er Jahre haben der Wirkung des zu DDR-Zeiten freigestellten Torbaus durch Verletzung der ursprünglichen Höhenrelationen Eintrag getan; an die Stelle hoher Spitzdächer traten auf allen Seiten horizontal abschließende Voll-Geschosse. Dergleichen ist auf eine anarchische

Weise gesetzmäßig. Der eminente Solitär läßt in seiner Umgebung die Boden- wie die Mietpreise steigen; beides zusammen erzeugt jenen Drang in die Höhe, der gegen den Urheber der Rangerhöhung, den raumbestimmenden Solitär, feindselig zurückschlägt.

Dem neunzehnten Jahrhundert sind aus dem klassizistisch-monumentalen Geist, der sich in Langhans' Torbau überbot, in Preußens Hauptstadt mehrere Bauwerke geglückt, die in dem gleitenden Bedeutungsfeld, das sich von der Sehenswürdigkeit über das Wahrzeichen bis zum Stadtsymbol spannt, markante Stellen innehaben. Viele von ihnen wenden sich den Eintretenden mit jenem Portikusmotiv zu, das die Berliner Architekten seit Knobelsdorffs palladianischem Theaterbau nicht mehr losließ. In Schinkels Museum entfaltete es sich gegenüber der subtilen Ornamentik der gegenüberliegenden Schloßfassade zu einer Gestalt von großartiger Prägekraft, mit der das Schinkelsche Wachgebäude Unter den Linden als ein Meisterwerk der Bescheidenheit korrespondierte. Als Denkmal des Sieges über Napoleon jenem gigantischen Arc de Triomphe entgegnend, den Napoleon sich in Paris auf dem Gipfel seiner Erfolge wie eine steinerne Droge leistete, stellt diese Neue Wache ein architektonisches Paradoxon vor: diskrete Monumentalität. Mit einem Bauwerk, das hohen Ranges, aber kein Wahrzeichen ist, dem Tempelbau der Nationalgalerie, verabschiedet sich Preußen um 1865 ins neue Reich; es ist nicht zuletzt diese Akropolis künstlerischer Nationalrepräsentanz gewesen, die Berlin den Namen Spree-Athen gewann. Die antikisierende Geste, die Knobelsdorff und Gontard begonnen und Langhans und Schinkel fortgesetzt hatten, vollendete Stülers und Stracks Nationalgalerie in einer Weise, die, neuerdings fühlsam restauriert, den staunenden Besuchern vor Augen führt, wie Räume beschaffen sein müssen, die der Kunst zum Gehäuse dienen: von maßvoller, maßgerechter Proportion.

Mit der Gründung des Kaiserreichs wurde Berlin zum dritten Mal Hauptstadt, ohne seine Bedeutung als preußische Machtzentrale einzubüßen. Das stürmische Bauwesen dieser fünfzigjährigen Periode gab der Stadt außer einer ganze Vorstädte durchdringenden und auf soziale wie funktionale Mischung berechneten Mietshausstruktur ein Charakteristikum, das heute nicht wenigen als ein Symbol des Ganzen vor Augen steht: die dieses wachsende Ganze durchkreuzende und umkreisende Stadt- oder auch S-Bahn. Die Repräsentationsarchitektur der kaiserlichen Epoche ist erst auf dem Weg der Zerstörung in den Rang der Signifikanz eingetreten, durch die neugeformten Kuppeln, die das späte zwanzigste Jahrhundert zwei Hauptgebäuden aufsetzte: der DDR-Architekt Günther Stahn dem Hohenzollern-Dom und der Brite Norman Foster dem Wallotschen Reichstag. Die Form der neuen Parlamentskuppel hatte viele Väter, das

Baukommissionsmitglied Oscar Schneider, aber auch den gescheiterten Mitbewerber Santiago Calatrava. Ihre Ausführung als ein von Besuchergängen spiralig umwundenes halbes Glasei war das Verdienst des Briten, der gar keine Kuppel – und schon gar nicht diese –hatte haben wollen.

Sie gelang ihm so gut, daß der dergestalt bekrönte Bau zum Symbol wenn nicht Berlins, so doch der Berliner Republik geworden ist, mehr als ein Kanzleramt, in dem die zeitgenössische Baukunst auf andere Weise etwas gewann, was sie im allgemeinen vermissen läßt, ein spielerisches, geradezu leichtsinniges Element. Wie eine Architektur aussieht, die dieses Elements programmatisch ermangelt, gibt das gegenüberliegende Ausschußgebäude zu erkennen, eine Beton und Glas gewordenen Staatsmaschinenhalle von exzessiven Ausmaßen. Schultes' Bundeskanzlei legte der osterweiterten Republik eine Heiterkeit in die Wiege, die sich, theatralisch genug, als ein mit ausgestreckten Armen nach seinen Betrachtern greifendes Kanzlerschloß präsentiert. Anders als die transparente Parlamentskuppel taugt seine auf asymmetrischen Säulen kleine Birnbäume präsentierende Vorderseite mehr zum Schaubild als zum Wahrzeichen.

Und die Zeit zwischen dem Untergang der Monarchie und der Gründung der vereinten Republik, die bebenreiche Epoche zwischen 1918 und 1990 – hat auch sie es in Berlin zu Stadtwahrzeichen, wohl gar zu Symbolen gebracht? Der entlegene Funkturm, bei aller Sympathie, die die Stadt ihm entgegenbringt, ist zu sehr als verkleinerte Ausgabe des Eiffelturms kenntlich, um eine überragende Bedeutung gewinnen zu können, und die konservierte Turmruine der gründerzeitlichen Kaiser-Wilhelm-Gedächtnis-Kirche blieb in ihrer Prägekraft auf das westliche Berlin beschränkt, zu dessen baulichem Symbol sie zu einer Zeit wurde, da sie noch eine echte Ruine war. Das Charlottenburger Kongreßzentrum ist an seiner Unförmigkeit, der Volkspalast auf der Spreeinsel, Staatsbauwerk aus der Zeit von Zentral-Berlins vierter Hauptstadterwählung, einerseits am Asbest, andererseits an seinem Bauherrn, dem Politbüro, gescheitert.[141]

Schwieriger steht es um das Turmzeichen einer Stadtmitte, die nur vom Westen aus gesehen im Osten liegt. Die Fernsicht-Dominanz dieses jedes urbane Maß sprengenden, die Proportionen seiner Umgebung schwer verletzenden Bauwerks von 1969 ist so eklatant, daß es auf dem Weg zum gesamtberliner Merkzeichen ist, um so mehr, als das aufragende Gebilde für sich selbst, als reine, nur aus Schaft, Kugel, Mast gefügte Form, auf hohem ästhetischen Niveau steht. Die der monumentalen Betonnadel aufgesteckte Aluminiumkugel läßt sich inzwischen zwanglos auf das schon im Kommunistischen Manifest vorausgesagte Phänomen der Globalisierung, zu deutsch Verkugelung, beziehen: Völker, hört ihre Signale![142] Blickt man von der Höhe des Tempelhofer Felds, einem alten

Vedutenpunkt, auf die Stadt, so wird die aus Kugelturm und Hotelhochhaus gebildete Doppelgestalt ohne weiteres als Stadtkrone kenntlich, und die planerische Absicht, diese Position durch eine dem Turm attachierte Hochhausagglomeration von 150 Meter Höhe zugleich einzuschränken und zu bekräftigen (das Projekt von Hans Kollhoff stammt aus dem Jahr 1993), hat wenig Aussicht, jemals ans Ziel zu gelangen.[143] Was Schlüter im Berliner Sand mißriet, das weltlich-dominante Turmgebilde, ist den Konstrukteuren Dieter, Franke und Ahrendt unweit der für den scheiternden Münzturm gewählten Stelle im Dienst eines neuen Absolutismus gelungen: das Monstrum wankt und weicht nicht. Fehlt ihm zum Stadtsymbol das Gesellige im Dominanten, auch die Beglaubigung durchs Detail (das Gebilde ist eine formgewordene Herrschaftsgeste, die sich nur inwendig, per Elevator, dem Publikum öffnet), so ist dies jedenfalls ein exorbitanter, exurbitanter Solitär, stadtwidrig und stadtbezeichnend in einem.

Fragt man herum bei Alten und Jungen, Ost- und Westbewohnern, Einheimischen und Besuchern, so stellen sich zwei Gestalten ganz unzweifelhaft als Symbole Berlins heraus: die eine, der Bär, ist Symbol an sich, die andere, das Friedenstor, ist Symbol vermöge architektonischer und positionaler Prägnanz. Bei allen andern Wahrzeichen wechseln Auswahl und Reihenfolge; die Spannweite der Antworten reicht von Bauwerken, einer Verkehrseinrichtung (S-Bahn), Naturschönheiten (Müggel- und Wannsee), Anlagen (Tierpark und Zoologischer Garten) bis hin zu charakteristischen Nahrungsmitteln wie Currywurst, Weiße, Bulette und einem als Berlin-Synonym empfundenen Zeichner, Heinrich Zille aus Radeberg. Die S-Bahn-Verwaltung, so zeigt sich im Blick auf eine neuerdings in älteren Wagen verwendete Kunststoffverkleidung mit Silhouetten-Ornamenten, hält sechs Bauwerke für Berliner Wahrzeichen: das Brandenburger Tor, den Bundestag, die Gedächtniskirche, den Dom, das Rote Rathaus und den Fernsehturm. Harald Schmidts nächtliche Talkshow operierte in ihrem vogelperspektivischen Vorspann mit dem Langhans-Tor nebst Fernseh- und Funkturm. Auch eine im südöstlichen Randgebiet befragte Fleischverkäuferin ließ auf den Torbau den Fernsehturm folgen; nach weiteren Stadtsymbolen befragt, erklärte sie mit breitem Lachen: „Für Westberlin – die Siegessäule!“

Bestimmt man das Symbol als ein außersprachliches Zeichen, bei dem auch der Fernstehende sogleich an das Bezeichnete denkt, so wird es bei Bär und Tor sein Bewenden haben. Etwas anderes sind jene Bauwerke, die den Bewohnern selbst für ihre Stadt stehen; sie sind Symbole in einem engeren Sinn. Fast drei Jahrzehnte lang war eine Grenzmauer das Realsymbol der Stadt: ihrer Teilung und ihrer selbst. Das verschlossene Tor entrückte darüber zu einem sowohl freistehenden wie verbarrikadierten Artefakt, das nun doppelt symbolisch war, an sich selbst und als Bastion einer Veste, in deren Erscheinung feudale und plebejische Überlieferungen - Burg und Barrikade - interferierten. Als es sich in der Frühe des 10. November 1989 wie durch ein Wunder öffnete („Wahnsinn!" lautete der Ruf, der die Rückkehr zur Normalität begleitete), wurde klar, daß dieses dem Frieden errichtete, vom Krieg immer wieder in Besitz genommene Tor der umgekehrte Janustempel der Stadt gewesen war; nicht sein Verschließen, wie bei den Römern, sondern sein Aufgehen bedeutete Frieden. Die Angelegentlichkeit, mit der in Berlin um die Durchfahrbarkeit der Säulenreihe gestritten wurde, war der Reflex ihres langen Verschlossen-Seins; um als offenes erfahrbar zu sein, sollte das Tor durchfahrbar sein, und sei es nur von Taxis, Rikschas und Fiakern.

Eine Stadtregierung der immer wieder unglücklichen Hand hat es sich gefallen lassen, daß das Säulenportal nach seiner Öffnung zum Requisit von Silvestergetöse und Fin-de-millénaire-Spektakel herunterkam und dann, zwecks seiner Restaurierung, zum Werbeträger der Spaßgesellschaft mutierte: das Stadtbedeutende als Zielscheibe klamierend-reklamierender Trivialität. Bei alledem bewährte das von den Attacken des Zeitgeists Angefochtene eine Unversehrtheit, die immer wieder wie ein Phönix aus der Asche des Mißbrauchs erstand; auch und gerade dadurch beglaubigt es sich als Symbol. Ob ihm in Gestalt des Humboldt-Forums ein Gegenstück erwächst, das Symbol eines neuen Berlins, das sich zu seinen Altmeistern bekennt, wird die Zeit erweisen.

2003

Anhang

Anmerkungen

1 Kanzler von Müller: Unterhaltungen mit Goethe, hg. von Ernst Grumach, Weimar 1959, S. 84.

2 Dokumentation 29. Sitzung Stadtforum, 14. Mai 1993 (im Internet unter *Stadtforum Berlin - Senatsverwaltung für Stadtentwicklung und Umwelt*).

3 *Internationale Expertenkommission Historische Mitte Berlin*, Materialien (Bundesministerium für Verkehr, Bau- und Wohnungswesen/Senatsverwaltung für Stadtentwicklung, April 2002), S. 47.

4 Nach deren Verkündung schrieb ich in einem Aufsatz über „Maß und Form im neueren Berliner Bauen": „Der architektonische Wert des Volkspalasts ist unvergleichlich geringer als der des untergegangenen Schlüter-Schlosses. Dennoch wird man, wenn der People's Palace dann pünktlich zum Staatsjubiläum [1999] demoliert ist, eines wissen: daß man aus der Geschichte nichts gelernt hat." (*Merkur* Nr. 596, November 1998, S. 1014) Die damals vorherrschende Ansicht, es handle sich bei der Asbestverunreinigung des Palastes um einen politisch übertriebenen Befund, wurde im Verlauf der Abrißarbeiten entkräftet. Manfred Rettig berichtet, daß in Gesprächen mit ihm auch Heinz Graffunder, der Architekt des Palastes, auf den hohen Grad der Asbestverwendung bei dessen Bau hingewiesen habe; die Konsequenzen für das Gebäude seien ihm klar gewesen.

5 Thomas Flierl: *Der Internationale Realisierungswettbewerb 2008. Vorlauf, Verfahren, Ergebnis*, in: *Humboldt-Forum Berlin / Das Projekt*, Berlin: Theater der Zeit 2009, S. 57.

6 Wolfgang Kil: *Volkspalast. Der vergebliche Traum vom Republikanischen Forum*, ebd., S. 122.

7 Gerhard Falkner / Reynold Reynolds: *Der letzte Tag der Republik. The Last Day of the Republic.* Deutsch-englische Ausgabe mit DVD, Nürnberg 2011.

8 Heinrich Magirius: *Rekonstruktion in der Denkmalpflege*, in: *Geschichte der Rekonstruktion / Rekonstruktion der Geschichte*, hg. von Winfried Nerdinger, München u. a. 2010, S. 149.

9 Aleida Assmann: *Rekonstruktion - die zweite Chance* oder *Architektur aus dem Archiv*, ebd. S. 16.

10 Ebd. S. 154.

11 Der Dritte, da man die Kurfürsten Joachim Friedrich und Friedrich Wilhelm mit 1 und 2 belegte.

12 Vgl. Erich Hubala: *Die Kunst des 17. Jahrhunderts*, Berlin 1970, S. 295.

13 Ernst Bloch: *Christian Thomasius / Ein deutscher Gelehrter ohne Misere*, Berlin 1953, S. 8.

14 Christopher Clark: *Preußen*, München 2008, S. 158.

15 Goerd Peschken und Hans-Werner Klünner: *Das Berliner Schloß*, Berlin und Frankfurt am Main 1991, S. 56.

16 Schlüter hinterließ in St. Petersburg das Modell eines Akademiegebäudes, der späteren Kunstkammer, das zunächst von seinem Assistenten Mattarnovi und später von Gaëtano Chiaveri, dem Architekten der Dresdner Hofkirche, ausgeführt wurde (vg. Goerd Peschken: *Schlüter architectus / Ungekannte Werke*, Vortrag im Berliner Bode-Museum am 22. Mai 2014).

17 Uwe Kieling: *Berlin - Baumeister und Bauten*, Leipzig 1987, S. 166.

18 Sebastian Haffner: *Preußen ohne Legende*, Hamburg 1982, S. 71.

19 Ebd. S. 80.

20 Nach Goerd Peschken in: *Das Schloß? / Eine Ausstellung über die Mitte Berlins*, Berlin 1993, S. 39.

21 *Das Schloß?*, a. a. O., S. 49 f.

22 Goerd Peschken in: *Das Schloß?*, Berlin 1993, S. 52.

23 Hindenburg wurde dafür am 1. Mai 1933 zum Ehrenbürger Berlins ernannt; er wird noch heute als solcher geführt.

24 Der Berliner Architekturhistoriker Michael Cullen hat auf einen verwandten Grund für den Abriß verwiesen: Die Großkundgebungen des westlichen Berlins auf dem Platz der Republik vor der Reichstagsruine hätten die SED-Führung im Stadtinnern nach einem entsprechend großen Demonstrationsplatz Ausschau halten lassen, der anders nicht zu gewinnen gewesen sei.

25 *Das Schloß?*, a. a. O., S. 75.

26 Vgl. Friedrich Dieckmann: *Glockenläuten und offene Fragen*, Frankfurt am Main 1991, S. 22, sowie ders.: *Vom Einbringen*, Frankfurt am Main 1992, S. 212.

27 Die auf der Tribüne aufgereihten Parteiführer wurden, so zeigte sich, vor der golden schimmernden Palastfassade gewissermaßen unsichtbar, und bei Militärparaden hätte ihnen der meist von Westen wehende Wind die Panzerabgase in bedrohlicher Weise ins Gesicht geblasen.

28 Vgl. Deutscher Bundestag, 13. Wahlperiode, Haushaltsausschuß, Protokoll Nr. 19, Kurzprotokoll der 19. Sitzung des Haushaltsausschusses am 21. Juni 1995: Öffentliche Anhörung über die Zukunft des Palastes der Republik in Berlin-Mitte, S. 24-27, 34, 37, 129, 133.

29 Am 6. Mai 1998 hatte der Haushaltsausschuß des Bundestages die Mittel für die Totalsanierung freigegeben, am 23. Oktober, drei Tage vor Ablauf der Legislaturperiode, erteilte das Bundesbauamt der Strabag den Auftrag.

30 *Das Schloß? Eine Ausstellung über die Mitte Berlins*, Berlin 1993, S. 97.

31 Ebd. S. 106.

32 Der Theologe Wolfgang Ullmann.

33 Vgl. *Internationale Expertenkommission Historische Mitte Berlin / Materialien*, Bundesministerium für Verkehr, Bau- und Wohnungswesen und Senatsverwaltung für Stadtentwicklung, Berlin 2002, S. 110f.

34 *Internationale Expertenkommission Historische Mitte Berlin*: *Abschlußbericht*, Bundesministerium für Verkehr, Bau- und Wohnungswesen und Senatsverwaltung für Stadtentwicklung, Berlin 2002. Der Band enthält den Auftrag, die Zusammensetzung, die Arbeitsweise und die Empfehlungen der Kommission.

35 An die Stelle von Reinhard Führer als Präsident des Abgeordnetenhauses trat Walter Momper, als Kultursenatorin trat Adrienne Göhler an die Stelle von Christoph Stölzl. Beide nahmen, wie auch Wolfgang Thierse als Bundestagspräsident, an den finalen Abstimmungen teil.

36 In dem Abschlußbericht der Kommission (a. a. O., S. 40 ff.) heißt es unter „3.3.1. Das Berliner Schloss": „Das Berliner Schloss hat das Bild der inneren Stadt nach Osten und Westen, nach Norden und Süden jahrhundertelang bestimmt. Der Bau, dessen Einfluss auf die Berliner Architektur bis ins zwanzigste Jahrhundert reicht, gehört zu den furchtbaren Verlusten, die die Architektur der Stadt während des Krieges und durch die nach seinem Ende einsetzende Abrisswut erlitt. Von Schlüter begonnen, von Eosander und Böhme fortgeführt, gehörte das Barockschloss zu den bedeutendsten Bauwerken Nordeuropas. Nach Meinung der Mehrheit würde seine teilweise Wiedererrichtung in den Maßen und mit den Fassaden dieser Zeit an die Tatsache anknüpfen, dass es in vielen deutschen und außerdeutschen Städten, auch in Berlin-Mitte, großartige Beispiele für den gelungenen Wiederaufbau unersetzlicher historischer Bauten gibt. Sie knüpften in der Regel, aber nicht immer an vorhandene Reste an und gaben im Innern einer auf neue funktionale Bedürfnisse ausgerichteten Architektur Raum.

Die von Schlüter und seinen beiden Nachfolgern gefundene stadträumliche Gestalt, die in schräger Verlängerung der Straße Unter den Linden die beiden Wasserarme der Spree miteinander verknüpfte, hat den topographischen Anforderungen des Ortes genial entsprochen und wurde durch spätere Entwicklungen bestätigt und bekräftigt, sowohl durch die von zwei Brückenbauten des 19. Jahrhunderts ermöglichte Verlängerung der Linden zu einer den Osten der Stadt erschließenden Verkehrsachse wie durch das von Schinkel mit wesentlichem Bezug auf die nördliche Schlossfassade erbaute Alte Museum.
Die Stimmigkeit der von Schlüter und Eosander ausgebildeten Raumfigur erwies sich nicht zuletzt angesichts einer Alternative, die in den 1970er Jahren unter den Auspizien der Moderne etabliert wurde. Wäre der Palast der Republik, ein Bauwerk auf der architektonischen Höhe seiner Zeit, funktionsfähig geblieben, müsste die Behebung seiner städtebaulichen Fehlorientierung von dem Nutzbar-Vorhandenen ausgehen. Nachdem das Gebäude im Zuge der Asbestsanierung in den Zustand einer Ruine versetzt worden ist, deren Wiederaufbau, bei begrenztem Nutzungswert, äußerst aufwendig wäre, ist es zwingend, die von Schlüter und Eosander entwickelte städtebauliche Figur an der alten, authentischen Stelle zu erneuern und dabei jene Inkongruenz zwischen Raumform und Fassadenbild zu vermeiden, die sich ergäbe, wenn man die in der Barockepoche gefundenen und in den folgenden Epochen anhaltend, ja gesteigert bewährten Raummaße mit der Formensprache der Gegenwart umkleidete.
Im Innern des Gebäudes gewinnt man bei der empfohlenen Rekonstruktion jenen von Schlüter geformten östlichen Hof zurück, den schon die Zeitgenossen als epochal empfanden. Die Erneuerung dieses kostbaren Raums an der alten Stelle kann sich auf die Tatsache stützen, dass die von Schlüter dafür geschaffene Originalplastik zur Hälfte erhalten ist und im Fall einer Überdachung wieder aufgestellt werden könnte. Der so entstehende große Saal wäre für Konzerte und andere festliche Veranstaltungen vielfältig nutzbar und könnte daher in das Nutzungsprogramm der Agora einbezogen werden.
Die hochentwickelten Verfahrensweisen der Denkmalpflege, die bei der Ergänzung und Erneuerung des Fassadenschmucks alter Bauwerke handwerkliche Nachformungen ebenso wie Abgusstechniken und andere Mittel einsetzt, ermöglichen eine werkgerechte Erneuerung. Sie wird dadurch erleichtert, dass bestimmte, in einzelnen Exemplaren erhaltene Schmuckformen des Schlosses von dessen Erbauern in vielfacher Wiederholung eingesetzt wurden. Über die bodendenkmalpflegerische Routine hinausgehende Grabungen wären dazu angetan, diesen Bestand zu vervollständigen.
Die Kommission war sich dessen bewusst, dass man geschichtliche Zeugnisse nicht – oder nur in einem ganz begrenzten Sinn – wiederherstellen kann. Darum ist der 1968 östlich der Staatsoper Unter den Linden in den alten Formen völlig neu errichtete Palaisbau eben nicht das Kronprinzenpalais, sondern das Palais Unter den Linden, und das in den Außenmauern des Wallot-Baus errichtete Parlamentsgebäude ist der Bundestag, nicht der Reichstag. Der historische Zeugniswert eines Bauwerks haftet innen und außen an der überlieferten Materialität; Rekonstruktion vermag hier nicht mehr, als eine vielgestalte geschichtliche Erinnerung modellhaft zu vergegenständlichen.
Anders steht es um den Bau als architektonische Bild- und Raumgestalt innerhalb einer Stadt. Authentizität haftet hier nicht nur am alten, weitgehend verlorenen Stein, sondern auch an dem als Plan bzw. Dokumentation überlieferten Konzept der architektonischen Urheber. Wiedergewinnung als Neuerrichtung in den Maßen und mit den Fassaden des alten Gebäudes ist vom Standpunkt des architektonischen Kunstwerks möglich und in der Geschichte der Architektur – etwa von Barockarchitekten gegenüber gotischen Kirchen – immer wieder vollzogen worden,

wenn die künstlerische und stadträumliche Bedeutung des zerstörten bzw. verlorengegangenen Bauwerks überragend und die erneuerte Gestalt aufnahmefähig für veränderte Nutzungen war. Beides ist bei dem vorgestellten Humboldt-Forum der Fall. Wie die Raumfigur des alten Schlosses schon zu Zeiten der Monarchie (und dann nach Ausrufung der Republik) eine Fülle verschiedenartiger Nutzungen – von Anfang an auch museale, bibliothekarische und auf Veranstaltungen bezügliche – umschloss, bietet sie auch den künftigen Nutzungen eine sinnvoll übergreifende Gestalt. Dies um so mehr, als die Untergeschosse des DDR-Palastes dafür ebenso zur Verfügung stehen wie eine angemessene Adaption des westlichen (sog. Großen) Schlosshofs und der Spreeseite des Gebäudes. Für beide hat die Kommission keine Rekonstruktionsempfehlung abgegeben und hat dies auch hinsichtlich der einst die barocke Westfassade überragenden und einen Kirchenraum überwölbenden Kuppel von 1856 nicht getan; was hier möglich und tunlich ist, muss die Arbeit am architektonischen Entwurf klären. In eine Debatte, welche Innenräume unter aktuellen Nutzungsaspekten zu rekonstruieren seien und rekonstruiert werden könnten, ist die Kommission nicht eingetreten.

Die Errichtung des von der Kommission in den Grundzügen umrissenen und innerhalb eines Realisierungswettbewerbs zu entwickelnden Gebäudes würde an zentraler Stelle der Stadt ein Aufbauwerk vollenden, das 1950, fast gleichzeitig mit der unseligen Sprengung der Schlossruine, mit dem Wiederaufbau von Zeughaus und Universität einsetzte, nach und nach das gesamte, völlig in Trümmern liegende Friedrichsforum einschließlich der Neuen Wache zurückgewann und mit dem Wiederaufbau des Alten Museums im Jahre 1966 nur vorläufig zum Abschluss kam. Denn Dom und Neues Museum blieben jahrzehntelang Ruinen, und den Platz des Schlosses nahm, nachdem der Raum durch den Riegel des Außenministeriums nach Westen hin wie mit einer Mauer geschlossen worden war, der mit ihm korrespondierende DDR-Palast ein. Der Riegel ist zugunsten der neu zu errichtenden Schinkelschen Bauakademie beseitigt, der Dom-Wiederaufbau vollendet, das Neue Museum ersteht von neuem; der Palast ist inzwischen selbst eine Ruine. So ist es an der Zeit, den Kreis zu schließen und ein vor fünfzig Jahren in einer drückenden Notzeit begonnenes Aufbauwerk zu Ende zu führen, das den wiederhergestellten alten Fassaden mit neuen Nutzungen auch neue Innenräume einpflanzte und so Geschichte wie Gegenwart zu ihrem architektonischen Recht kommen ließ, in produktivem Kontrast und wechselseitiger Bezugnahme.

Im Fall des intendierten Humboldt-Forums könnte das Widerspiel der Epochen auch dadurch zum Ausdruck kommen, dass der Volkskammersaal des DDR-Palastes wiederhergestellt würde. In diesem Saal, dessen Innenausstattung denkmalpflegerisch gesichert worden ist, wurden 1990 nach einer friedlichen Revolution vom freigewählten Parlament der früheren DDR der Beitritt zur Bundesrepublik und der Einigungsvertrag beschlossen. Die Kommission hat die Einbeziehung dieses Saals in das künftige Bauwerk nicht ausdrücklich empfohlen, aber die Möglichkeit dazu positiv offengelassen.

Das empfohlene kleine Museum innerhalb des künftigen Forums (siehe auch Empfehlung 8) wird die historischen Dimensionen des geschichtsbeladenen Ortes im Blick auf eine fünfhundertjährige Baugeschichte entfalten und vertiefen.

Bedenken gegen eine weitgehende Rekonstruktion des Berliner Schlosses äußerten mehrere Mitglieder der Kommission unter anderem mit Bezug auf den Wiener Kunsthistoriker Prof. Dr. Hellmut Lorenz, der am 13. September 2001 zur Bedeutung des Barockbaus unter anderem ausführte: ‚... Als Kunstwerk ist das Berliner Schloss seit 1950 unwiderruflich verloren. ... Herstellbar ist lediglich ein Baukörper unserer Zeit, ... [der] der in einzelnen Partien eine anschauliche, präzise und korrekt etikettierte Erinnerung an das Barockschloss und seine künstlerische

Vergangenheit bereitstellt.‘ Aus Teilen der Kommission wurde dem hinzugefügt, dass es sich bei dem Wiederaufbau historischer Bauten unmittelbar nach dem Zweiten Weltkrieg meist nicht um vollständige Rekonstruktionen gehandelt habe, sondern oft noch erhebliche Teile der ursprünglichen Bausubstanz vorhanden gewesen seien. Mit der Rekonstruktion des ehemaligen Berliner Schlosses würde ein geschichtliches Zeugnis vorgetäuscht, das längst untergegangen sei. Durch die historischen Fassaden würden zudem Erwartungen geweckt, die mit einem modernen Inneren strukturell nicht erfüllt werden können. Die vorgesehenen Nutzungen seien in einem Nachbau des Schlosses weder architektonisch, technisch, noch von den notwendigen Flächen befriedigend unterzubringen. Es sei nicht überzeugend, ein zukunftsorientiertes Zentrum der Kultur und des Wissens mit der Rekonstruktion eines ehemaligen preußischen Schlosses zu verbinden. Preußens Geschichte sei zwar Teil der deutschen Geschichte, aber das Berliner Schloss begründe nicht notwendig deutsche Identität.

Empfehlungen (mehrheitlich):

30. Die Kommission votiert für die Orientierung des künftigen Bauwerks in der Nord-, West- und Südausrichtung am Grundriss und den Höhenmaßen des einstigen Schlosses in seiner baulichen Gestalt unmittelbar vor der Zerstörung.

31. Die Kommission votiert für die Wiedererrichtung der barocken Fassaden nach den genannten Himmelsrichtungen sowie innerhalb des Schlüterhofs.

32. Die Kommission schließt die vollständige Rekonstruktion des einstigen Schlosses im Äußeren wie im Inneren aus, plädiert aber für die Wiedererrichtung einiger wichtiger Innenräume und – in Abhängigkeit von der Nutzung – die Einhaltung der alten Geschosshöhen – soweit es möglich und sinnvoll ist – hinter den rekonstruierten Barockfassaden.

Minderheitsvotum der Mitglieder Conradi, Dr. Flierl, Goehler und Momper:

Die Bebauung des Schlossplatzareals soll in einem Wettbewerb geklärt werden. Die Kommission trifft dafür keine Festlegung über die Orientierung und Baulinien der zukünftigen Bebauung.“

37 Die aggressive Verletzung dieser Rücksicht hat den Neubau des Gouverneurshauses am Ostende der „Linden“ unter der Ägide der Bertelsmann-Stiftung zum Mißlingen verurteilt.

38 Mit den Fassaden der Uffizien steht es umgekehrt wie mit den Fassaden des künftigen Humboldt-Forums: während sich hinter jenen sehr viel ältere Bauteile verbergen, tun dies bei diesen formal sehr viel neuere.

39 Siehe Franco Stella: *Ausgewählte Schriften und Entwürfe*, Berlin 2010.

40 „Das Büro Hilmer & Sattler ist für die Entwurfs- und Ausführungsplanung und gmp für die Bauleitung zuständig. Alleinverantwortlich für die Planung insgesamt bleibt Prof. Franco Stella.“ (Website der Stiftung *Berliner Schloss – Humboldtforum*)

41 Abschlußbericht der *Internationalen Expertenkommission Historische Mitte Berlin*, Bundesministerium für Verkehr, Bau- und Wohnungswesen / Berlin, Senatsverwaltung für Stadtentwicklung, April 2002, Empfehlung 31, S. 42.

42 Die Berliner Senatsverwaltung unter der Senatsbaudirektorin Regula Lüscher verwarf diese Empfehlung und gab 2008 den Entwurf des Architekten Walter Noebel in Auftrag, der 1999 einen Gestaltungswettbewerb für diese Brücke gewonnen hatte; er stattete sie mit vier pylonenartig aufragenden Beleuchtungskörpern aus.

43 Der in Bau befindliche Plan Franco Stellas realisiert das damals von Franziska Eichstädt-Bohlig abgegebene Minderheitsvotum: „Der Schlüterhof soll nicht überdacht werden. Er soll als freier Innenhof öffentlich zugänglich gemacht werden.“ Stella nutzt die größere Fläche des einstigen Eosanderhofs für einen Veranstaltungssaal, auf einer abgetrennten kleineren Fläche dieses Hofes realisiert er, was Eichstädt-Bohligs Minderheitsvotum damals für den gesamten

Eosanderhof intendierte: „Auch der Eosanderhof soll als öffentlich zugänglicher Hof ... dem historischen Vorbild entsprechend rekonstruiert oder nachempfunden werden.“ (*Abschlußbericht*, a. a. O., S. 43)

44 „Die Rekonstruktion einzelner Teile des Palastes der Republik (z. B. des Volkskammersaals) soll – vorbehaltlich der architektonisch-gestalterischen Einbindung, der technischen Machbarkeit und der Nutzungsmöglichkeiten – überprüft werden. Die auf diese Weise entstehende Verbindung kontrastierender Teile aus verschiedenen Epochen könnte eine angemessene Veranschaulichung der Wechselfälle deutscher wie Berliner Geschichte bedeuten.“ (Empfehlung 34, S. 44)

45 *Bauwelt* 2002, Heft 1/2, S. 15.

46 Braunfels hat seinen damaligen Vorschlag 2014 kurioserweise noch einmal erneuert; er sah vor, den von Stella gestalteten Spreeflügel wegzulassen und den östlichen Flügel des Schlüterhofs nach dessen Westseite zu verpflanzen. Der Runderker am Übergang vom Süd- zum Ostflügel sollte verdoppelt werden und das Bauwerk sich von der Spreeseite und dem Marx-Engels-Forum her als geöffnetes Hufeisen präsentieren – ein chancenloser Versuch, die Voraussetzungen des Wettbewerbs von hinten noch einmal aufzurollen.

47 Der *Internationale Städtebauliche Ideenwettbewerb Spreeinsel* 1993/94 war mit 1105 teilnehmenden Architekten aus aller Welt der größte der bekannten Baugeschichte.

48 *Bauwelt* 2001, Heft 1/2, S. 17.

49 Alexander Mitscherlich: *Die Unwirtlichkeit unserer Städte / Anstiftung zum Unfrieden*, Frankfurt am Main 1965, S. 15.

50 Er spricht von dem „Wildfremden, das einem von Menschenhand in der Montage kaum noch berührten Gebrauchsgegenstand“ anhafte (Alexander Mitscherlich: *Massenpsychologie ohne Ressentiment*, Frankfurt am Main 1972, S. 32).

51 Inzwischen ist eine solche Schloßbauhütte unter der Ägide der den Bau betreibenden *Stiftung Berliner Schloß – Humboldtforum* seit langem in voller Tätigkeit, und der für die Finanzierung der Fassaden zuständige *Förderverein Berliner Schloß* veröffentlicht Kataloge der Fassaden- und Schmuckelemente, dem man beispielsweise entnehmen kann, daß für die feuervergoldete Inschrift des Portals II ein Spender 88 100 € erlegt hat. Dagegen kostete der Nabelstein (Omphalos) eines Mezzaninfensters nur 1 470 €.

52 Hans Eichel (SPD).

53 „Was da in der Mietshausstadt, in der Berliner Stockwerksfabrik, in der großen Berliner Architektur überhaupt erklang, das war der Widerhall des Schlosses. Das Schloß war der Maßstab gewesen, im Schloß war die Haltung, der Ernst zu architektonischer Form geprägt worden.“ (Goerd Peschken: *Städtebauliches über das Berliner Schloß*, in: Goerd Peschken: *Baugeschichte politisch / Schinkel, Stadt Berlin, Preußische Schlösser*, Braunschweig/Wiesbaden 1993, S. 208).

54 Er wechselte im November 2005, auf Hans Eichel folgte Peer Steinbrück.

55 Nach einem am 22. Januar 2004 in Hannover innerhalb einer Tagung des *Vereins zur Förderung der Baukunst* über „Schloßlust – Schloßfrust“ vorgetragenen Diskussionsbeitrag, der auf einen Vortrag von Axel Schultes antwortete.

56 Der Referent wurde erhört: 2009 wurde mit dem Neubau des Schlosses in seiner klassizistischen Gestalt begonnen, 2013 war das zur Tagungsstätte bestimmte Iterat vollendet.

57 Das gilt nicht nur für berühmte Solitäre, sondern ebenso für bedeutende städtebauliche Ensembles, und um so mehr, wenn sie jene umfassen. Die Beschränkung der Wiederherstellungswürdigkeit auf Monumentalarchitekturen isoliert diese städtebaulich wie im allgemeinen Bewußtsein von dem gesellschaftlichen wie ästhetischen Umfeld, dem jene, als Kollektivleistungen ihrer Epoche, einst erwachsen sind.

58 Daß die Iteration nach Ort und Verfahrensweise nicht beliebig sein kann, versteht sich am Rande; es ist 1999 in Weimar am Beispiel des im Abstand von einigen hundert Metern zum unversehrten Original duplizierten Goetheschen Gartenhauses einmal mehr deutlich geworden.

59 Sie ist von 1999 bis 2002 nach dem Scheitern von alternativen Entwürfen mit aller Sorgfalt restauriert worden.

60 Die neue Zeit überbot die Deplaziertheit dieses Bauwerks durch ein hochragendes Bürogebäude von aufdringlicher Einfallslosigkeit.

61 Andreas Ruby: *Las Vegas an der Elbe*, in: *Die Zeit*, 9. 11. 2000, S. 59.

62 Auch die bildungsbürgerlich gestimmte Gründerzeit zeigte immer wieder vandalische Züge, sie opferte, um drei Beispiele zu nennen, in Dresden die Barockbauten auf der Brühlschen Terrasse, in Berlin Schinkels Palais Redern (an dessen Stelle trat das überhöhte Hotel Adlon), in Leipzig die Thomasschule, Bachs jahrzehntelange Wohn- und Wirkungsstätte.

63 Natürlich ist eine unter Rembrandts Aufsicht auf von ihm selbst ausgewählten Papieren gedruckte Radierung mit einem höheren Maß an Authentizität und künstlerischem Wert ausgestattet als ein hundert Jahre später gefertigter Abdruck von derselben Platte, der seinerseits einem zweihundert Jahre später der weiter abgenutzten, aber immer noch originalen Platte abgewonnenen Abdruck vorzuziehen wäre, der in der Regel wiederum Vorrang hätte vor einer noch so guten Klischeereproduktion. Der Kunstmarkt spiegelt solche Stufengrade der Originalität in quantitativen Wertabstufungen wider, und wenn fast alle Originalabdrucke einer Platte verlorengehen sollten, dann gewänne der einzig übriggebliebene Lichtdruck entsprechend an Wert. Slevogt ging es so, als ihm zwei Platten aus dem Zyklus seiner „Zauberflöten"-Radierungen gestohlen wurden; er behalf sich, indem er der Mappe mit den Originalradierungen Lichtdruckreproduktionen der Probeabzüge von jenen entwendeten Platten beilegte. Analogie und Nutzanwendung von allem dem auf dem Architekturfeld liegt auf der Hand.

64 Dresden rang in späteren Jahren noch lange um eine Kontrastarchitektur an dieser exponierten Stelle, bis mit dem seit Jahrhunderten verwaisten Bauplatz auch die Idee eines „Krachers" aufgegeben wurde.

65 Unter der Ägide des sozialdemokratischen Bausenators Wolfgang Nagel ging dieser Teil an das Hotel Adlon (Fundus-Gruppe) und war damit für das Akademiearchiv verloren, das mit völlig unzulänglichen Kellerräumen abgefunden wurde. Der verantwortliche Senator wurde nach seinem Ausscheiden aus der Landesregierung Geschäftsführer innerhalb der Fundus-Gruppe.

66 Text auf S. 121 f.

67 C. Haberlik/G. Zohlen: *Die Baumeister des neuen Berlin*, Berlin 1999, S. 156.

68 Es ist schwer, keine Satire zu schreiben (Juvenal).

69 Hier lag der ästhetische Grund dafür, daß die Akademie der Künste für ihren unmittelbar neben dem übermäßig hochragenden Großhotel gelegenen Neubau Sonderrechte gegenüber der Gestaltungssatzung geltend machte.

70 *Bauwelt* Berlin Annual 1997, S. 39; vgl. Haberlik/Zohlen, a. a. O., S. 180.

71 Dieses langgehegte Vorhaben ist ebensowenig verwirklicht worden wie andere Pläne für dies Gelände.

72 Die Schreibweise Königstraße, die in den 1930er Jahren aufkam und in den 1990er Jahren erneuert wurde, ist unbefriedigend; die wichtige Achse ist nicht nach einer Person namens König benannt, sondern die Straße des Königs.

73 Vortrag am 31. März 2009 zur Verabschiedung der alten und Berufung der neuen Mitglieder der *Expertengruppe Städtebaulicher Denkmalschutz* beim Bundesministerium für Verkehr, Bau und Stadtentwicklung.

74 Walter Benjamin: *Gesammelte Schriften*, Band I/2, Frankfurt am Main 1974, S. 702.

75 Walter Benjamin: *Gesammelte Schriften*, Band I/3, S. 1232.

76 Doch gibt es noch einen andern Typus des Schusses in die Uhr, es ist der konterrevolutionäre. Er tritt ein, wenn das Tempo der Veränderungen überhitzt wird und ins Rasende gerät. Die milde Form eines solchen Protests erlebte der Afrikaforscher Stevenson, als seine schwarzen Träger nach mehreren Tagesmärschen ins Innere des Kontinents plötzlich stehenblieben und nicht mehr zum Weitergehen zu bewegen waren. Als es schließlich gelang, sie zum Reden zu bringen, sagten sie: „Unsere Seelen sind nicht mitgekommen." Die aggressive, gewalttätige Form einer solchen Stillstellung aus Überhitzung bot die faschistische Bewegung in allen ihren Spielarten und in unseren Tagen jener religiöse Faschismus, der sich den Namen Islamismus gegeben hat.

77 Walter Benjamin: *Gesammelte Schriften*, Band I/2, a. a. O., S. 699.

78 Karl Marx/Friedrich Engels: *Ausgewählte Werke*, Band II, Berlin 1987, S. 497.

79 Friedrich Dieckmann: *Hilfsmittel wider die alternde Zeit*, Leipzig und Weimar 1990, S. 339.

80 Der Plan wurde 2012 aufgegeben; der Investor, der für das von der Stadt befürwortete Projekt über 200 Millionen € eingesammelt hatte, erwies sich sieben Jahre nach dem Spatenstich des Regierenden Bürgermeisters als zahlungsunfähig.

81 Wie schöpferisch-anregend kleinteilige Bebauungsstrukturen für die Inspiration der zeitgenössischen Architektur sind, kann man in Berlin neuerdings an einem zwischen Auswärtigem Amt und Hausvogteiplatz erstandenen Wohnviertel in Augenschein nehmen.

82 Nach langem Ringen, das 2009 durch den Wettbewerbsgewinn des Hamburger Büros gmp (Gerkan Marg Partner) in eine neue Phase eintrat (danach galt es, bezüglich der äußeren Architektur des Baus von 1969 denkmalpflegerische Maßgaben durchzusetzen), findet seit dem Oktober 2013 für etwa 90 Mill. Euro unter der Leitung des genannten Büros ein inwendiger Umbau statt, an dessen Ende neben vielfältigen andern Funktionen der langersehnte neue Konzertsaal der Dresdner Philharmonie stehen wird. Mit dem gesamten Äußeren dieses Hauptwerks der frühen DDR-Moderne hat auch das riesige Wandbild „Weg der roten Fahne" an der Schmalseite des Baus begründeten denkmalpflegerischen Schutz erfahren. Seinem zentralen Saal wurde die funktionale Auslegung als Mehrzwecksaal und die damit verbundene unzulängliche Akustik zum Verhängnis.

83 „Differenziertere Festsetzungen des Planungs- und Städtebaurechts aus der Vor- und Nachkriegszeit", schrieb der oberste Denkmalpfleger des Landes Berlin, Dr. Jörg Haspel, „sind seit der Vereinigung aufgehoben oder ausgelaufen, darunter auch die Stadtbildpflegevorschriften des ‚Linden-Statuts'. Gleichwertige planungsrechtliche Festlegungen mit Bebauungsplanqualität oder Erhaltungs- und Gestaltungsverordnungen sind bis heute nicht an deren Stelle getreten." (*Die Berliner City als Denkmalort*, in: *Beiträge zur Denkmalpflege in Berlin*, Heft 2, Kulturbuch-Verlag, Berlin 1994)

84 In einem ersten nichtöffentlichen Wettbewerb, der im Januar 1993 der Vereinigung der beiden Berliner Akademien der Künste vorausgegangen war, hatte der Architekt Ludwig Leo Oberhand gewonnen (vgl. Dieter Hoffmann-Axthelm: *Ludwig Leo am Pariser Platz*, in: *Werk, Bauen + Wohnen*, Heft 3/1995).

85 Der Dresdner Denkmalpflege war es gelungen, die beiden unzerstörten Flügelhäuser des Coselschen Palais vom Abriß der Ruine auszunehmen; der Neubau vom Ende der neunziger Jahre konnte unmittelbar an sie anschließen.

86 Wolfgang Rauda: *Lebendige städtebauliche Raumbidung / Asymmetrie und Rhythmus in der deutschen Stadt*, Schriften der Deutschen Bauakademie, Berlin 1957, S. 254.

87 Vielfältige Informationen zu den Problemen, Konzepten und der Geschichte des Neumarkt-Wiederaufbaus enthält das Heft 44 der *Dresdner Hefte* von November 1995: *Der Dresdner Neumarkt / Auf dem Weg zu einer städtischen Mitte.*

88 Vgl. Friedrich Dieckmann: *Bedächtiges Zusammenfügen des Materials, Bauwelt* Jg. 84/Heft 23, 11. Juni 1993, S. 1211 f.

89 Vgl. Anm. 63.

90 Andreas Papadakis: *Architektur der Gegenwart,* deutsche Ausgabe, Paris 1991, S. 21.

91 Gabi Dolff-Bonekämper: *Denkmalverlust als soziale Konstruktion,* in: *Denkmalpflege statt Attrappenkult,* hg. von Adrian von Buttlar, Gabi Dolff-Bonekämper, Michael S. Falser, Achim Hubel, Georg Mörsch, Gütersloh/Berlin 2011, S. 134–146.

92 Stefan Hertzig in seinem Kommentar zu „4.15 / Frauenkirche mit Neumarkt, Dresden", in: *Geschichte der Rekonstruktion / Rekonstruktion der Geschichte,* hg. von Winfried Nerdinger, München u. a. 2010, S. 327.

93 *Atelier Neumarkt Dresden 2000,* Stadtplanungsamt der Landeshauptstadt, Dresden 2001, S. 49 f.

94 Auf Defizite der Rekonstruktionen in Quartier III des Neumarkts hat Stefan Hertzig in dem Münchner Katalog von 2010 hingewiesen (siehe Anm. 92, S. 327). In dieselbe Richtung ging 2005 die Kritik, die Heinrich Magirius in seinem Geleitwort zu dem von Stefan Hertzig herausgegebenen Bildband *Der historische Neumarkt zu Dresden / Seine Geschichte und seine Bauten* (Dresden 2005, S. 6) vortrug. Sie scheint bei den Bauherrn nicht ungehört verhallt zu sein; Hertzig verwies 2010 auf spezifische Fortschritte im Bereich des Quartiers III. Die beratende Mitwirkung der Denkmalpflege erweist sich bei solchen Projekten als unerläßlich.

95 Edmund Kesting und Will Grohmann: Dresden wie es war, Berlin (West) 1955, S. 28. Das Nachtbild der Rampischen Straße trägt die Ziffer 49.

96 Vgl. Friedrich Dieckmann: *Barrikaden für die Grundrechte,* in: F. D., *Was ist deutsch? / Eine Nationalerkundung,* Frankfurt am Main 2003, S. 37–50. Den Neumarkt hatten die Aufständischen unter der Oberleitung Gottfried Sempers mit besonders starken Barrikaden gesichert. „Det sinn keene Barrikaden, det sinn Festungen", befanden die preußischen Soldaten.

97 Die humoristischen Auspizien des Umgangs der Denkmalpflege mit Rekonstruktionen hat Hiltrud Klier anhand einiger konkreter Fälle im Bereich der Kölner Denkmalpflege dargestellt. Sie beschreibt u. a. die Wiederaufbauschicksale des kriegszerstörten Hauses Saaleck in Köln, dessen erhaltene Fassaden abgetragen wurden, um einer Rekonstruktion Platz zu machen, die wichtige Unterlagen des Denkmalamts übersah, einen nie zuvor dagewesenen Zustand erneuerte und durch den Landeskonservator Günter Borchers und seinen Referenten Georg Mörsch als getreue Architekturkopie in die Denkmalliste der Stadt aufgenommen wurde. (Hiltrud Klier: *Rekonstruktionen – ein neuer Baustil? / Das Komische in der Kunstgeschichte und Denkmalpflege,* in: Roland Kanz [Hg.]: *Das Komische in der Kunst,* Köln/Weimar/Wien 2007, S. 284 ff.) Viel später sei ihr klargeworden, „daß es sich natürlich um ein Baudenkmal aus dieser Zeit" und von dem damals – um 1956 – tätigen Architekten Wilhelm Koep handele und *darum* der Aufnahme in die Denkmalliste würdig. Die Verfasserin kommt zu dem Schluß: „Rekonstruktionen sind viel mehr, als wir uns das zum Zeitpunkt ihres Entstehens vergegenwärtigen können, Teil der jeweils zeitgenössischen Produktion und damit kein eigener Stil, sondern zugehörig zur jeweiligen Epoche."

98 *Internationale Expertenkommission Historische Mitte Berlin* / Abschlussbericht und Materialien, Berlin 2002.

99 Die erste gesamtdeutsche Tagung der deutschen Landesdenkmalpfleger ging 1991 so weit, den geplanten Wiederaufbau der Dresdner Frauenkirche in einer mehrheitlich angenommenen

Erklärung implizit zu mißbilligen. (Siehe Heinrich Magirius: *Rekonstruktion in der Denkmalpflege*, in: *Geschichte der Rekonstruktion / Rekonstruktion der Geschichte*, München 2010, S. 151)

100 A. a. O., S. 150.

101 Walter Benjamin: *Das Kunstwerk im Zeitalter seiner technischen Reproduzierbarkeit* (1935).

102 „Natürlich ist das kein denkmalpflegerischer Akt", zitiert Hans-Rudolf Meier seine Kollegen Gerhard Glaser und Heinrich Magirius: „Eine solche Fassadenbekleidung wird sich allein aus ihrer künstlerischen Bewältigung rechtfertigen. Sie steht, um zu sehen, ob der Gedanke trägt." (*Denkmalpflege statt Attrappenkult*, s. Anm. 91, S. 80)

103 Das Verfahren ist beim Kurländer Palais mißglückt, weil es, erhaltene Spuren der inneren Architektur tilgend, den ruinösen Zustand des Inneren zu einer modernen Caféhaus-Architektur umformte.

104 Sie hat sich in Dresden durchgesetzt: das Gewandhaus-Projekt wurde aufgegeben. Brechts Gedicht, „Große Zeit, vertan" (aus den *Buckower Elegien*), endet mit den Versen: „Was sind schon Städte, gebaut / Ohne die Weisheit des Volkes?"

105 Erich Meffert, unter dessen Leitung das Haus nach der Bombenzerstörung im April 1941 bis zur 200-Jahr-Feier Ende 1942 wieder aufgebaut wurde, war, die Formensprache des Wiederaufbaus belegt es, weit entfernt von dem, was man im Blick auf Speer, Troost und andere Gefolgsleute eines martialischen Monumentalismus als Nazi-Architektur bezeichnen könnte. Der Wiederaufbau unterstand dem Preußischen Finanzministerium und vollzog sich unter der persönlichen Oberaufsicht des Finanzministers Johannes Popitz, der, entschiedener Hitlergegner und Mitverschworener des Attentats vom 20. Juli 1944, im Februar 1945 hingerichtet wurde. (Siehe Dr. Johannes Popitz: Einführung, in: *Das Haus der Staatsoper und seine Baumeister*, dargebracht zum Jahrestage des zweihundertjährigen Bestehens der Berliner Staatsoper vom Preußischen Finanzministerium, Leipzig 1942, S. 5–11.)

106 Auf Paulicks Veränderungen am Äußeren des nach Knobelsdorff vielfach veränderten Baus kann hier nur am Rande verwiesen werden; sie bestanden in der Korrektur der zum Portikus und zum Apollosaal führenden Treppenanlage nach Knobelsdorffs ursprünglichem Entwurf und der Ersetzung des ungefügen Bühnenturms von 1910 bzw. 1928 durch einen palladianisch inspirierten, das Ganze harmonisch übergipfelnden flach überdachten Vierungsturm. (Vgl. Friedrich Dieckmann: *König Friedrichs Traum*, in: *Friedrichs Traum*, ed. Rolf Hosfeld u. a., Hamburg 2000, S. 132–144.)

107 Vgl. Friedrich Dieckmann: *Drei Semperopern*, in: F. D., *Dresdner Ansichten*, Frankfurt am Main und Leipzig 1995, S. 88 ff.

108 S. Wolfgang Kraak: *Die Akustik der Semperoper*, Vorlesung an der Technischen Universität Dresden am 9. Dezember 2004, S. 13.

109 Klaus Brod: *Gibt es den idealen Hörplatz?*, in: *Sanieren oder Demolieren? / Berlins Opernalternative*, Sonderausgabe *Theater der Zeit*, Juli 2008, S. 30 f.

110 Daß ein hocheffizienter Tonmeister dem Bedürfnis des Dirigenten nach einem die architektonischen Gegebenheiten übersteigenden Nachhall mit einer ingeniösen Apparatur zu Hilfe kam, die, seit 1996 eingesetzt, nur den Nachhall, nicht die Lautstärke moduliert, ist ein Ruhmesblatt technisch-musikalischer Kooperation. „Wir bilden nur die Reflexion nach, die dem Saal bauakustisch fehlt", sagte der Tonmeister der Staatsoper, Albrecht Krieger, in einem Interview. „Wir verteilen und erhöhen die Energie der ersten Reflexionswelle. Es wird kein Direktschall des Orchesters oder der Bühne elektronisch verstärkt, nur der Nachhall bearbeitet. Unsere Anlage ... funktioniert völlig störungsfrei. Die Entwicklung dieser Systeme ist unterdessen weitergegangen. Mit einer noch besseren Anlage könnte man die Akustik des Paulick-Saales so

beeinflussen, daß auch Herr Barenboim sie möglicherweise akzeptieren könnte.“ (*Berliner Zeitung*, 19. Juni 2008, S. 29) Auf einem andern Blatt steht Daniel Barenboims Hang zu übermäßiger Lautstärke, die sich auch in einem voluminösen Saal wie der Berliner Philharmonie geltend macht, eine effektbewußte Fehleinstellung, die sich inzwischen auf das Orchester übertragen hat.

111 „Das machen wir!“ überlieferte Stefan Rosinski, der Generaldirektor der Opernstiftung, Barenboims Votum zu dem Rothschen Saalentwurf auf der Pressekonferenz der Opernstiftung am 22. Mai 2008.

112 „...vielmehr versucht man“, schreibt der Wiesbadener Akustikfachmann Klaus Brod, „störende Außengeräusche wie Gewitter, Straßen- oder Flugzeuglärm fernzuhalten. Auch deswegen hat jeder Konzertsaal und jedes Theater ... ein Foyer und seitliche Wandelgänge. Und eine doppelte Decke, die zweischalig sein sollte, also nicht starr gekoppelt. Dies war bei der Staatsoper der Fall, und so wurden beim Wiederaufbau der Staatsoper nach dem Krieg Federelemente in die Stahlbänder, an denen die untere Decke hängt, eingebaut.“ (Klaus Brod: *Gibt es den idealen Hörplatz im Opernhaus Unter den Linden?*, nach: www.staatsoper-berlin/journal/detail. Der Text, bis Mitte Juni 2008 auf der Website des Staatsopern-Journals einsehbar, wurde dort inzwischen getilgt; er ist der Leitung des Hauses offenbar unbequem geworden.) Albrecht Krieger, der Tonmeister der Staatsoper, verweist darauf, daß die elastische Deckenaufhängung 1986 aufgegeben und die Decke damals „arretiert“ worden sei (*Berliner Zeitung*, 19. 6. 2008, S. 29).

113 So die Angabe von Bernhard Marx und Hans-Peter Tennhardt für das Eröffnungsjahr 1955 in ihrem Aufsatz *Raum- und bauakustische Aspekte bei der Rekonstruktion der Deutschen Staatsoper Berlin* (in: *Bau- und Raumakustik* / Beiträge [10], Berlin 1991, S. 15). Klaus Brod gibt für den großen Saal vor der Rekonstruktion von 1986 eine mittlere Nachhallzeit von 1,1 s an. Peter Schreier, der mehr als dreißig Jahre lang in dem Haus Unter den Linden tragende Partien gesungen hat, erklärt auf Befragen, er habe als Sänger niemals Probleme mit der Akustik des Hauses gehabt.

114 Die neueren Messungen von Karlheinz Müller bestätigen diesen mittleren Nachhallwert von 1,3 s; die Angabe von Albrecht Krieger in der *Berliner Zeitung* vom 19. 6. 2008 (0,5–0,9 s) ist unzutreffend. Die mit höchster kulturpolitischer Priorität ausgestattete Erneuerung der Staatsoper Mitte der achtziger Jahre umfaßte die gesamte Bühnen- und Regelungstechnik und alle Zuschauerräume und war mit 100 Millionen DDR-Mark veranschlagt (zum Vergleich: der Wiederaufbau der Semperoper kostete 235 Mill. DDR-Mark); sie ist beschrieben in dem Bildband: *Deutsche Staatsoper Berlin / Rekonstruktion 1983–1986*, Bauakademie der Deutschen Demokratischen Republik, Berlin 1986. Die sich in den neunziger Jahren beim Betrieb des Hauses ergebenden technischen Schwierigkeiten (vgl. den Beitrag von Klaus Wichmann, a. a. O., s. Anm. 5, S. 38) hingen zum Teil damit zusammen, daß die am Anlagenbau von 1985/86 beteiligten Kombinate und Betriebe zu dieser Zeit großenteils nicht mehr existierten, also für Instandsetzungen nicht mehr zur Verfügung standen.

115 S. Wolfgang Kraak, a. a. O. (s. Anm. 108), S. 10.

116 Georg Dehios Maxime wurde zehn Jahre vor dem Ersten Weltkrieg aufgestellt, zu einer Zeit, da es außerhalb jeder Vorstellung lag, daß in Europa ganze Innenstädte dem Bombenterror zum Opfer fallen könnten.

117 Vgl. Friedrich Dieckmann: *Drei Semperopern*, a. a. O., S. 107–112.

118 Am 4. Juni 2008 fand im Atrium der Berliner Bauakademie eine Ausstellung mit den von der Senatsbaudirektorin in Auftrag gegebenen Wettbewerbsbeiträgen statt (Abbildungen im Sonderheft *Theater der Zeit*, s. Anm. 109).

119 Würde ein neuer Saal von den elektroakustischen Hilfsmitteln frei sein, die in der Staatsoper erst auf Betreiben, dann zum Unbehagen des Generalmusikdirektors seit 1996 eingesetzt werden? Sie waren in diesem Saal in den Jahrzehnten davor nicht für erforderlich gehalten worden; es ging ohne sie und ging besser als heute. Daß solche Mittel heutzutage fast überall üblich sind, hängt mit der technischen Perfektion zusammen, die sie inzwischen erlangt haben. „Qualitativ hochwertige Nachhallverlängerung", schreibt Wolfgang Kraak, der langjährige Chefakustiker der TU Dresden, „kann vom Ohr nicht mehr von natürlichem Nachhall unterschieden werden." So wünschenswert der Verzicht auf solche Mittel wäre, so unwahrscheinlich ist dies angesichts ihrer allgemeinen Durchsetzung. Zu diesem Befund ist auch Albrecht Krieger gekommen. „Solche Anlagen", sagte er der *Berliner Zeitung*, „sind heute schon in von Natur aus wesentlich besser klingenden Häusern üblich. Sie werden bei Neubauten von vornherein integriert, weil der nachträgliche Einbau wesentlich komplizierter wäre." Der Tonmeister verweist auf die Veränderung der Hörgewohnheiten in den letzten zwanzig Jahren „durch die hochwertigen Stereo-Anlagen zu Hause": „Jede CD-Aufnahme von Orchestermusik arbeitet mit elektronischem Hall. Wäre der Hall nicht in die Aufnahme integriert, würde sich das niemand mehr anhören."

120 Siehe Anm. 109.

121 Dem nach mannigfachen Querelen als Retter berufenen Architekten Mario Botta stand der Akustiker Higini Arau zur Seite.

122 Die für die Sanierung der Berliner Staatsoper veranschlagte Summe beläuft sich nach Angaben der Opernstiftung auf 238,7 Mill. €, von denen 200 Mill. €, das sind 83,8 %, aus dem Bundeshaushalt kommen. Der Kostenanschlag für die 2005 geplante Sanierung der Oper, die in einer amtlich nicht beglaubigten Radikalvariante so weit ging, die Auskernung des gesamten Zuschauerhauses, also die Totalvernichtung der Paulickschen Innenarchitektur vorzusehen, betrug (einschließlich Intendanz- und Magazingebäude und der unterirdischen Verbindung zwischen beiden) 146 Mill. €. Wie es zu dieser 63%igen Steigerung der Kostenschätzung innerhalb von drei Jahren kam, bleibt ein Rätsel.

123 Vgl. Jörg Haspel und Frank Schmitz: *Die Staatsoper - Denkmalwerte und Denkmalpflege*, a. a. O. (siehe Anm. 109), S. 14–19.

124 Unter 3.2 der Ausschreibung war zu lesen: „Von den Wettbewerbsteilnehmern wird ein innovativer Umgang mit den sich im Grunde widerstreitenden Anforderungen des Nutzers und dem Denkmalschutz erwartet." (Ebd., S. 59)

125 Vgl. Friedrich Dieckmann: *Hall unter der Haube*, in: *Theater der Zeit*, Heft 2/2010, S. 30–32.

126 Vortrag an der Universität Salzburg am 19. März 2010 (auf der Tagung „Rhythmus. Harmonie. Proportion / Zum Verhältnis von Architektur und Musik").

127 Johann Wolfgang v. Goethe: *Wilhelm Meisters Wanderjahre*, Berliner Ausgabe, Band 11, Berlin und Weimar 1976, S. 127.

128 Karl Marx: *Einleitung* [zu den „Grundrissen der Kritik der politischen Ökonomie"], 1857, in: Karl Marx/Friedrich Engels: *Ausgewählte Werke* in sechs Bänden, Band 2, Berlin 1988, S. 495 ff.

129 Vgl. Friedrich Dieckmann: *Das Gleichnis des Philosophen*, in: F. D., *Hilfsmittel wider die alternde Zeit*, Leipzig 1990, S. 305–322.

130 Karl Marx: *Zur Kritik der Hegelschen Rechtsphilosophie*, in: Karl Marx/Friedrich Engels, Ausgewählte Werke, Band 1, Berlin 1988, S. 18.

131 Walter Benjamin: *Gesammelte Schriften*, Band I/2, ed. R. Tiedemann und H. Schweppenhäuser, Frankfurt am Main 1974, S. 694 f.

132 Ebd. S. 693 f.

133 In der *Italienischen Reise* (Zweiter römischer Aufenthalt, Bericht September 1787) spricht Goethe

im Blick auf die Bauwerke von Frascati von einer „stummen Musik"; in einer Schellingschen Vorlesung im Jenaer Wintersemester 1802/03 ist von der Architektur als „erstarrter Musik" die Rede. Diese Wendung schreibt Goethe in einem Gespräch mit Eckermann (23. März 1829) nach dessen Überlieferung sich selbst zu. Genauer ist eine aus dem Nachlaß veröffentlichte Reflexion, in der es heißt: „Ein edler Philosoph sprach von der Baukunst als einer *erstarrten Musik* und mußte dagegen manches Kopfschütteln gewahr werden. Wir glauben diesen schönen Gedanken nicht besser nochmals einzuführen, als wenn wir die Architektur eine *verstummte Tonkunst* nennen." (Goethe, Berliner Ausgabe, Band 18, ed. Siegfried Seidel, S. 641 und Anmerkung S. 1026.) Franz Liszt spricht in seinem Essay über Wagners *Lohengrin* mit Berufung auf Madame de Staël von der Musik als einer „architecture de sons", einer Architektur von Tönen (Franz Liszt: *Gesammelte Schriften*, Bd. II, Leipzig 1910, S. 138). Sie könnte diese Wendung aus Weimar mitgebracht haben.

134 Vgl. Friedrich Dieckmann: *Drei Semperopern / Geschichte ihres Werdens und Wollens*, in: F. D.: *Dresdner Ansichten*, Frankfurt am Main und Leipzig 1995, S. 67–117.

135 Georg Wilhelm Friedrich Hegel: *Vorlesungen über die Ästhetik*, Dritter Teil, Dritter Abschnitt, Zweites Kapitel, 1.a. (Werke Band 15, ed. Eva Moldenhauer und Karl Markus Michel, Frankfurt am Main 1986, S. 138).

136 Auch hier wurde das Innere unter Beseitigung der Einbauten des 19. Jahrhunderts mit beträchtlicher Sensibilität neugestaltet; die Erneuerung der 1990er Jahre kam nach ausgiebigen Versuchen, es anders zu machen, auf die Fassung von 1952 zurück.

137 Friedrich Schiller: *Historische Schriften und Erzählungen I*, ed. Otto Dann, Frankfurt am Main 2000, S. 430.

138 *Neues Testament und Psalter nach dem Wortlaut der Lutherbibel von 1545*, Hamburg 1982, S. 537.

139 Wolfgang Harich (vgl. Friedrich Dieckmann: *Der Irrtum des Verschwindens*, Leipzig 1996, S. 73).

140 Die Kunsthistorikerin Zitha Pöthe hat in einer 2014 vorgelegten Dissertation dargelegt, daß die das Viergespann lenkende Friedensgöttin eine Allegorisierung Wilhelmines von Oranien-Nassau vorstellt, der Schwester Friedrich Wilhelms II. und Gemahlin des Erbstatthalters der Niederlande, deren Gefangennahme durch eine aufrührerische Patriotenpartei zum militärischen Eingreifen Preußens in den Niederlanden, zur Wiedereinsetzung des Erbstatthalters und im April 1788 zu einem Friedensvertrag der Niederlande mit Preußen und England führte. Im August 1789 besuchte Wilhelmine Berlin und nahm das Gipsmodell des neuen Tors in Augenschein, das zwei Jahre später für den Verkehr geöffnet wurde. (Vgl. Rolf Brockschmidt: *Wilhelm und Wilhelmine*, *Der Tagesspiegel*, 19. 10. 2014, S. 25.)

141 Beides hing eng miteinander zusammen: das Politbüro setzte die Planer im Blick auf einen Parteitag so unter Zeitdruck, daß sie aus Brandschutzgründen das seit 1968 offiziell verbotene Spritzasbestverfahren vermittels einer Sondergenehmigung im Umfang von 5000 t verwenden (s. *Ein Palast und seine Republik*, hg. von Thomas Beutelschmidt und Julia M. Novak, Berlin 2001, S. 45). – Inzwischen ist auch das zur gleichen Zeit wie der *Palast der Republik* errichtete Charlottenburger ICC am Asbest gescheitert. 2014 ist der Bau dauerhaft stillgelegt worden.

142 „Völker, hört die Signale!" war das Zitat aus der „Internationale", mit der der Berliner Architekt Hermann Henselmann der SED-Führung sein Projekt eines aus der Stadtmitte sendenden Turmgiganten nahebrachte.

143 2014 machte ein Entwurf von Frank O. Gehry für den amerikanischen Investor Hines von sich reden, der auf einen 150 m hohen Wohnturm zielte; die damit verbundenen Risiken für die Berliner U-Bahn haben das Vorhaben gestoppt.

Erstveröffentlichungen

Vom Schloß der Könige zum Forum der Republik: Zeitschrift für Ideengeschichte, Marbach Weimar Wolfenbüttel, Heft V/4, Winter 2011.
Schloß, Palast, Humboldt-Forum / Anmerkungen zu einem Votum: Der Schloßplatz in Berlin / Bilanz einer Debatte, hg. von Hannes Swoboda, Berlin 2002, S. 89-96.
Zukunft und Gegenwart / Was Schloß und Palast verbindet: Fun Palace 200X - Der Berliner Schloßplatz / Abriss, Neubau oder grüne Wiese? Berlin 2005.
Erneuerung und Erbe: Sinn und Form, Heft 2/2005.
Kann man Städte heilen?: Merkur Nr. 624, April 2001, S. 281-293.
Stadterhaltung als Kulturaufgabe: Festrede zur Verabschiedung der alten und der Berufung der neuen Mitglieder der Expertengruppe *Städtebaulicher Denkmalschutz* beim Bundesministerium für Verkehr, Bau und Stadtentwicklung, 31. März 2009. Ungedruckt.
Im Umkreis zweier Stadtsymbole / Dresdens Neumarkt und Berlins Pariser Platz: Dresdner Hefte Nr. 44, Heft 4/1995, S. 92-99.
Bauen in zerstörten Städten: Merkur Nr. 718, März 2009, S. 202-209.
Sanieren oder demolieren? / Berlins Staatsoper am Scheideweg: Theater der Zeit, Sonderausgabe Juli 2008, hg. von Friedrich Dieckmann, Thomas Flierl und Harald Müller, S. 5-11.
Alte Werke auf neuen Instrumenten spielen / Zum Begriff der Wiederaufführung in Musik und Architektur: Rhythmus.Harmonie.Proportion. Zum Verhältnis von Architektur und Musik, hg. von Sigrid Brandt und Andrea Gottdang, Worms 2012, S. 42-48.
Der Bär und das Tor oder Die symbolische Stadt: Berlin Kultur(haupt)stadt, hg. von Ulrich Eckhardt, Berlin 2003, S. 53-68.

Friedrich Dieckmann (geb. 1937), Schriftsteller und Publizist, lebt in Berlin-Treptow. 1972 bis 1976 Dramaturg am Berliner Ensemble. 1989/90 Fellow am Wissenschaftskolleg zu Berlin. Dr. phil. h. c. der Humboldt-Universität zu Berlin. Mitglied der Akademie der Künste (Berlin), der Sächsischen Akademie der Künste und der Deutschen Akademie für Sprache und Dichtung.
1991 bis 1996 Mitglied des Berliner Stadtforums, 1996 Sachpreisträger bei dem Architekturwettbewerb für das neue Bundespräsidialamt, 2000 Gutachter beim Dresdner *Atelier Neumarkt* und Mitglied der *Internationalen Expertenkommission Historische Mitte Berlin.*
Buchveröffentlichungen u. a.: *Wege durch Mitte / Stadterfahrungen* (1995); *Dresdner Ansichten / Spaziergänge und Erkundungen* (1995); *Der Irrtum des Verschwindens / Orts- und Zeitbestimmungen* (1996); *Die Freiheit ein Augenblick / Texte aus vier Jahrzehnten* (2002); *Pöppelmann oder Die Gehäuse der Lust* (2012).

Impressum

Bildnachweis:

Abb. 1, 3–5, 10–15, 18–29: Friedrich Dieckmann
Abb. 2: Archiv F. Dieckmann
Abb. 6–9: Stiftung Berliner Schloß - Humboldt-Forum / Franco Stella
Abb. 16: Staatsoper Unter den Linden, Foto Marion Schöne
Abb. 17: Klaus Roth
Seite 191: gezett.de

Friedrich Dieckmann
Vom Schloß der Könige zum Forum der Republik
Zum Problem der architektonischen Wiederaufführung

Edition Gegenstand und Raum
Herausgegeben von Thomas Flierl

Verlag Theater der Zeit
Verlagsleitung Harald Müller
Winsstraße 72 | 10405 Berlin | Germany
www.theaterderzeit.de

Reihengestaltung: Kerstin Bigalke
Gestaltung: Kerstin Bigalke
Bildbearbeitung: Bild1Druck
Umschlagabbildung: Schlüterhof nach Norden (Modell), © Stiftung Berliner Schloss/ Humboldt-Forum / Franco Stella
Printed in Germany

ISBN 978-3-95749-023-0

Edition Gegenstand und Raum

Herausgegeben von Thomas Flierl

Bruno Flierl

Berlin – Die neue Mitte

Texte zur Stadtentwicklung seit 1990

ISBN 978-3-940737-75-5

248 Seiten, 22 Euro

Harald Bodenschatz, Thomas Flierl (Hg.)

Berlin plant

Plädoyer für ein Planwerk Innenstadt Berlin 2.0

ISBN 978-3-9400737-74-8

264 Seiten, 22 Euro

Christoph Bernhardt, Thomas Flierl, Max Welch Guerra (Hg.)

Städtebau-Debatten in der DDR

Verborgene Reformdiskurse

ISBN 978-3-943881-13-4

260 Seiten, 22 Euro

Evgenija Konyševa, Mark Meerovič

Linkes Ufer, rechtes Ufer

Ernst May und die Planungsgeschichte von Magnitogorsk (1930–1933)

ISBN 978-3-943881-14-1

278 Seiten, 22 Euro

Erhältlich in Ihrer Buchhandlung oder portofrei unter www.theaterderzeit.de

18,–

3,–

Anstreichungen ?

227

227